Gay Movie Moments

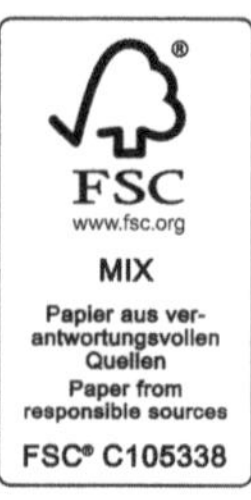

Paul Senftenberg ist ein niederösterreichischer Autor. In seinen Büchern beschäftigt er sich mit der Selbstfindung von schwulen Jugendlichen und Männern, die sich gefangen fühlen zwischen bürgerlichem Leben und ihren wahren Neigungen. Immer wieder spielen in den Geschichten auch Referenzen zu Filmen eine wichtige Rolle.

Veröffentlichungen bei HOMO Littera:
Der Stammbaum (Novelle, 2014)
Hände (Roman, 2015)

Informationen sowie Texte und Rezensionen zu weiteren Filmtiteln auf:
www.paulsenftenberg.at

Paul Senftenberg

Gay Movie Moments

Schwule Gänsehautmomente in Filmen und Serien

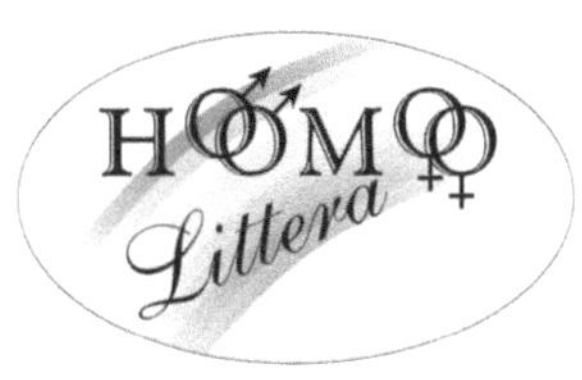

Vielen, vielen Dank an meine Lektorin. Die Beschäftigung mit einem Sachbuch voll wörtlicher Zitate, die es alle zu überprüfen galt, stellte für sie wohl eine besondere Herausforderung dar. Ohne ihre überaus gründliche und höchst professionelle Arbeit an meinem Manuskript hätte *Gay Movie Moments* wohl nicht das Licht der Buchwelt erleben können. Ich habe die Genauigkeit, mit der sie hinter die schöne Oberfläche meiner Texte zu schauen und dahinter Unachtsamkeiten und Fehler aufzuspüren vermochte, im ersten Moment oftmals verflucht – und bin im Nachhinein doch unendlich dankbar dafür!

Paul Senftenberg

Film as dream, film as music. No art passes our conscience in the way film does, and goes directly to our feelings, deep down into the dark rooms of our souls.

Ingmar Bergmann

GAY MOVIE MOMENTS

Gay Movie Moments

Eine Liebeserklärung

Es begann mit einem Kuss. Im Jahre 1927, an der Schwelle zum Zeitalter des Tonfilms, stehen in William A. Wellmans *Wings* die beiden Freunde Jack (Charles Rogers) und David (Richard Arlen) im Mittelpunkt bombastischen Weltkriegsgeschehens.

Der Titel ist Programm: Alles dreht sich ums Fliegen. Hinzu kommt die Freundschaft zwischen zwei feschen Piloten, die sich für Frauen nicht interessieren – ganz besonders, als Jack im Unwissen, dass sich sein Freund in einer deutschen Maschine soeben in Sicherheit zu bringen versucht, diese vom Himmel schießt. Die folgende herzzerreißende Szene des Abschiednehmens vermag auch nach fast neunzig Jahren zu rühren und wird in diversen Foren aufs Heftigste diskutiert. Als „Brokeback before Brokeback" bezeichnen die einen den angeblich ersten homosexuellen Kuss der Filmgeschichte, wohingegen sich an anderer Stelle die Sichtweise vom „first same-sex kiss" ohne dezidiert schwule Bedeutung durchgesetzt hat.

Jedenfalls ist es ein wahrer Gänsehautmoment des Kinos: Diese warmherzigen Blicke, die innigen Umarmungen, das Kraulen in den Haaren des anderen, der Schmerz in Jacks Augen, als ihm klar wird, dass es keinen Sinn mehr hat, einen Arzt herbeizurufen. Dann Davids Bitte: „Don't go, Jack! Just stay here with me – for a little while." Die Zärtlichkeit, als Davids Hand über Jacks Wange streicht – und dann dieser Kuss. Beim genauen Betrachten ist es eher ein Kuss auf die Wange oder den Mundwinkel als direkt auf Davids Lippen. Entlarvend erscheinen mir jedoch die letzten Worte zwischen den beiden Männern: Nichts in der Welt würde ihm mehr bedeuten als ihre Freundschaft, versichert Jack dem Sterbenden in seinen Armen – und darauf die Antwort: „I knew it – all the time."

Was genau wusste David? Geht es wirklich nur um Freundschaft oder nicht doch um viel mehr?

Eine Ansichtssache. In seinem Meisterwerk *The Kid* (1921), das auf bis zu diesem Zeitpunkt unerhörte Weise Komödie und Sozialdrama verknüpfte, küsst Charlie Chaplin in einer dramatischen Szene seinen Ziehsohn Jackie Coogan auf den Mund – in einer Heftigkeit, wie man es heute nicht mehr darstellen würde. Man muss versuchen, die Theatralik der Gesten und das Quäntchen mehr an gezeigten Emotionen im Schauspiel des Stummfilms mit den Augen von damals zu sehen. Ob der Kuss in *Wings* nun ein schwuler war, kurz bevor der Moralkodex des „Production Code", in anderen Worten die Zensur, Derartiges für viele Jahrzehnte aus Hollywoodfilmen verbannte, oder doch „nur" ein Kuss zwischen zwei Männern, wollen wir deshalb dahingestellt lassen. Zweifellos ist bei den beiden Beteiligten eine gehörige Portion Gefühl im Spiel.

„Das Leben eines Menschen ist ein einziger Versuch, über die Umwege der Kunst wieder die wenigen Minuten wach werden zu lassen, in denen sich sein Herz zum ersten Mal öffnete", sagte Albert Camus einmal. In diesem Filmmoment für die Ewigkeit sind die Herzen der Beteiligten weit offen.

Auf die Spur solcher schwuler Augenblicke habe ich mich gemacht, und ich habe sie in den Filmen entdeckt, die in diesem Band versammelt sind. Wobei manche von ihnen streng genommen gar nicht unter die Bezeichnung des „queer cinema" fallen – bei Disney und Bond kommt man wohl nicht gleich auf eine solche Einordnung. Es geht mir um einzelne Szenen und darin um schwule Charaktere. Die Gänsehautmomente überwältigen uns mit ihrer Kraft und Schönheit, ihrer Coolness oder Poesie, ihrer Tragik und Traurigkeit, dem Schrecken, der in ihnen wohnt, oder der Lebensfreude, die sie zu vermitteln wissen.

„Jedes Bild erzählt von einem emotional aufgeladenen Moment innerhalb eines narrativen Davor und Danach", lautet eine Interpretation der von Hitchcock, David Lynch und Wim Wenders sowie den Gemälden von Edward Hopper inspirierten Fotografien von Formento & Formento. Solche magische Bilder stellen den Ausgangspunkt meiner Texte dar.

Als er einmal gefragt wurde, woher er denn seine Ideen habe, antwortete der große amerikanische Schriftsteller Ray Bradbury: „I listen to the voices in my head, and write what they tell me." So lasse ich die Bilder auf der Leinwand auf mich wirken, und was damit in meinem Kopf und meinem Herzen passiert, schreibe ich auf. Die daraus entstandene Sammlung an Texten legt keinen Wert auf filmhistorische oder chronologische Vollständigkeit und möchte schon gar keine Best-of-Liste sein. Das Buch stellt auch keine wissenschaftliche Analyse in Bezug auf die akademische Debatte dar, ob ein Film nun wirklich zum queeren Kino zählt oder nicht und ob es als positiv oder negativ zu werten ist, dass schwule Filme in den letzten Jahren aus dem Untergrund getreten sind und im Mainstream angekommen zu sein scheinen. Hingegen sind meine Texte ein Nachdenken über Szenen, deren Intensität mich tief berührt hat. Diese Qualität ist das alleinige Kriterium meiner Auswahl, die ich in sechs Kapitel zu den vorherrschenden Themen des Genres gegliedert habe: vom schwulen Leben im Geheimen und der Einsamkeit, die damit verbunden ist, über die mitunter schwierigen Schritte zum Coming-out, die Liebe in verschiedenen Lebensaltern, diversen mit Homosexualität verbundenen Klischees und dem Stolz, schwul zu sein, bis hin zu Geschichten, die sich ums Sterben drehen.

In diesem Sinne würde ich mir wünschen, meine Interpretationen, diesen „Stream of Consciousness“, der von einzelnen Momenten ausgeht, als Hommage verstanden zu wissen, als – verwenden wir das große Wort – Liebeserklärung an schwule Filme, Szenen oder zuweilen auch an Darsteller und ihre Filmfiguren. Deshalb sind sie genauso subjektiv, wie die Liebe nun einmal ist.

Die Lampen im Saal gehen aus, der Projektor beginnt zu surren und schickt auf seinem Lichtstrahl diese ganz besonderen Bilder auf die Leinwand – magische schwule Filmmomente. Enjoy.

Paul Senftenberg, im Juli 2016

IN THE CLOSET

Die Dinge des Lebens

Very very British

Der traurige Clown

Momente des Glücks

Gay trotz Hay

Lügen und Wahrheit

Man in the Mirror

Liebe ohne Namen

Die Dinge des Lebens

Die Ahnungslosen (2001) Saturno Contro (2007)

Die Dinge des Lebens (1970), *César und Rosalie* (1972) und *Eine einfache Geschichte* (1978) – Filme, die den französischen Regisseur Claude Sautet einst zu einem der bedeutendsten Chronisten des gehobenen Mittelstands der Nachkriegszeit machten. Claude Chabrol war ihm in dieser Hinsicht ähnlich, doch wo dieser die Überhöhung im Mörderischen suchte, sezierten Sautets Geschichten die Alltäglichkeit des Lebens. Romy Schneider, Michel Piccoli und Yves Montand waren oftmals Teil seines Ensembles, das Geflecht der Beziehungen zwischen ihnen, die sozialen Konflikte und gegenseitigen Abhängigkeiten die Basis ihrer Interaktionen. Als Auslöser der Filmhandlung fungierten persönliche Krisen seiner Figuren, durch die er ihre Verletzlichkeit, ich möchte sogar sagen, ihre Menschlichkeit bloßlegte.

Der türkisch-italienische Regisseur sowie Drehbuchautor Ferzan Özpetek ist eine Art Nachfolger von Sautet. Für die Interpretation seiner Filme möchte ich aber noch die Geschichte vom Zappelphilipp hinzuziehen. Sie ist Teil des *Struwwelpeter* (1845) des Frankfurter Arztes Heinrich Hoffmann, einerseits ob seines Sprachwitzes heute noch ein höchst amüsant zu lesender Klassiker der Kinderliteratur, andererseits wegen seines autoritären Erziehungsstils oft kritisiert. Da gibt es Philipp, der am Tisch nicht still sitzen kann und ständig mit dem Stuhl schaukelt. Auf einmal kippt er nach hinten und reißt die Tischdecke und die gesamte Mahlzeit mit sich: „Und die Mutter blicket stumm auf dem ganzen Tisch herum“. In neuerer Zeit wird die böse Mär zuweilen als Beschreibung eines Kindes mit Hyperaktivität empfunden, wir könnten Philipp aber auch als Bild für die Krise sehen, die über die Gesellschaft am Tisch hereinbricht. Womit wir bei Sautet und Özpetek und dem Zelebrieren des gemeinsamen Essens sind.

Es ist die Poesie in einem wunderbaren, stillen Alltagsmoment, wenn Lorenzo zu Beginn von *Saturno Contro* seinen

Freundeskreis am Esstisch betrachtet. Man hat zusammen gekocht, nun werden die Schüssel mit der Pasta und die Weinflasche herumgereicht. Lorenzo steht ein Stück abseits, sein Lächeln zeigt inneren Frieden und fast greifbares Glück, wenn wir seine Gedanken über den Geliebten mitanhören: „Davide im Kreis unserer Freunde gibt mir Sicherheit. Ich weiß, was sie sagen, denken. Zwar immer dasselbe, aber das ist gut so. Ich will keine Überraschungen, Neuerungen. Ich will, dass alles so bleibt. Für immer.“ Mit dem Nachsatz, der für die kommende Handlung Schlimmes erahnen lässt: „Obwohl ich weiß, dass es das nicht gibt.“

Lorenzos Freundeskreis – das ist Özpeteks Neuerfindung der traditionellen italienischen Großfamilie unter veränderten Vorzeichen. Da gibt es zwei Heteropaare, Antonio und Angelica sowie Roberto und Neval, und ein schwules Paar, nämlich Lorenzo und Davide. Davide ist ein erfolgreicher Schriftsteller, auch sein Ex-Partner Sergio sitzt mit am Tisch, dazu kommen Paolo, ein vielversprechender junger Autor, und Lorenzos Freundin Roberta. Was Lorenzo in der Zufriedenheit ausblendet, die er bezüglich seines Lebens empfindet, sind die Heimlichkeiten, Betrügereien und Geheimnisse, die Eifersucht, die Ängste und die kleinen Streitigkeiten. So weiß etwa keiner der Freunde von Antonios Affäre mit einer ebenfalls verheirateten Frau Bescheid. Es gibt sogar Unsicherheiten zwischen Davide und Lorenzo. Das wird spürbar, wenn sie sich in einer späteren Szene über Paolos Manuskript unterhalten: „Wovon handelt es?“ – „Von Liebe. Dass man immer den falschen liebt.“ – „Aber es gibt Ausnahmen, oder?“ – „Bis zum Beweis des Gegenteils.“

Man kennt einander seit Ewigkeiten und kennt einander doch nicht wirklich. Als der Zappelphilipp stürzt, fallen unter den Freunden die Masken. Bei einem weiteren Abendessen bricht Lorenzo zusammen, er wird aus dem Koma nicht mehr erwachen. In dieser extremen Situation treten Spannungen hervor, die bislang verborgen waren, und drohen die Gruppe zu sprengen. Die Idylle, die Özpetek so wunderbar gezeichnet hat, zerbröckelt; die Freunde wechseln sich an Lorenzos Krankenbett ab, die Kamera bewegt sich durch die Stadt und das Leben, das weitergehen muss. Doch jetzt werden Dinge ausgesprochen, die früher ungesagt blieben. Antonio beichtet seiner Frau die Affäre und verlässt seine Familie, und selbst Lorenzos Eltern, die die Homosexualität ihres Sohnes nie akzeptiert haben, treten auf. „Ich will begreifen", stellt sein Vater fest. „Es gibt nicht viel zu begreifen", wird ihm erwidert. „Für mich schon." – „Reicht es nicht, dass er glücklich war?"

Doch wie in Sautets Filmen gibt es letztlich den Zusammenhalt zwischen den Freunden, ihre Akzeptanz der Eigenständigkeit der anderen, ihre Liebe. „Du ahnst nicht, wie es ist zu überleben", hat Davide einmal gesagt. Nun fürchten sie, dass er sich etwas antun könnte. Sie folgen ihm zu seinem Landhaus am Meer. Wieder wird gekocht und gemeinsam gegessen, Gefühle werden ausgesprochen. Ganz früh am nächsten Morgen, als alle noch schlafen, verlässt Davide das Haus. Durch einen Pinienwald gelangt er zu Felsen steil über dem Meer, die traurige Ziehharmonikamusik spiegelt seine Stimmung. Davide steht auf der Klippe, bricht zusammen und kann zum ersten Mal um Lorenzo weinen.

Ein letzter Gänsehautmoment in diesem Film: Vor dem Haus gibt es einen Tischtennistisch. In der finalen Szene fordert Antonio Davide heraus. Dieser willigt zögernd ein, und bald spielen alle miteinander. Wieder sind sie rund um einen Tisch beisammen, ein berührendes Bild der Einheit, der Zusammengehörigkeit, der Freundschaft eben. Sogar Lorenzo befindet sich unter ihnen, seine Worte vom Beginn des Films sind nochmals zu hören, als er über die Sicherheit gesprochen hat, die ihm das Bild von Davide im Kreis der Freunde gibt. In all dem Schmerz, der wohl noch in ihren Herzen brennt, ist in diesem Moment auch so etwas wie Friede zu spüren.

Margherita Buy, die in *Saturno Contro* Angelica spielt, und Stefano Accorsi, der ihren Mann Antonio darstellt, verkörpern auch die Hauptrollen in *Le fate ignoranti*, wie der Originaltitel von *Die Ahnungslosen* lautet. Der Streifen handelt von einer Frau, Antonia, die nach dem plötzlichen Tod ihres Mannes Massimo erfährt, dass dieser jahrelang ein schwules Doppelleben führte. Antonia entdeckt auf der Rückseite eines Gemäldes ihres Mannes eine persönliche handschriftliche Notiz, die den Gedanken an eine Affäre nahelegt. Sie vermutet eine Frau und möchte diese aufsuchen, trifft jedoch auf Michele, den Liebhaber ihres Mannes, und zudem auf eine Wohngemeinschaft mit schwulen und lesbischen Bewohnern. Bei einem Essen auf der Terrasse der Wohnung sind alle versammelt, hier fallen Sätze von Tragweite: „Menschen, die ich liebe, lüge ich fast immer an." Und: „Wenn du die Wahrheit sagst, dann lieben sie dich vielleicht nicht mehr. Die Wahrheit zu sagen, ist gefährlich.“ Antonia aber plädiert dagegen: „Wie kannst du einen Mann lieben, der dich immer belügt?“ Da spricht Michele aus, was alle außer Antonia wissen: Dass Massimo immer hier bei ihnen gewesen sei, wenn er zu Hause sagte, er würde zu einem Fußballspiel gehen. „Wo du gerade sitzt, ist sein Platz gewesen.“ Er schlägt vor, auf Massimo zu trinken: „Weil er einer von uns war.“

Kein Wunder, dass Antonia aufspringt und davonläuft. Doch es ist fast wie bei einem Liebespaar, das mit behutsamen Schritten aufeinander zugeht und sich kennenlernt: Antonia und Michele verbringen immer mehr Zeit miteinander und beginnen, Massimo durch die Augen des jeweils anderen zu sehen. Auf ihrer Spurensuche nach dem wahren Ich des Ehemannes und Geliebten spenden sie einander Trost in ihrer Trauer. Bald erkennen sie, dass sie Ahnungslose waren. So erfährt Antonia etwa, dass ihr Mann kochen konnte und neue Rezepte erfand, Michele seinerseits, dass Nâzım Hikmet nicht Massimos Lieblingsdichter war, sondern Antonias, und dass das Buch, das Massimo bei ihrem ersten Zusammentreffen kaufen wollte, nicht für ihn selbst, sondern für seine Frau gedacht war. Ein einfühlsamer nächtlicher Dialog über den Dächern Roms ist das, getragen von genau der zarten, melancholischen Stimmung, die die Filme Özpeteks so auszeichnet.

> *„Wenn du die Wahrheit sagst, dann lieben sie dich vielleicht nicht mehr. Die Wahrheit zu sagen, ist gefährlich.“*
>
> *Die Ahnungslosen*

Die Gemeinschaft trägt Antonia und Michele durch diese schwere Zeit, und sie sind Stütze und Hilfe für Freunde, die diese benötigen. Ein Mitbewohner leidet an AIDS, eine transsexuelle Freundin hat Angst vor der Konfrontation mit ihrer Familie. Schließlich erfährt Antonia, dass sie Massimos Kind in sich trägt. In der charmanten Tragikomödie *Der schönste Tag in meinem Leben* von Cristina Comencini versammelt die Matriarchin, gespielt von der großen Virna Lisi, zum Fest der Erstkommunion ihrer Enkelin die gesamte Familie in ihrem prachtvollen Haus. Das Mädchen filmt ihre Verwandten, die allesamt ihre Probleme mit Affären und Scheidung, der Einsamkeit eines Lebens als Witwe und versteckter Homosexualität haben. Sie mutmaßt: „Vielleicht sehe ich sie an diesem Tag zum letzten Mal zusammen.“ Und weiß dennoch: „Nichts wird uns trennen. So einfach ist das.“ Diesen tröstlichen Gedanken könnte man für die Filme Ferzan Özpeteks – und dazu zählt auch das an anderer Stelle besprochene *Männer al dente* (2010) – als Credo nehmen: Im Kaleidoskop des Lebens mag das Schicksal immer wieder aus dem Hinterhalt zuschlagen. Solange die Freunde, die auch Familie sein können, zusammenhalten, ist die Gegenwart zu ertragen und gibt es auch so etwas wie Zukunft.

Die Ahnungslosen (2001, Drama/Liebesfilm)
Regie: Ferzan Özpetek
Darsteller: Margherita Buy, Stefano Accorsi, Serra Yilmaz, Gabriel Garko, Andrea Renzi

Saturno Contro (2007, Drama/Liebesfilm)
Regie: Ferzan Özpetek
Darsteller: Pierfrancesco Favino, Stefano Accorsi, Margherita Buy, Serra Yilmaz, Ennio Fantastichini

Very very British

Another Country (1984)
Maurice (1987)

„Ich wäre ein berühmterer Autor geworden, hätte ich mehr geschrieben oder, besser gesagt, mehr veröffentlicht. Sexualität hat das Letztere verhindert." Der Tagebucheintrag des britischen Schriftstellers E. M. Forster vom 31. Dezember 1964 spricht den Grund offen an, weshalb er nach seinem Roman *A Passage to India* (1924) bis zu seinem Tod im Jahre 1970 nicht mehr publizierte. Forster galt allenthalben als Junggeselle; seine Beziehung mit einem verheirateten Polizisten namens Bob Buckingham war nur einem kleinen Kreis enger Freunde bekannt. Obwohl schon 1913/14 geschrieben, erschien sein Roman *Maurice* erst posthum. Darin geht es um schwule Identität und das damit verbundene Leben im Verborgenen sowie um die Frage, was als normal und abnormal gilt in einer Welt, in der moralischer Anspruch und gesellschaftliche Wirklichkeit weit auseinanderklaffen.

Um die Möglichkeit oder Unmöglichkeit der offenen Liebe zwischen Männern kreisen nicht nur die dramatischen Geschehnisse in *Maurice*, sondern auch die Kurzgeschichten, die unter dem Titel *The Life to Come*, ebenfalls erst nach Forsters Tode, erschienen. „To touch, to hold. To be touched. The yearning was so strong sometimes that it hurt", schreibt der südafrikanische Autor Damon Galgut in seiner fiktiven Forster-Biografie *Arctic Summer* (2014) und fasst die Tragik eines Lebens im Verborgenen zusammen: „The more so because it could not be spoken."

Schon in ihrer Forster-Adaption *Zimmer mit Aussicht* (1985) zeigen Regisseur James Ivory und sein Produzent Ismail Merchant, über Jahrzehnte Partner nicht nur in beruflicher, sondern auch persönlicher Hinsicht, eine Szene, die sehr unterschiedliche Lesarten zulässt. Wenn zwei Freunde und ein schelmischer Reverend (der offen schwule Simon Callow sowie Julian Sands und Rupert Graves, von denen wir damals wünschten, sie wären es) nackt, wie Gott sie schuf, in einem Waldteich herumtollen wie die jungen Hunde und gar nicht mehr aufhören wollen, sich gegenseitig nass zu spritzen und unterzutauchen, dann kann man dies – so die allgemeine Rezeption – als Ausbruch aus der Beengtheit und den Zwängen der Edwardischen Epoche Englands sehen – oder angesichts des schwulen Autors der Romanvorlage und der schwulen Filmemacher eben auch ganz anders.

Jedenfalls erwies sich der Film beim Publikum und den Kritikern als so erfolgreich, dass das Duo Merchant-Ivory in der Folge mit *Maurice* das wohl nicht nur finanzielle Wagnis auf sich nahm, das allseits beliebte Thema der Romanze in höheren Kreisen in Richtung offen schwul zu verschieben. Abermals entstand ein überaus geschmackvolles, doch nie geschmäcklerisches Sittengemälde im vorweggenommenen Laura Ashley-Dekor. Auf eine Reise machen sich viele von Forsters Protagonisten: Lucy Honeychurch in *Zimmer mit Aussicht* nach Italien, Adela Quested in *Reise nach Indien* in, wie uns der Titel bereits verrät, noch viel exotischere Gefilde. Dass sie auf ihrer Suche nach dem Aufregenden, dem Anderen, dem Neuen schlussendlich sich selbst finden werden, liegt in der Natur dieses literarischen Genres.

Ihre Zerrissenheit teilen auch die Charaktere in *Maurice*: Durch ihr ständiges Schwanken zwischen der Wahrheit ihrer Empfindungen, der Wahrung des Gesichts nach außen und der Feigheit, ihrem eigentlichen Ich ins Auge zu schauen, sind sie Fremdkörper inmitten der luxuriösen Gediegenheit des aristokratischen Lebens im viktorianischen England. „Think how easy life is for people who don't have to go through all this", wird einmal direkt ausgesprochen, was den schwulen Männern schier das Herz zerreißt. „This secrecy. Never being able to talk about the person whom you're in love with to anybody." Und daraus die schlimme Folgerung: „We must change."

Die Männer, die diese Seelenqualen durchleiden müssen, sind Maurice (James Wilby) und sein Freund Clive (Hugh Grant). Es ist der aristokratische Clive, der während ihres Studiums in Cambridge den ersten Schritt macht. Von seinen Gefühlen übermannt, nähert er sich Maurice, es kommt zu einer Umarmung, die dieser aber brüsk von sich weist. „I love you." – „Don't talk rubbish." Obwohl sich Maurice alsbald von einer ganz anderen Seite zeigt, bleibt die Beziehung fast ausschließlich platonisch. Enge Umarmungen, eine Art von Sich-Festhalten am anderen, nur hin und wieder ein gestohlener Kuss, stattdessen Liebesschwüre, die die Einzigartigkeit einer so innigen Freundschaft zwischen Männern betonen. „I would have gone through life half awake if you'd had the decency to leave me alone", sagt Clive einmal. Darauf Maurices Frage: „Why me?" Und Clives Antwort: „Perhaps we woke up each other."

Doch Clives Angst, zu sich selbst zu stehen, ist zu groß. Ein anderer homosexueller Kommilitone wird zu einem halben Jahr Zuchthaus verurteilt, und in den Köpfen der Männer spuken immer noch die Bilder von einem viel spektakuläreren Prozess und dessen schlimme Folgen herum. „I'm an unspeakable of the Oscar Wilde sort", bezeichnet er sich einem Arzt seines Vertrauens (Denholm Elliott) gegenüber. „I want to be cured." Der Arzt hat für Dinge wie diese kein Verständnis und bezeichnet sie als Narretei, und auch der Hypnotiseur (Ben Kingsley), den Maurice daraufhin konsultiert, kann seine sogenannte Abnormalität nicht heilen.

Clive versucht, die Situation auf seine Weise zu bereinigen. „We've got to change, you and I", stellt er fest. „Can the leopard change his spots?", pariert Maurice. Dass sie alles riskieren würden, die Karriere, die Familie, ihre Namen, meint Clive: „You and I are outlaws." Maurice bleibt verzweifelt und ohne Halt zurück: „The only thing I dread is losing you." Als Clive aus dem Zimmer geflüchtet ist, folgen Tränen und das schwarze Loch: „What an ending. What's going to happen to me? I'm done for."

Doch Forster hat für seinen Helden Besseres im Sinn: den jungen Wildhüter Alec Scudder (Rupert Graves). In der Literatur dieser Zeit waren Wildhüter hoch im Kurs, was das Aufbrechen der lähmenden Konventionen betrifft – man denke nur an D. H. Lawrences *Lady Chatterley* (1928). Der Roman gilt als eines der ersten seriösen Werke, in denen Sexualität offen und aufrichtig jenseits von verschämtem Erröten dargestellt wird. Es ist geradezu ein Befreiungsakt, wenn die titelgebende Aristokratin der Enge ihrer Ehe mit dem impotenten Lord mit heftigster Unterstützung des genannten Wildhüters entflieht. Ähnlich ergeht es Maurice, der eines Nachts nicht schlafen kann und sich aus dem Fenster in den heftigen Regen beugt. Er wird dabei von besagtem Alec beobachtet, einem hübschen Lockenkopf, der flugs durchs Fenster steigt, ihn küsst und gleich darauf wieder verschwindet. Maurices Verwirrtheit ist grenzenlos, was zu dieser schönen Szene führt: das Erwachen eines Menschen aus einem Schlaf, der sein ganzes bisheriges

Leben angedauert hat. Als Maurice in einer weiteren Nacht das Fenster öffnet, um Luft zu schnappen, fasst Alec dies als Zeichen der Einladung auf. Abermals kommt er ins Zimmer und zu ihm ins Bett. Dass alles in Ordnung sei, meint Alec und zieht Maurice die Jacke vom Körper: „Lie down." Da, endlich, darf die Maske fallen. Heiße Umarmungen, wilde Küsse, schließlich ein befreites Lächeln, denn es ist geschehen, wovon Maurice immer schon geträumt hat. Er will Alec gar nicht mehr gehen lassen, und Liebesbezeugungen gehen schnell über die Lippen. Ob es dies gebe: „Someone to last your whole life?"

Alan Hollinghurst, einer der bekanntesten heutigen Autoren schwuler Romane, bewegt sich in *The Stranger's Child* (2011) in ähnlichen Kreisen und erzählt von der kurzen Liebe zwischen zwei jungen Männern, George und Cecil, und deren Ende im Ersten Weltkrieg. Georges Mutter durchstöbert das Zimmer ihres Sohnes und stößt dabei auf Cecils Briefe. Diese sind recht eindeutigen Inhalts. Als George von der Front heimkehrt (Cecil ist in der Zwischenzeit gefallen), konfrontiert sie ihn damit und provoziert eine Reaktion, die sein gesamtes weiteres Leben beeinflussen soll. „… Er war wütend auf sie, wie nie zuvor, es seien private Briefe, sie habe kein Recht; gleichzeitig war er verstört vor Scham und Schreck, dass seine Mutter wusste, was vorgefallen war. ‚Es war alles vorbei', sagte er – offensichtlich, denn Cecil war tot – ‚es war längst alles vorbei.' Und ehe der Krieg aus war, hatte er diesem langweiligen Blaustrumpf einen Antrag gemacht, sodass sie in ihren heimlichsten und traurigsten Momenten das Gefühl beschlich, als habe sie ihren Sohn zu einem Leben in selbstlosem Elend verurteilt […]"

Diese Flucht vor dem, womit man einfach nicht klarkommt, in die Ehe mit einer Frau, wählt auch Clive. Dass es sich dabei um einen Weg ins Unglück handelt, deutet Ivory am Ende seines Films an. Dadurch treibt er eine Spitze in die sonst so wunderbar romantisch happyendende Handlung, die noch lange im Zuschauer nachhallt.

Unsicherheit, wie es mit ihnen nun weitergehen könnte, und Eifersucht drohen das Glück von Maurice und Alec zu zerstören. Die Klassenunterschiede, die in der englischen Gesellschaft immer eine besondere Rolle gespielt haben, tun das ihrige. Der Wildhüter wartet umsonst im Bootshaus auf den Geliebten und fühlt sich vom feinen Gentleman herabgesetzt, dieser fürchtet eine Erpressung durch einen Mann aus dem Volk – und doch können sie nicht voneinander lassen und schlafen in einem Hotelzimmer erneut miteinander. Alec spricht davon, nach Argentinien auszuwandern. „It's a chance in a thousand we met", erkennt Maurice und drängt ihn: „Why don't you stay?" Der Traum von einem Ort, an dem sie zusammen leben könnten und sich nicht um Geld oder die Meinung der anderen kümmern müssten: „Wouldn't work", holt Alec sie wieder auf den Boden der Realität zurück. „Be the ruin of ... us both. Can't you see?"

Über die für ihn absolut unmögliche Variante eines unglücklichen Endes von *Maurice* schrieb Forster: „A happy ending was imperative ... Happiness is its keynote – which by the way ... has made the book more difficult to publish." Er stellt sich dezidiert gegen das zynische Klischee der gleichgeschlechtlichen Liebe mit einem tragischen Ausgang, der mitunter wie eine Art Strafe für die schwulen Protagonisten erscheinen mag: „If it ended unhappily, with a lad dangling from a noose or with a suicide pact, all would be well ... but the lovers get away unpunished and consequently recommend crime."

Also kein gemeinsamer Selbstmord. Am Tag seiner geplanten Abfahrt nach Südamerika taucht Alec am Pier nicht auf. Maurice findet ihn im Bootshaus von Clives Anwesen. Sie fallen einander in die Arme und verzehren sich mit Blicken, und dann wird der erlösende Satz ausgesprochen: „Now we shan't never be parted."

Zuvor jedoch trifft Maurice noch auf Clive. Voll neuer innerer Stärke erzählt er ihm von seiner Liebe zu Alec, was Clive als groteske Vorstellung abtut.

„All his longings came out as a kind of disdain for what he longed for", schreibt Alan Hollinghurst in seinem Roman *The Line of Beauty*, für den er 2004 den Booker Prize erhielt, über jemanden, der vorgibt abzulehnen und zu verachten, wonach er sich eigentlich sehnt. Clive ist ihm ein Bruder im Geiste. Während Maurice nach ihrem Gespräch zum Bootshaus eilt und seine Erfüllung in Alecs Armen findet, betritt Clive sein Schlafzimmer. Er umarmt seine Frau von hinten, wir sehen ihre Gesichter im Spiegel. Clives Lächeln gefriert zu einem Ausdruck, der uns als unecht erscheint. Er beginnt, die Läden zu schließen, und blickt dabei noch einmal nach draußen. Er sieht den jungen Maurice vor sich, wie er ihm in Cambridge zugewunken hat. Diesem Ruf ist er nicht gefolgt, muss Clive erkennen. Nun muss er mit der

Verleugnung seiner wahren Gefühle leben, hinter der Fassade der Normalität im Gefängnis seiner Ehe.

Ein weiterer Gedanke aus *The Line of Beauty* führt uns zu einem artverwandten Film. „The pursuit of love seemed to need the cultivation of indifference", heißt es da. Und weiter: „The deep connection between them was so secret that at times it was hard to believe it existed." Das Vorschützen von Desinteresse und Gleichgültigkeit als Überlebenstaktik auf einer englischen Eliteschule in den 1930er-Jahren und die fatalen Konsequenzen, wenn man ablehnt, sich auf dieses Spiel einzulassen, hat Marek Kanievskas *Another Country* zum Thema. Das Setting könnte Pate für jenes von *Maurice* gewesen sein. Rupert Everett, Colin Firth und Cary Elwes spielen die tragenden Rollen, die Handlung basiert frei auf dem Leben von Guy Burgess und dessen Wandlung vom Internatsschüler zum Spion der Sowjets.

Ein harsches System von Hierarchie und Unterdrückung beherrscht die Regeln in Eton, wo die Elite des Landes herangezogen werden soll. Vordergründig geht es um Tradition, Sportgeist und gute Manieren, dahinter jedoch gedeiht ein System aus Intrigen, Opportunismus und rigider körperlicher Disziplinierung. Eine erste Bruchlinie wird sichtbar, als sich ein Schüler, der von einem Lehrer beim gemeinsamen Masturbieren mit einem Freund erwischt wird, in der Kapelle erhängt. Jeder weiß, was zwischen den Jungen abläuft, doch keiner darf darüber reden. „Thou shalt not lie with mankind, as with womankind", beten die Schüler, und die Frage, ob es denn die Eltern akzeptieren würden, wenn sie wüssten, was in der Schule ablaufe, findet eine klare Antwort: „They do know. The fathers at least."

In dieser Welt der Blendung und Verblendung erledigen die jüngeren Schüler für die älteren alle Arten von Arbeit. Ganz oben stehen die „Lords", im Original sogar „Gods" genannt. Einer der Anwärter für diese geachtete Position ist Guy Bennett, denn die Aufnahme in diesen elitären Zirkel kann der erste Schritt zur großen Karriere bedeuten. Seine eigentliche Verachtung dieses Schulsystems eint ihn mit Tommy Judd, einem Außenseiter, der sich offen zum Kommunismus bekennt. Inmitten dieses Umfelds erblüht die Liebe. Wenn sich die Wege zwischen Guy und einem Mitschüler namens James oder auch nur ihre Blicke kreuzen, beginnen die Herzen zu rasen. Mit großer Behutsamkeit, ja, Vorsicht, tasten sie sich aneinander heran: der Lunch in einem Hotel, das Nennen der Vornamen, das Reden über die eigenen Ängste und Sehnsüchte, ein geheimes Treffen im nächtlichen Park. Die Szene, in der die beiden Jungen in ein Boot steigen und es das höchste der Gefühle ist, den Kopf in den Arm des anderen zu legen, ist von entzückender Unschuld. „Everyone cheats here the whole time", meint Guy einmal desillusioniert. Darauf James: „I don't." Und dann, als Spiegelung des berühmten Nachtigall/Lerche-Dialogs aus Shakespeares *Romeo und Julia* (1597): „It's getting light soon. I must be going."

Guy, der sich oftmals nicht an die schulischen Regeln hält, ist bislang einer Züchtigung nur durch Erpressung entgangen. Seine Drohung: Sollte er geschlagen werden, würde er die Namen all jener Jungen nennen, mit denen er Sex hatte: „beginning at the top." Dann jedoch fängt einer der Lords einen Liebesbrief von Guy an James ab. Um James zu schützen, lässt Guy die Bestrafung diesmal über sich ergehen. Später beklagt Guy die Moralvorstellungen seiner Zeit Tommy gegenüber: eine Glanzleistung Rupert Everetts, der zwischen Wut und Zorn, großer Enttäuschung sowie totaler Verzweiflung schwankt. Dass er James aus Liebe nicht kompromittieren wollte, erklärt er Tommy. „I' m not going to pretend any more. I'm sick of pretending." Er stellt klar: „I'm never going to love women." Obwohl Tommy eigentlich sein Freund ist, kann er nicht glauben, was er da hört: „Don't be ridiculous." Worauf ihm Guy die Seele bloßlegt: „It doesn't come as any great revelation. It's more like admitting to yourself something you've always known. It's a great relief in some ways." Und schluchzend: „In spite of your talk of fraternity and equality, you still believe some people are better than others because of the way they make love."

> *„In spite of your talk of fraternity and equality, you still believe some people are better than others because of the way they make love."*
>
> *Guy in: Another Country*

Mit seiner ersehnten Karriere als Botschafter, das hat Guy ganz klar erkannt, ist es dahin: Man würde immer über ihn reden, selbst wenn er seine wahre Natur zeit seines Lebens zu verbergen versuchte.

Gegen Ende des Films wird von einem anderen Land gesungen: „Her ways are ways of gentleness and all her paths are peace." Gemeint ist die Sowjetunion, zu der Guy sich später gewandt haben wird. Gemeint sein könnte aber auch ein ganz anderes Land, eines, in dem keiner der Einwohner mehr gezwungen sein müsste, sich selbst zu verleugnen – ein Ort, der für schwule Männer wie Maurice und Guy vielleicht den Frieden bringen könnte.

Another Country (1984, Drama/Liebesfilm)
Regie: Marek Kanievska
Darsteller: Rupert Everett, Colin Firth, Michael Jenn, Robert Addie, Cary Elwes

Maurice (1987, Drama/Independent-Film)
Regie: James Ivory
Darsteller: James Wilby, Hugh Grant, Rupert Graves, Denholm Elliott, Simon Callow, Ben Kingsley

Der traurige Clown

Boulevard (2014)

Da wir uns in diesem Buch über dezidiert schwule Filmszenen unterhalten, sei mir zur Abwechslung einmal eine Referenz zu einem Musical erlaubt. Das Klischee, in dem wohl auch ein Körnchen Wahrheit liegt, glaubt ja zu wissen, dass Schwule sich ganz besonders für diese Gattung des Musiktheaters zu begeistern wissen. „Send in the clowns“ ist die Ballade betitelt, die die Hauptfigur Desiree in Stephen Sondheims Show *A Little Night's Music* (1973) singt. Der Stoff gilt als musikalische Version von Ingmar Bergmanns *Das Lächeln einer Sommernacht* (1955), ist jedoch, trotz des Regisseurs, kein seelenschweres Drama, sondern eine Komödie. Also herbei mit den Clowns – doch Sondheim bezieht sich dabei, wie er in Interviews betonte, nicht auf die Spaßmacher im Zirkus, sondern auf die Narren, die Dummköpfe, die wir Menschen nun einmal alle seien. „O! I am Fortune's fool", ist Romeos Erkenntnis nach seinem unglückseligen Kampf mit Tybalt. So hart trifft es Desiree freilich nicht. Hingegen reflektiert sie in „Send in the clowns“ über ihre Sehnsüchte und Enttäuschungen, natürlich geht es dabei in erster Linie um ganz große Gefühle: Gerade als sie nach einem Leben voller Höhen und Tiefen ihre wahre Liebe gefunden zu haben glaubt, gerade als sie die metaphorische Tür zu eben diesem Mann öffnet, „with my usual flair“, folgt die bittere Erkenntnis: „... no one is there.“ Schwule Ikonen wie Barbra Streisand, Shirley Bassey und Cher haben das Lied mit wahrlich hingebungsvoller Inbrunst interpretiert, in der Filmadaption von Harold Prince aus 1977, die in Wien und der Wachau gedreht wurde, verkörperte Liz Taylor diese Rolle.

Die Narren des Lebens also, die Spaßmacher mit den Tränen der Wehmut in den Augen – einer von ihnen war Robin Williams in nicht wenigen seiner Rollen.

Williams, der Komiker der einsamen, tragischen, todtraurigen, der zutiefst verletzten Charakterstudien. Das Drama der Melancholie, die Seelen frisst: Er war John Irvings *Garp und wie er die Welt sah* (1982) in George Roy Hills Verfilmung, dem seine Familie das Wichtigste ist und der sie dennoch fast zerstört; er war der unkonventionell-empathische Lehrer in Peter Weirs *Der Club der toten Dichter* (1989) und das Moderatorenschandmaul Adrian Cronauer in Barry Levinsons *Good Morning, Vietnam* (1987); er träumte als Arzt im Kampf gegen die Schlafkrankheit in Penny Marshalls *Zeit des Erwachens* (1990) einen wahrlich unmöglichen Traum und hatte als erwachsener Peter Pan in Spielbergs Märchenfilm *Hook* (1991) das Fliegen verlernt; in Terry Gilliams *König der Fischer* (1991) suchte er nach dem Heiligen Gral und in Mark Romaneks Psychostudie *One Hour Photo* nach einer Ersatzfamilie.

In Dito Montiels *Boulevard* hat er nun seinen letzten Auftritt: Nolan Mack, ein sechzigjähriger Bankangestellter, der sich nach jahrzehntelanger Ehe endlich seine Homosexualität eingesteht. Wenn er auf dem Weg vom Pflegeheim, in dem er seinen nach einem Schlaganfall bettlägerigen Vater regelmäßig besucht, nach Hause zu seiner Frau fährt, ist von einem Lächeln in seinem Gesicht bestenfalls ein Anflug geblieben.

In dem Neo-Noir-Thriller *Drive* (2011) beobachtet der dänische Regisseur Nicholas Winding Refn Ryan Gosling als wortkargen Einzelgänger auf seinem ruhigen, fast entrückten Cruisen durch das nächtliche Los Angeles: die personifizierte Coolness. Robin Williams' Nolan hat mit ihm nur die nächtlichen Autofahrten gemein. Er fährt langsam und vorsichtig, stets mit Bedacht, die Regeln des Verkehrs ebenso einhaltend wie jene, die den Ablauf seines Lebens bestimmen. Die alltäglichen Verrichtungen, die fünfundzwanzig Jahre an seinem Schreibtisch in der Bank, der Blick im Spiegel in die leeren Augen. „Are you happy?" fragt ihn sein Vorgesetzter und erhält dafür nur eine Verlegenheitsantwort.

Boulevard entwickelt das Narrativ der Entgleisung dieses langweilig-organisierten Lebens wie in Zeitlupe. Bei seinen Fahrten hält Nolan manchmal an einer roten Ampel und beobachtet Prostituierte auf der anderen Straßenseite, einmal wendet er und fährt um ein Haar den jungen Stricher Leo (Roberto Aguire) nieder. Dass er niemandem etwas zuleide tun wolle, entschuldigt er sich und scheint im ersten Moment gar nicht zu verstehen, was der Bursche damit meint, als er ihn fragt, ob er ihn mitnehmen könne. Später, im Motelzimmer, die rührende Hilflosigkeit beim Kaffeemachen, nur um die Peinlichkeit zu überbrücken. Ob er ihn blasen wolle, fragt ihn Leo, der nicht so recht weiß, was sein Kunde denn nun wirklich im Sinn hat. „I'd rather look at you", wehrt Nolan ab. „You're nice to look at."

Die Vernarrtheit eines alternden Mannes in die Jugend, in der er nicht zuletzt sein eigenes jüngeres Ich erkennt, und das Hadern angesichts der ungenutzten Möglichkeiten seines Lebens: ein Motiv, das sich durch die Literaturgeschichte zieht. „Am Narrenseile geleitet von der Passion" wird schon Aschenbach in seiner Liebe zu der in seinen Augen geradezu unwirklichen Schönheit des Jünglings Tadzio in Thomas Manns Jahrhundertnovelle *Der Tod in Venedig* (1911). Fast zwei Jahrzehnte später verfällt in Josef von Sternbergs Heinrich-Mann-Bearbeitung *Der blaue Engel* (1930) Emil Jannings als Gymnasiallehrer Immanuel Rath, von seinen Schülern Professor Unrat genannt, mit Haut und Haar der von Kopf bis Fuß auf Liebe eingestellten Marlene Dietrich – eine „Amour fou" ist das, die in einer Zwangsjacke und schließlich im Tode endet. Solcher Drastik verschließt sich *Boulevard*. Regisseur Montiel setzt auf die subtilen Zwischentöne seiner stillen Geschichte, die er sanft, zart, zärtlich und so unaufdringlich erzählt, wie seine Charaktere nun einmal sind: verletzliche Menschen in zerbrechlichen Beziehungen, die nichts so sehr vermeiden wollen, als einander zu verletzen, und die an diesem unmöglichen Ansinnen letztendlich doch scheitern.

Die lange Zeit uneingestandener Sehnsucht nach der Nähe zu einem anderen Mann, gleichzeitig die Angst, die Dämme, die über Jahrzehnte gehalten haben, könnten brechen: Die Begegnung mit Leo hat in Nolan Gefühle aufgewühlt, die er eigentlich verdrängt und begraben wähnte. Das Geschenk einer VHS-Kassette, die Erzählung über seine Mutter, das Angebot, kein Geld nehmen zu wollen – Gesten von Leos scheuer Dankbarkeit, als Nolan ihn gegen seinen gewalttätigen Zuhälter verteidigt und ihm eine Stelle als Kellner vermittelt. Nolan jedoch missinterpretiert sie als Zeichen echter Zuneigung und kann mit dem Aufwallen von Gefühlen in seinem Herzen nicht umgehen.

Am Bett seines teilnahmslosen Vaters setzt er zu einer Erzählung an, zu seiner Lebensbeichte. Der Sommer 1965, die Familie im Urlaub in einem Motel am Meer und ein Strand, an dem dem damals zwölfjährigen Nolan etwas bewusst wird: „I knew that all the wishing and praying in the world couldn't change the fact that I was gay." Und die schmerzhafte Erkenntnis: „I didn't do anything about it."

Während Nolan spricht, kommt die Kamera ganz langsam auf ihn zu, bis zuletzt nur noch sein Gesicht im Bild ist – seine Augen, in denen sich all die Trauer über ein vergeudetes Leben spiegelt. „And suddenly I'm 60 years old. It's like I'm still there, like nothing happened. Like I'm still waiting for something I felt was promised to me that day, something that never came." Der bittere Nachsatz, diese Einsicht, die ohne die Bekanntschaft mit Leo wohl nicht denkbar wäre: „And I'm angry about it."

Nolan führt den Trinkhalm zum Mund des Vaters, der ihm die ganze Zeit mit starrer Miene zugehört hat. Dieser wendet den Kopf von ihm ab – ein Motiv, das kurz darauf in der Begegnung mit Leo eine Spiegelung erfahren soll. Nolans Frau Joy (Kathy Baker, stark in ihrer berührenden Zurückhaltung) ist übers Wochenende verreist, Leo ist bei Nolan zu Hause. Nolan macht für ihn Brote, sie schauen einen Western – als wäre eine solche Art von Alltag zwischen ihnen überhaupt möglich. Dann stehen sie einander gegenüber, und Nolan berührt Leo zum ersten Mal. Er umarmt ihn, er schließt dabei die Augen. Sein Gesicht, die ganze Haltung seines Körpers entspannt sich, da tritt Leo von ihm zurück und öffnet die Schnalle seines Gürtels. Dass er das nicht wolle, meint Nolan, ihm genüge die Nähe zu ihm. Doch Leo ist nur zum bezahlten Sex bereit, die Umarmung lehnt er ab.

„It can't be nothing, Leo", begehrt Nolan auf: Dass sie sich getroffen hätten, all das, was sich zwischen ihnen entwickelt hätte: „We're here for a reason." Doch Leos Worte stoßen ihn zurück: „It means nothing."

„You don't even try", wirft Joy Nolan später vor, als die beiden endlich miteinander über ihre Ehe reden und darüber, was sich in der letzten Zeit daran geändert hat. „What do you think I've been doing all these years?", ist die Antwort ihres Mannes, der das Lügen satthat.

Am Schluss des Films fährt Nolan wieder durch die Nacht. Wenngleich sich Leo aus dem Staub gemacht hat und er seinen Arbeitsplatz in der Bank räumen musste, wirkt er freier, befreiter als zuvor, er ist merklich bei sich selbst angekommen. Aus dem Off denkt er über all die Abzweigungen nach, die die Straßen ihm im Laufe

> *„I knew that all the wishing and praying in the world couldn't change the fact that I was gay."*
>
> *Nolan Mack in: Boulevard*

seines Lebens geboten hätten: „... and another and another ...“

Der Lehrer John Keating, Robin Williams’ Paraderolle in *Dead Poets Society*, trägt seinen Schülern einmal das berühmte Gedicht *The Road Not Taken* (1916) von Robert Frost vor: „Two roads diverged in a yellow wood,/And sorry I could not travel both ...“ Was Keating seinen Schülern am Beginn ihres Lebens als Erwachsene rät, den eigenen Weg zu suchen und sich dabei auf die innere Stimme zu verlassen und nicht auf Zurufe von außen, kann Nolan Mack mit sechzig Jahren nun endlich von sich behaupten: „I took the one less traveled by,/And that has made all the difference.“

So hält *Boulevard* für die letzte Figur, die Robin Williams auf der Leinwand verkörperte, letztlich ein versöhnliches Ende bereit. „What a wonderful world“, singt Louis Armstrong in *Good Morning, Vietnam*, während die Napalmbomben einschlagen und Menschen getötet werden. „Oh yeah“, verklingt Satchmos Stimme, und auf Williams’ Gesicht kämpft der Versuch eines Lächelns mit den Tränen in seinen Augen.

Im wirklichen Leben gab sich Robin Williams diesem Kampf schließlich geschlagen. Die Traurigkeit, der Alkohol und die Depressionen erwiesen sich als die Stärkeren, als er sich im August 2014 erst 63-jährig das Leben nahm.

Boulevard (2014, Drama/LGBT)
Regie: Dito Montiel
Darsteller: Robin Williams, Bob Odenkirk, Kathy Baker, Roberto Aguire, Giles Matthey

Nur Momente des Glücks

Brokeback Mountain (2005)

Nach Schopenhauers Erkenntnis sind wir uns der Momente des Glücks, wenn sie uns in unserem Leben vergönnt sind, gar nicht bewusst, sodass „alles eben nur so leicht und sanft an uns vorüberzieht, bis es vorbei ist und nun der positiv gefühlte Mangel das verschwundene Glück ausdrückt: dann merken wir, dass wir es festzuhalten versäumt haben, und zur Entbehrung gesellt sich die Reue."

Ein solcher Augenblick der schmerzlichen Einsicht ist jener, in dem sich Ennis die Seele aus dem Leib würgt. Es war ein Abschied ohne viele Worte.

Ob er im nächsten Sommer wieder auf dem Brokeback Mountain arbeiten würde, hat ihn Jack mit aufgesetzter Beiläufigkeit gefragt, als die Schafe gezählt waren und sie bei Jacks altem Pickup standen. Vielleicht nicht, hat Ennis geantwortet, er würde bald heiraten. „I might be back", hat Jack noch betont lakonisch gemeint. Dann, ohne auszusprechen, was sie wirklich sagen wollen, ist Ennis losgegangen und Jack davongefahren. Jack hat Ennis im Rückspiegel beobachtet, doch der Moment, an dem die Geschichte noch eine Wendung hätte nehmen können, ist vorüber. Als Jacks Wagen verschwunden ist, kann Ennis die Deckung seiner wahren Gefühle nicht länger aufrechterhalten. Er krümmt sich zusammen wie unter großen Schmerzen, wankt um eine Ecke und bricht dort zusammen. Er kauert auf dem Boden, schlägt in einer Geste der Hilflosigkeit mit der Faust gegen eine Mauer und würgt hoch, was ihm die Seele vergiftet.

Was Ang Lee in seinem wunderbaren Melodram *Brokeback Mountain* erzählt, ist die Geschichte einer Liebe, die deshalb so unmöglich ist, weil die beiden Liebenden Männer sind und einer von ihnen, Ennis, es nicht schafft, sich gegen die Konventionen seiner Zeit und Umgebung durchzusetzen.

B. Ruby Rich, Professorin für Film und digitale Medien an der University of California, Santa Cruz, bringt es in ihrem Standardwerk *New Queer Cinema: The Director's Cut* (2013) auf den Punkt: „It's a film about two young men who have been absolutely brutalized by their fathers and by toxic masculinity – exaggerated masculinity, Marlboro-man masculinity. A masculinity that denies tenderness and defines itself in terms of doing harm.“

Im ländlichen Wyoming der 1960er-Jahre wird Ennis das traumatische Kindheitserlebnis vom Anblick der Leiche eines Farmers, der wegen seiner Homosexualität grausam ermordet wurde, nicht los. Dieser Rückblick ist eine der Gänsehautszenen dieses Films, eine andere ist die erste Liebesnacht der beiden Schafhüter in den Bergen, wenn die aufgestaute Sehnsucht, einander nah zu sein, die Barriere der Hemmungen und der Angst mit wilder Leidenschaft durchbricht. Ich könnte mir vorstellen, dass es sich hier um die von heterosexuellen Zuschauern meistgesehene schwule Sexszene überhaupt handelt. Ennis' Zittern vor Kälte am erkalteten Lagerfeuer, Jacks Rufe, doch ins Zelt zu kommen, die Wolken, die an der vollen Scheibe des Mondes vorüberziehen.

Annie Proulx' Short Story, erstmals 1997 im New Yorker veröffentlicht, beschreibt es in der ihr so eigenen extremen Kürze und Klarheit: „Jack seized his left hand and brought it to his erect cock. Ennis jerked his hand away as though he'd touched fire, got to his knees, unbuckled his belt, shoved his pant down, hauled Jack onto all fours and, with the help of the clear slick and a little spit, entered him, nothing he'd done before but no instruction manual needed. They went at it in silence except for a few sharp intakes of breath and Jack's choked ‚Gun's goin off', then out, down, and asleep."

Die wilde Selbstvergessenheit von Ennis und Jack: Fast gewalttätig kommt mir die Szene auch in der filmischen Version vor. Erst in der Nacht darauf durchbricht die schüchterne Zärtlichkeit zwischen den beiden Männern den Panzer aus Rohheit, den sie sich zugelegt haben. Das Streicheln, das Zarte: Nun lässt sich auch Ennis gehen und öffnet sich dem anderen gegenüber.

Heath Ledgers und Jake Gyllenhaals einfühlsame Darstellung und die zurückhaltend-ruhige Inszenierung machen auch den gestohlenen Kuss beim ersten Wiedersehen, die Auseinandersetzung am Fluss, wenn Jack erkennen muss, dass sein Traum von einem gemeinsamen Leben mit Ennis niemals Wirklichkeit werden wird, und das Thanksgiving, bei dem Jack zum ersten Mal wagt, gegen seinen dominanten Schwiegervater aufzubegehren, zu einer Kette der ganz besonderen Kinomomente.

In seinem Roman *Königsallee* (2013) beschreibt Hans Pleschinski das fiktive Wiedersehen zwischen dem Nobelpreisträger Thomas Mann und seiner ehemaligen Liebe Klaus Heuser im Düsseldorf des Jahres 1954. Ein halbes Jahrhundert war Mann mit seiner Frau Katia verheiratet, seine homosexuellen Neigungen kanalisierte er in Werke wie seine Novelle *Der Tod in Venedig* (1911). In *Königsallee* spricht er kurz vor seinem Tod Heuser, dem Vorbild für einige seiner wichtigsten literarischen Figuren, gegenüber aus, was seine Seele immer noch in Unruhe versetzt: „Ja, fort, alles wagen, unfaßlich [sic!], die Existenz umstülpen, wer bin ich, daß [sic!] ich nicht frei sein kann?" Es geht um die ständige Frage, was sein hätte können, das nagende Hadern mit dem fehlenden Mut, schwere und schwerwiegende Entscheidungen zu treffen, die Enttäuschung über das, was man Vorsichtigkeit, aber auch Feigheit nennen kann – der Philosoph Robert Pfaller schreibt, dass „nur ein geträumtes Leben, das sich vom gelebten unterscheidet, in der Lage ist, uns in diesem verharren zu lassen."

Mit der Diskrepanz zwischen dem gemeinsamen Leben auf einer Farm, wie sie es sich so sehr wünschen würden, und ihrer tatsächlichen Wirklichkeit versuchen sich Ennis und Jack, jeder auf seine Weise, zu arrangieren, dennoch wird das ständige Lügen, das Versteckspiel mit ihren Familien und der Gesellschaft für sie immer unerträglicher. Abgesehen von ihren Treffen in den Bergen und zum Fischen, von diesen wenigen Tagen und Stunden, in denen sie ihrer Art von Glück so nahekommen wie sonst nie, sind ihre Erinnerungen an die wenige Zeit, die sie miteinander verbringen können, alles, woran sie sich klammern.

„Denn die Sehnsucht und das Warten sind das Glück in mir", singt der Schlagersänger Dagobert in leicht resignativem Ton – er könnte den zwei Unglücklichen aus dem Herzen sprechen.

Vielleicht ist es aber eine Stelle aus Colm Tóibíns Roman *Die Geschichte der Nacht* (1999), die die wundersame Poesie dieses Miteinander-Schwebens von zwei Menschen am besten ausdrückt: Als er zusammen mit seinem Freund Pablo durch die Straßen von Buenos Aires schlendert, ist da für den schwulen Protagonisten Richard ein Gefühl, „das ich noch nie gehabt hatte. Ich zögere, es Liebe zu nennen, aber es war ebenso sehr in meinem Körper wie in meiner Seele, eine seltsame Unbeschwertheit und glückliche Stille, das Gefühl, dass ich nichts anderes brauchte als das, dass mir das für den Rest meines Lebens genug sein würde."

Zurück in die amerikanischen Berge: Direkt am Herzen packt uns auch die finale Szene dieser wundervollen und dabei todtraurigen schwulen Liebesgeschichte. Bei ihrem ersten Abschied an Jacks Pickup fällt Ennis auf, dass er sein Hemd im Lager in den Bergen vergessen haben muss. Jack zuckt nur mit den Schultern. Viele Jahre später wird Ennis dieses Hemd wiederfinden. Jack wurde aus dem Leben geprügelt, nun ist Ennis zu seinem Elternhaus gekommen, um Jacks Wunsch gemäß seine Asche auf dem Brokeback Mountain zu verstreuen. Ennis' Hemd steckt in dem blutverschmierten von Jack, das ihn an eine Prügelei erinnert: Damals, als sie sich gerade erst kennengelernt hatten, sind sie aneinandergeraten. Sie mussten wegen des frühen Wintereinbruches unvermutet ihr Lager abbauen, und Ennis sah sich mit dem jähen Ende dessen konfrontiert, was zwischen ihnen entstanden war. Jener Ennis in Jacks Zimmer, die Hemden in den Händen, ist derselbe, der an der Mauer würgt und sich die Zukunft nicht zugesteht, die mit ein bisschen mehr Mut, am Lauf des eigenen Lebens mitzuschreiben, eigentlich auch eine gemeinsame hätte werden können.

„What angel wakes me from my flowery bed?", fragt Titania in Shakespeares *Sommernachtstraum* (1595/96). Gegen Ende der Geschichte ist alles, was Ennis von Jack bleibt, die Erinnerung an ihn. Jack taucht in seinen Träumen auf: „... as he had first seen him, curly-headed and smiling ...". Der Anblick eines Engels, auch im übertragenen Sinn, ist Ennis jedoch verwehrt: „And he would wake sometimes in grief, sometimes with the old sense of joy and release; the pillow sometimes wet, sometimes the sheets." Resignativ der letzte Satz: „... nothing could be done about it, and if you can't fix it you've got to stand it."

Brokeback Mountain (2005, Drama/Liebesfilm)
Regie: Ang Lee
Darsteller: Heath Ledger, Jake Gyllenhaal, Michelle Williams, Anne Hathaway, Randy Quaid

Gay trotz Hay

Cocktail für eine Leiche (1948)
Swoon (1992)

Im Jahre 1924 erschütterte ein Mordfall die Vereinigten Staaten. Nathan Leopold und Richard Loeb, zwei Studenten an der University of Chicago, beide hochintelligent und aus wohlhabenden Familien, schlugen den vierzehnjährigen Bobby Franks mit einem Meißel nieder und erstickten ihn anschließend. Um die Identifizierung zu erschweren, verätzten sie sein Gesicht mit Säure, bevor sie ihn in einem Graben unterhalb von Eisenbahnschienen versteckten. Im Wahn, Übermenschen im Sinne Nietzsches zu sein, hatten Leopold und Loeb, wie sie bald nur noch genannt wurden, den Ehrgeiz, ein perfektes Verbrechen zu verüben: Sie betrachteten ihre sinnlose Gewalttat als Akt der Kunst.

Eine Geschichte wie aus einem Film – und nicht von ungefähr diente sie mehreren Adaptionen als Ausgangspunkt. Schon 1929 erlebte das Theaterstück *Rope* von Patrick Hamilton seine Uraufführung, Alfred Hitchcocks Verfilmung *Cocktail für eine Leiche* folgte neunzehn Jahre später. In Hamiltons Stück gibt es deutliche Bezüge auf eine homosexuelle Beziehung zwischen den Mördern, in Hitchcocks Version hingegen braucht man sich, so man dies möchte, keine Gedanken über diesen Aspekt zu machen.

„It's a film about homosexuals, and they don't even show the boys kissing", mein-te der französische Filmemacher Jean Renoir über Hitchcocks Meisterwerk. Der Grund dafür liegt beim sogenannten „Hays Code".

William Harrison Hays war ein republikanischer Politiker und langjähriger Präsident des Dachverbandes der Filmproduktionsfirmen. In dieser Funktion war er mitverantwortlich für das nach ihm benannte Regelwerk an Richtlinien in Bezug auf „die moralisch akzeptable Darstellung" von Sexualität und Brutalität in amerikanischen Filmen. Was als obszön, unsittlich und vulgär, als gotteslästerlich und morbide galt, war in diesem Code verzeichnet – und Homosexualität gehörte natürlich dazu. Wir sprechen also von Zensur, mit der Hitchcock in vielerlei Hinsicht sein Leben lang zu kämpfen hatte (man denke nur an den Mord unter der Dusche in *Psycho*, 1960). Deshalb wurde auch die ursprüngliche Drehbuchfassung des schwulen Autors Arthur Laurents leicht abgeändert – dass darunter etwa auch die Anrede mit „dear boy“ fiel, kann man heute kaum mehr nachvollziehen; die latente Homosexualität zwischen den männlichen Hauptpersonen des Films ist nur noch zwischen den Zeilen zu lesen. Dennoch besetzte Hitchcock die beiden Hauptrollen mit den schwulen Schauspielern John Dall und Farley Granger. Sie spielen zwei junge Männer, Brandon und Phillip, die zusammen ein Apartment mit Blick auf die Skyline von Manhattan bewohnen. Zu Beginn der Handlung sind wir Zeuge, wie sie ihren ehemaligen Klassenkameraden David zu Tode strangulieren. Als Motiv genügt auch ihnen die intellektuelle Herausforderung. Sie verstauen den Leichnam in einer alten Holztruhe und richten darauf das Buffet der Party an, die sie als „Krönung ihres Erfolges“ nicht zuletzt für Davids Freundin und seine Eltern geben. James Stewart als ihr ehemaliger Lehrer Rupert kommt das Ganze bald seltsam vor, was schließlich zur Auflösung des Mordes führt. Im Charakter-Dreieck der drei Männer übernimmt Rupert die Rolle des Detektivs, dennoch könnte auch er einer „von ihnen“ sein – ein alleinstehender Mann, der immer mit Jungen zusammen ist; die Haushälterin bezeichnet ihn als „peculiar“, ist aber von ihm sehr angetan, wovon Rupert selbst nichts zu merken scheint.

Das intellektuelle Spiel findet nicht nur zwischen den drei Männern im Film statt, sondern auch auf einer zweiten Ebene zwischen Hitchcock und seinem Publikum. In seinen Filmen verknüpfte Hitchcock Sexualität immer schon mit Gewalt und war dabei an ihren dunklen Seitenwegen in den unterschiedlichsten Spielarten fasziniert. Genial, auf welch ausgeklügelte Weise er hier – abgesehen von den verschiedenen möglichen Lesarten der Geschichte und der Beziehungen des Figurenpersonals – der Zensur ein Schnippchen schlägt: Nicht nur der Drehbuchautor und die Hauptdarsteller des Films waren schwul, sogar das Klavierstück, das Phillip im Verlauf der Handlung spielt („Mouvement Perpétuel No. 1“), stammt von einem schwulen Komponisten, Francis Poulenc.

Eine einzelne Szene aus diesem brillanten Film herauszugreifen, ist sinnlos. Wir haben hier ein Werk wie aus einem Guss vor uns. Hitchcocks erster Farbfilm ist wie auch *Das Rettungsboot* (1944) und *Das Fenster zum Hof* (1954) an einem einzigen Setting festgemacht und verhandelt so konsequent wie sonst keiner seiner Filme die Einheit von Ort und Zeit. Hitchcock wollte den Anschein erwecken, als wäre der Streifen in einer einzigen, durchgehenden Einstellung in Echtzeit gedreht worden. Da aber die Filmrolle einer Kamera damals nur zehn Minuten festhalten konnte, waren Schnitte unvermeidbar.

Hitchcock setzte nicht mehr als zehn davon ein, darunter auch welche, die zwischen den Szenen nahezu unmerklich verborgen bleiben. Bei einem solchen sogenannten „masked cut“ fährt die Kamera etwa auf den Anzug eines Schauspielers zu, der für einen Moment das gesamte Bild schwarz ausfüllt; die nächste Szene beginnt dann mit dem Zurückfahren von eben diesem Motiv. Durch diese ausgeklügelte Erzählweise entsteht eine unnachahmliche Eleganz im Fluss des Handlungsverlaufes.

Hitchcock erzielt eine Schnörkellosigkeit, die die theatralische Abgehobenheit des Schauspiels in den Bahnen von in der Realität verankertem Suspense hält. Scharfer Wortwitz kennzeichnet die Dialoge, die Kamera bewegt sich wie eine weitere Person in den Räumen der Wohnung, zuweilen scheint sie die Worte der Charaktere zu kommentieren. In den langen Takes ist uns, als würden wir uns selbst im Raum befinden und die Szenerie erkunden, als wären wir Gäste auf dieser Party mit der seltsam geheimnisvollen Atmosphäre. Auf diese Weise wird große Spannung aufgebaut: Zum Beispiel in der Einstellung, in der die Haushälterin mehrmals zwischen Wohnzimmer und Küche hin- und hergeht, um das Geschirr und Leuchter vom Buffet abzuräumen – beim Zurückkommen trägt sie immer jene Bücher in den Armen, die, das wissen wir, in der Truhe verstaut werden sollen, in der die Leiche liegt.

Nach dem Mord ist Phillip entsetzt über das, was sein Freund und er gerade getan haben. Brandon hingegen kommt mir euphorisch vor, als stünde die Gewalttat als Metapher für Sex: „How did you feel? During it.” Und statt der Zigarette danach: „It’s an occasion. It calls for champagne.“

Immer wieder unterstreichen die beiden jungen Männer, was sie von „ordinary men“ unterscheiden würde und liegen damit auf einer Linie mit Ryan Gosling und Michael Pitt, die als Schüler Richard Haywood und Justin Pendleton den perfekten Mord planen und dabei Sandra Bullock als Polizistin narren. Der

Film von Barbet Schroeder trägt den Titel *Mord nach Plan* (2002), und es ist wie bei Hitchcock: Man kann, muss die homoerotischen Untertöne aber nicht erkennen.

Nachdem Richard Justin und ein Mädchen beim Küssen beobachtet hat, bricht in ihm die Eifersucht durch. „You stood me up for that slut?", schreit er wütend. „Did you tell her anything about us?"

Damit können auch die Gefühle füreinander gemeint sein. Er drängt seinen Freund gegen die Wand, legt ihm die Hände um den Hals und erst, als dieser verneint, es habe keinen Sex zwischen dem Mädchen und ihm gegeben, lässt er ihn erleichtert los und streicht ihm übers Haar.

Die Küsse, die Jean Renoir in Hitchcocks Film so vermisste – in Tom Kalins *Swoon* werden sie immer wieder ausgetauscht. In grobkörnigem Schwarz-Weiß traut sich die Arthouse-Version des Stoffes eine ganz eindeutige Darstellung der Beziehung zwischen Leopold und Loeb (Daniel Schlachet und Craig Chester) zu. In Form von Tagebucheinträgen wird die Chronologie der schlimmen Ereignisse aufgerollt, zuweilen hat die Erzählung fast dokumentarischen Charakter.

„I'll do what you want", versichern die beiden jungen Männer einander. Ihr im Titel angesprochenes Schwärmen füreinander, aber auch die Besessenheit vom eigenen überragenden Intellekt, dient ihnen als Ansporn für ihre schreckliche Tat; andererseits machen sie genau diese Qualitäten blind für die eigenen Fehler.

Im gespenstischen Spiel zwischen Licht und Schatten schälen die Bilder Einzelheiten aus dem Ganzen, sie konzentrieren sich auf die Hände, die morden, die nervösen Augen, das Perlen der Säure, die aus der Flasche auf das Gesicht des Opfers rinnt, das Zittern des Sumpfgrases.

Später gerät Regisseur Kalin die Gerichtsverhandlung zu einer Art surrealem Theaterstück. Die Frauen werden vom Richter aus dem Saal gewiesen – zu groß wäre der Schock für sie, würden sie vom Penis zwischen den Beinen des anderen hören, vom „misuse of his organ" und „desire to satisfy unnatural lusts."

Ganz klar: Hier wird noch vor der Bluttat die Homosexualität der Mörder verhandelt.

Zu Beginn von *Swoon* tauschen die beiden jungen Männer Ringe, am Ende wird Loeb im Gefängnis von einem Mithäftling umgebracht. Leopold zieht dem Leichnam den Ring vom Finger und legt ihm diesen anstatt einer Münze auf die

Zunge: um den Preis für den Fährmann zu zahlen. Für jemanden, der sich für einen Übermenschen hält, ist das eine irritierende Aktion.

Cocktail für eine Leiche (1948, Kriminalfilm/Drama)
Regie: Alfred Hitchcock
Darsteller: James Stewart, John Dall, Farley Granger, Cedric Hardwicke

Swoon (1992, Kriminalfilm/Drama)
Regie: Tom Kalin
Darsteller: Daniel Schlachet, Craig Chester, Ron Vawter

Lügen und Wahrheit

Davids Geburtstag (2009)
Dem Himmel so fern (2002)
The History Boys (2006)

In der englischen Fernsehserie *Misfits* (2009 – 2013) entwickeln zum Sozialdienst verdonnerte Jugendliche nach einem seltsamen Sturm Fähigkeiten, die den gewohnten Rahmen für Superheldenkräfte sprengen.

Charaktere, die die Zeit zurückzudrehen oder die Gedanken der anderen zu lesen vermögen, sind uns nichts Neues, doch etwa bei Berührung im Gegenüber extreme Sexgier auszulösen, können nach anfänglicher Euphorie nicht einmal die Betroffenen selbst brauchen. Die fünfte und letzte Staffel setzt dem Ganzen die Krone auf. Darin gibt es eine Figur, die sich als „literally locked up in the closet“ bezeichnet – was im vergnüglich überdrehten *Misfits*-Universum Folgendes bedeutet: Wann immer er von sich behauptet „I'm not gay!“, löst er sich schwuppdiwupp in Luft auf und findet sich in einer Abstellkammer wieder.

„In the closet" sind auch Dennis Quaid und Julianne Moore, die Protagonisten in Todd Haynes brillanter Sozialstudie *Far from Heaven*. „If you're looking for hell, just try looking inside“, singen Arcade Fire in ihrem Lied „Here comes the night time". Diesen schmerzhaften Blick ins Innenleben seiner Charaktere unternimmt der Film, indem er zuerst das Idyll der amerikanischen Idealfamilie zeichnet und dabei schon die Messer wetzt, die alsbald zu dessen Zerstörung schreiten werden. Cathy und Frank Whitaker gehören zur sogenannten guten Gesellschaft von Hartford, Connecticut, die beiden Kinder und die schwarzen Dienstboten sind in diesem Konnex evident. Man schreibt das Jahr 1957, die Gärten der schmucken Einfamilienhäuser und die Blätter der Bäume protzen mit den leuchtenden Farben des Herbstes. Dass Frank ganz andere Gefühle quälen, als in dieses Bild wie aus einem Hochglanzkatalog passen würden, offenbart sich erst allmählich.

Cathy ignoriert die ersten Anzeichen für Risse in ihrem Vorzeigeleben und fragt nicht weiter nach, als sie Frank eines Nachts von der Polizeistation abholen muss. Die tastenden Blicke, als er schon bald darauf Männern von einem Kino in eine Schwulenbar in einem düsteren Hinterhof folgt, kann sie nicht ahnen. Doch dann kommt dieser Abend, an dem Frank sie telefonisch darüber informiert, dass er noch arbeiten müsse. Cathy packt Essen ein und fährt zu ihm ins Büro. Sie durchschreitet die dunklen Flure, sieht Licht unter der Tür zum Büro ihres Mannes – und erstarrt dann vor dem Anblick, der sich ihr bietet, als sie sie öffnet: Eng umschlungen stehen Frank und ein anderer Mann beisammen, sie küssen sich, ihre Kleidung ist in jener Unordnung, in die ab nun auch Cathys Leben stürzt. Später, im Wohnzimmer, steht Frank wieder vor ihr. „A long time ago I had problems", versucht er ihr seine Situation zu erklären. „I just figured that was it."

Wirklich grausig ist eine folgende Szene, als Frank einen Arzt aufsucht, um von Möglichkeiten zu erfahren, mit denen seine „Krankheit" geheilt werden könnte. Dieser schlägt eine Aversionstherapie vor mit Gesprächen, aber auch der Gabe von Hormonen und einer Behandlung mit Elektroschocks.

„Sie hatten ihm Elektroschocks verpasst, Lou Reed, als er vierzehn war, um ihn von seiner Bisexualität zu heilen", schreibt die italienische Autorin Margaret Mazzantini in ihrem wunderbar traurigen Roman *Herrlichkeit* (2013) über den berühmten amerikanischen Singer-Songwriter – und setzt nach: „Sein Vater und seine Mutter, gerade die Menschen, die dich lieben, respektieren und niemals verleugnen sollten." Lou Reed selbst wird in Legs McNeil und Gillian McCains *Please Kill Me: The Uncensored Oral History of Punk* (1996) dazu wie folgt zitiert: „They put the thing down your throat so you don't swallow your tongue, and they put electrodes on your head. [...] The effect is that you lose your memory and become a vegetable." Seine Verarbeitung dieser furchtbaren Erlebnisse im Song „Kill Your Sons" ist ein Aufschrei: „Don't you know, they're gonna kill your sons ... until they run run run run run run run run away".

Als wäre eine solche Be- oder eher Misshandlung nicht Erniedrigung genug, geißelt sich Frank in *Far From Heaven* auch noch selbst: „I can't let this thing destroy my life. My family's life. I know it's a sickness because it makes me feel despicable." Er verspricht: „I'm gonna beat this thing. I'm gonna break it."

Cathy setzt der Perversion dieser Gedankengänge noch eins drauf: Wie stolz sie doch auf ihn sei, lobt sie Frank im Anschluss an den Arztbesuch.

Schon in seinem früheren Film *Velvet Goldmine* aus dem Jahr 1998, einer Hommage an die Zeit des Glam Rock mit ihren Protagonisten wie David Bowie, Iggy Pop und nicht zuletzt Lou Reeds Band The Velvet Underground, gibt uns Regisseur Todd Haynes einen sarkastisch-bösen Kommentar zu den möglichen Konsequenzen einer Therapie mit Elektroschocks: wenn sich Ewan McGregor als Rockstar mit dem vielversprechenden Namen Curt Wild während eines Konzerts auf der Bühne die Hose hinunterzieht und splitterfasernackt herumtanzt. Dass auch Frank trotz der radikal entwürdigenden Behandlung nicht im trauten Familienkreis Friede, Freude, Eierkuchen empfinden wird, liegt auf der Hand.

Im italienischen Film *Davids Geburtstag* gibt es eine Szene, die ähnlich betroffen macht. Der verheiratete Psychoanalytiker Matteo (Massimo Poggio) wird darin durch das Auftauchen von David (Thyago Alves), dem wunderschönen Sohn eines befreundeten Ehepaares, während eines gemeinsamen Sommerurlaubs am Meer völlig aus der Bahn geworfen. Matteo fühlt sich ungewohnt frei, als er hinter David auf der Vespa sitzt, er streckt die Arme zur Seite wie ein Vogel, der zum ersten Mal den Flug aus dem Nest gewagt hat. Nachts beobachtet er den nackten jungen Mann durch ein Fenster des Strandhauses, da steht ihm auf einmal seine Lebenslüge vor Augen und die Maske fällt, die er zum Selbstschutz aufgesetzt hat; weinend, schluchzend, völlig verzweifelt sinkt er zu Boden.

„Ich war nicht der echte Kerl, der ich sein wollte“, stellt der Erzähler in *Das Ende von Eddy* (2014), Édouard Louis' Roman einer schwulen Selbstfindung in der provinziellen Enge der französischen Picardie, über sich fest. Er zieht daraus den erschreckenden Schluss: „... nur mittels Lügen würde es möglich sein, eine neue Wahrheit aufzubauen.“

In der brillant präzisen Kurzgeschichte *Sandmann träumt* (2009) des deutschen Krimiautors Jan Costin Wagner driftet die Titelfigur, Lehrer an einem Gymnasium, in die Wahnvorstellung von der erwiderten Liebe zu einer seiner Schülerinnen, die seine Existenz letztlich zerstören wird. Eine vergleichbare Situation umkreist der bewegende Dialog zwischen dem extrem übergewichtigen Geschichtslehrer Hector und seinem jungen Kollegen Irwin in dem Filmdrama *The History Boys* nach Alan Bennetts preisgekröntem Theaterstück, Richard Griffiths und Stephen Campbell Moore machen ihn zu einem berührenden Moment.

Hector, der eigentlich verheiratet ist, wird in den vorzeitigen Ruhestand geschickt, weil ans Tageslicht gekommen ist, dass er Schüler, die er auf seinem Motorrad mitnimmt, unsittlich berührt hat. Dass seine Frau zweifellos Bescheid wisse, sie darüber aber gar nichts wissen wolle, wird in den Raum gestellt.

Ob ihn einer seiner Schüler jemals unglücklich gemacht habe, will Irwin dann wissen, und Hector beichtet ihm sein lebenslang unterdrücktes Begehren: „Another face, another reminder of the pain. It can last you ... half a lifetime." Ging es ihm um Liebe, fragt Irwin nach, da bricht es aus Hector heraus: „Who would love me?" Hector erkennt aber auch, dass in dem Kollegen ein Begehren schlummert, wie er es nur allzu gut kennt. „They know ... everything!", warnt er ihn vor den Schülern und im Speziellen vor dem einen Jungen, der Irwins Seele in Aufruhr gebracht hat: „Don't touch him!"

In *Far from Heaven* stellt Todd Haynes dem Martyrium eines verzweifelten Mannes jenes seiner Ehefrau zur Seite, die weder ein noch aus weiß und sich durch ihre Freundschaft mit dem schwarzen Gärtner Raymond (Dennis Haysbert) selbst ins gesellschaftliche Abseits drängt. Zum Traktat über die Homophobie kommt jenes über Rassismus. Ausgestoßene ist Cathy alsbald selbst, vielleicht kann sie mit der Zeit deshalb nachvollziehen, wie es Frank geht, als er weinend vor ihr und den Kindern zusammenbricht und beichtet: „I've fallen in love with someone who wants to be with me." Die gesteigerte Dramatik dieser Szene entspricht der Inszenierung des gesamten Films. Sie geschieht in der Weise eines Melodrams und gilt als Verbeugung vor Douglas Sirk, einem der ganz großen Regisseure des Hollywood der 1950er-Jahre. In vielen Filmen Sirks kämpft ein Individuum gegen die konformistischen und restriktiven Verhaltensregeln der Gesellschaft. Die äußerliche Schönheit der Bilder und die Techniken von CinemaScope und Technicolor verstellen dabei nicht den sensiblen Blick auf die intimen Momente der inneren Zerrissenheit der Protagonisten – es ist nachzulesen, dass Wim Wenders Sirk den „Dante der Soap Operas" nannte. In dieser Hinsicht kann *Far from Heaven* als Hommage an das Werk Douglas Sirks gelesen werden: die perfekte Künstlichkeit, die sich etwa im Nachbau des Hauses der Whitakers im Studio manifestiert, das ausgewählte Design und die Farbgebung, die musikalische Untermalung, die sich auch nicht gerade zurückhält. Das Geniale daran ist jedoch, dass der entlarvende Blick des Films genau diese Fassade des „American way of life" durchdringt. Der Inszenierung von dessen Traum hält der Film einen Spiegel der gesellschaftlichen Verlogenheit und der Heuchelei entgegen. „Mörderische kleine Affen", nannte Doris Lessing einmal die Menschen. Haynes knüpft all deren Bösartigkeit zu einem gordischen Knoten, der am Ende nur noch mit einem schmerzhaften Streich, der Trennung der Eheleute, gelöst werden kann. Tragisch enden alle diese Geschichten, ob einer den Schritt „out of the closet" nun wagt oder davor zaudert. Matteos Zwischenspiel seiner Selbstfindung verursacht einen tragischen Unfall, der Lehrer Hector kommt bei einem solchen ums Leben. Nur in *Misfits* wird dem armen Tor, der sich immer wieder in der Abstellkammer vorfindet, ein glückliches Ende gegönnt. Es genügt, all seinen Mut zusammenzunehmen und den Satz „Ich bin schwul!" auszusprechen, und schon ist er die lästige Superkraft los.

Davids Geburtstag (2009, Mysteryfilm/Drama)
Regie: Marco Filiberti
Darsteller: Massimo Poggio, Thyago Alves, Alessandro Gassman, Michela Cescon, Piera Degli Esposti, Christo Schiwkov

Dem Himmel so fern (2002, Drama/Melodram)
Regie: Todd Haynes
Darsteller: Julianne Moore, Dennis Quaid, Dennis Haysbert, Patricia Clarkson, Viola Davis

The History Boys (2006, Heranwachsender/Dramedy)
Regie: Nicholas Hytner
Darsteller: Samuel Anderson, James Corden, Stephen Campbell Moore, Dominic Cooper, Richard Griffiths

Man in the Mirror

J. Edgar (2011)

Ein Mann steht vor einem Spiegel, doch die Person, die er sieht, ist nicht die Person, die er gern sehen würde.

Die Mutter ist gestorben, er betritt ihr Schlafzimmer. Er nimmt eine Kette aus der Schmuckschatulle, ein Blick auf das leere Bett, dann tritt er vor den Spiegel und legt sich die Kette um den Hals. Er holt ein Kleid der Mutter aus dem Schrank, er hält es vor sich, danach zieht er es sich über. So steht er da, dieser einsame, traurige, verzweifelte Mann, und murmelt die Worte, die er früher immer die Mutter sagen hörte: „You stay strong, Edgar." Er reißt sich die Kette herunter, sinkt schluchzend auf die Knie und rollt sich auf dem Boden des Zimmers zusammen wie ein kleines Kind.

Der Tod der übermächtigen Mutter zieht J. Edgar Hoover, in seiner Funktion als Begründer und Direktor des FBI, einer der mächtigsten Männer seiner Zeit, den Boden unter den Füßen weg. Andererseits würde er für ihn die Möglichkeit bieten, sich selbst und seinen wahren Bedürfnissen ins Auge zu blicken. Doch das hat er nie geschafft. Darin, sich selbst zu belügen, ist er ein Meister, darin, seine Umwelt zu manipulieren, ebenfalls.

Von Wärme und Bedauern geprägt ist Clint Eastwoods Porträt Hoovers, dem Leonardo DiCaprio mit großem Einfühlungsvermögen sein Gesicht leiht.

„We are the sinners", hat ihm seine streng religiöse Mutter (Judi Dench, famos wie gewohnt) immer wieder eingebläut, und als er an ihrem Krankenbett zu zerbrechen droht: „Don't wilt like a little flower. Be strong!" Und sein Versprechen: „Yes, mother. I will."

Besonders offensichtlich wird der Einfluss der Mutter in jenem Gänsehautmoment, in dem Edgar drauf und dran ist, ihr gegenüber sein wahres Ich zu offenbaren. Er beklagt sich über seine gesellschaftlichen Verpflichtungen: Er würde nicht gern tanzen, besonders nicht mit Frauen. Worauf die Mutter eine Geschichte aus der Vergangenheit hervorkramt. Ob er sich an einen jüngeren Mitschüler erinnere, fragt sie, den man Birdy oder Daffy genannt habe und der einmal in Rock und einem Damenhut ertappt worden sei? „He was made to stand outside in front of the school wearing the bonnet and skirt as punishment." Es ist dunkel im Raum, Licht streift die Gesichter, als hätten sie etwas zu verbergen. Ob er den Grund für die Spitznamen dieses Jungen kenne?, will die Mutter weiter wissen. „For his odd behavior, I believe“, mutmaßt Edgar: „He shot himself six weeks after.“ Dann die schreckliche, die unglaubliche Schlussfolgerung der Mutter: „I thank God every day that my own sons don't suffer from his condition. I'd rather have a dead son than a daffodil for a son."

Diese Einstellung seiner Mutter hat Edgar im Laufe der Zeit verinnerlicht. Er tritt nach außen hin schwulenfeindlich auf, ist in Wahrheit jedoch in seinen Sekretär Clyde Tolson (Armie Hammer) verliebt, mit dem er die täglichen Mahlzeiten einnimmt und sogar gemeinsame Urlaube verbringt. Entlarvend ist deshalb eine Szene, die einen Wendepunkt für Edgar bereithalten würde: In ihrem Hotelzimmer sitzen Edgar und Clyde abends noch bei einem Drink zusammen. Sie sind ungestört, sie fühlen sich einander sehr nahe. „You know, I care so very much for you, Clyde“, beginnt Edgar. Clyde legt die Hand auf die seine. „And I love you, Edgar." Die Worte sind ausgesprochen, eine beklemmende Situation, Edgar flüchtet sich in einen Schluck aus seinem Glas, er druckst herum, doch anstatt einer befreienden Antwort erzählt er von der Schauspielerin Dorothy Lamour, mit der er sich bereits einige Male zum Essen getroffen habe. „I think it may be time for a Mrs. Hoover.“

Clyde kann nicht glauben, was er da hört: „Don't you make a fool of me, Edgar!" Dieser geht in den Angriff über: „Do you want me to be half a person? Remain incomplete?“ Für Clyde bricht der Damm. Er springt auf und wirft sein Glas gegen die Wand. „Is that what I am to you, incompletion?“ Ein heftiger Streit bricht los. Dass er genau erkenne, wie es um Edgar stehe, schreit Clyde: „You're a scared, heartless, horrible little man!“ Da schlägt Edgar zu und Clyde zurück, bald wälzen sich die beiden Männer auf dem Boden. Clyde kauert auf Edgar, er küsst ihn mit blutverschmierten Lippen. Dann springt er auf und läuft davon. „Clyde, please don't leave me!“, fleht ihn Edgar an: „Clyde, I'm begging you!“ Und dieser: „If you ever mention a lady friend again, it will be the last time that you share my company.“ Die Tür fällt ins Schloss, völlig aus der Fassung bleibt Edgar zurück, und die Tränen rinnen ihm übers Gesicht, als er flüstert: „Love you, Clyde. Love you."

Clint Eastwood ist kein perfekter Film gelungen, zu sehr springt die verschachtelte Handlung von einem Ereignis zum nächsten, zu episodenhaft geraten die Schilderungen über Hoovers umstrittene Rolle in seinem Feldzug gegen den Kommunismus und die amerikanische Bürgerrechtsbewegung. Die Faszination dieses Lebens bleibt These, die sich auf den Zuschauer kaum überträgt. Dabei sind es gerade die Momente, die sich mit Hoovers Homosexualität beschäftigen und mit seinen selbstzerstörerischen Versuchen, sie zu unterdrücken, die in die Tiefe gehen und uns menschlich berühren – wie beim Bild des Mannes, der wie verloren vor dem Spiegel steht und beim Blick in seine eigene Seele verzweifelt.

J. Edgar (2011, Kriminalfilm/Drama)
Regie: Clint Eastwood
Darsteller: Leonardo DiCaprio, Armie Hammer, Naomi Watts, Judi Dench, Geoff Pierson

Liebe ohne Namen

Oscar Wilde (1997)

Auf dem Pariser Friedhof Père-Lachaise befindet sich das von Jacob Epstein gestaltete und von einem fliegenden sphinxartigen Wesen getragene Grab von Oscar Wilde, der sich zu einer Zeit, als Homosexualität noch als Sodomie bezeichnet wurde, schwanken sah zwischen der Liebe zu seiner Frau und seinen beiden Kindern und jener zu Männern, im Speziellen zu dem wesentlich jüngeren Lord Alfred Douglas, den er Bosie nannte. Inmitten der Bigotterie des viktorianischen England stand Wilde zu seiner Neigung und musste dafür teuer bezahlen. Ein Zitat aus Wildes Gedicht *The Ballad of Reading Gaol*, das seine Zeit im Gefängnis thematisiert und auf dem Grab zu lesen ist, nimmt Bezug auf Männer mit einem Doppelleben, wie es der Autor selbst führte: „And alien tears will fill for him/Pity's long-broken urn/ For his mourners will be outcast men/ And outcasts always mourn."

Eine Zeit lang stand die Finanzierung von Brian Gilberts geschmackvoll-eleganter Filmbiografie auf tönernen Füßen, weil damals keiner der Darsteller großen Bekanntheitsgrad besaß. Heute erscheint uns Stephen Fry freilich wie für diese Rolle gemacht: seine Ähnlichkeit mit Wilde, seine Statur, sein flamboyantes Wesen, seine Bereitschaft, in der Verkörperung die eigene Seele freizulegen – unnachahmlich. Und Jude Law ist als Bosie so schön und unwiderstehlich wie nie mehr wieder.

„He's perfect in every way", sagt Oscar in einer Szene über den eigentlich verzogenen und ziemlich egoistischen Bosie, als dieser ein Lied über die Liebe singt. Kurz darauf kommen sich die beiden näher, sie schmiegen sich aneinander, später betrachtet Oscar seinen jungen Liebhaber, der schlafend auf einem Sofa liegt, wie ein Kunstwerk.

Auf Bosies Frage, ob er ihn denn liebe, antwortet Wilde, dass er sich wie in einer Stadt fühle, die zwanzig Jahre lang belagert worden sei und deren Tore nun plötzlich geöffnet wären. Die Bewohner strömten hinaus: „... to breathe the air and walk the fields and to pluck the wild flowers." Und dann: „I feel relieved."

Die Höhen und Tiefen ihrer Beziehung, ihr teilweise selbstzerstörerisches Treiben, der ständige Wechsel zwischen Kalt und Warm, mit dem Bosie Oscar überschüttet, ohne auch nur einen Gedanken darüber zu verlieren, was er mit dessen Familie und Karriere anrichtet, nimmt zuweilen drastische Ausmaße an. „You don't interest me, not when you're ill!", herrscht Bosie Oscar an, als dieser fiebert und ihn um ein Glas Wasser bittet. „Dearest of all Boys", wendet sich Oscar 1892 in einem Brief an den Geliebten, „you must not make scenes with me – [...]; I cannot listen to your curved lips saying hideous things to me – don't do it – you break my heart." Auf der anderen Seite steht Oscars Unfähigkeit, von Alfred zu lassen.

„People have never understood the courage he needs to be himself", charakterisiert ihn seine Mutter. „It's about the masks we wear as faces. And the faces we wear as masks", heißt es an anderer Stelle. Was es bedeutet, mit solchen Masken leben zu müssen, lässt uns die Katastrophe verstehen, in die die Handlung mündet.

Als Lord Alfreds Vater, der Marquess of Queensberry, ihnen den Umgang miteinander untersagt, drängt Bosie Oscar zu einer Klage wegen Verleumdung – für Oscars gesamtes Umfeld ist von Vornherein offensichtlich, was er selbst nicht sehen will: dass der daraus folgende Gerichtsprozess nicht gut für ihn ausgehen wird. Im Mai 1895, als der Ausgang des Verfahrens bereits klar ist, schreibt Oscar an Bosie: „As for you, you have given me the beauty of life in the past, and in the future if there is any future ... Never has anyone in my life been dearer than you, never has any love been greater, more sacred, more beautiful."

Es kommt, wie es im soziokulturellen Klima dieser Zeit kommen muss: Wilde wird wegen Unzucht zu zwei Jahren Kerker verurteilt. Kurz vor der Verkündung des Urteils besucht Bosie Oscar im Gefängnis. Ein Gitter ist zwischen ihnen, ihre Finger verschränken sich durch die Löcher miteinander, als wollten sie nie wieder voneinander lassen. Bosie will zu Oscars Gunsten aussagen, doch dieser befürchtet, dass es alles nur verschlimmern würde – er, der wesentlich ältere Mann, Bosie dagegen in seiner Jugend und Schönheit. Man werde behaupten, er hätte ihn korrumpiert. „You didn't corrupt me! I corrupted you, if anything!", zeigt Bosie Einsicht, als es schon zu spät ist. Was folgt, ist eine wunderbare Szene im Gerichtssaal, in der der Ankläger aus dem Gedicht *Two Loves* zitiert, das Bosie verfasst hat. Es gäbe die eine Liebe, trägt er vor, die die Herzen eines Jungen und eines Mädchens erfülle und sie entflammen lasse. Und dann sei da die zweite: „I am the love that dare not speak its name."

Oscar Wildes Reaktion ist überlegt, beherrscht und sehr ernsthaft, sie ist ein Plädoyer für mehr Menschlichkeit und Verständnis füreinander. Er spricht von David und Jonathan, die genannte Art von Liebe betreffend, auch von Plato und den Sonetten von Michelangelo und Shakespeare. Diese Liebe, so Oscar, entwickle sich aus der Beziehung des Intellekts eines älteren Mannes und eines anderen, jüngeren, der all die Freuden und Hoffnungen des Lebens noch vor sich habe. In der Zeit, in der sie lebten, würde sie missverstanden, obwohl es sich dabei um nichts Unnatürliches handle: Die Welt mache sich lustig darüber, nur weil sie sie nicht verstünde.

Doch auch diese Verteidigungsrede vermag Oscar nicht vor seinem persönlichen Schierlingsbecher zu erretten, der Tretmühle des Zuchthauses. „If we could only choose our natures", schreibt er in einem Brief an seine Frau. „Whatever our natures are, we must fulfil them. Or our lives, my life, would have been filled with dishonesty. Even more dishonesty than there actually was."

In Oscar Wildes Märchen vom selbstsüchtigen Riesen, das er und seine Frau ihren Kindern vorlesen wie einen roten Faden, der durch die Filmhandlung führt, erleidet der Riese im Gefängnis den Tod. Oscar selbst starb zwei Jahre nach seiner Entlassung im Alter von nur 46 Jahren einsam und verarmt in Paris. Sein Grab, das sich unweit von jenen Edith Piafs und Jim Morrisons befindet, ist mittlerweile zum Mekka seiner Anhänger geworden, übersät mit unzähligen Lippenstiftabdrücken. Welche Botschaften viele Bewunderer ihrem Idol auf Papierröllchen im rückseitigen Bereich des Grabmales hinterlassen, kann man nur erahnen. Sie werden wohl nicht selten etwas mit der Zerrissenheit zu tun haben, für die Oscar Wilde wie kein Zweiter steht – mit aufrechtem Gang und erhobenem Kopf, mit dem er sich dazu entschloss, diesen Kampf mit sich selbst und seiner Umwelt auszutragen.

Oscar Wilde (1997, Drama/Liebesfilm)

Regie: Brian Gilbert

Darsteller: Stephen Fry, Jude Law, Vanessa Redgrave, Jennifer Ehle, Gemma Jones

Der Schmerz und die Einsamkeit

Imaginary friend

Missbrauchtes Vertrauen

Macondo im Spiegel

Zerbrechlichkeit und Stärke

Söhne ohne Väter

Ehrlichkeit

Brennende Seelen

Mich wundert, dass ich so traurig bin

Die Einsamkeit der Seele

Die Bedrohlichkeit des Begehrens

Imaginary friend

Animals (2012)

James Stewart hatte in *Mein Freund Harvey* (1950) den vielleicht berühmtesten der Filmgeschichte, einen zwei Meter großen weißen Hasen, der Titelheld in *Donny Darko* (2001) einen im Hasenkostüm und mit einer Art Totenkopfmaske, Calvin hatte seinen Hobbes und der kleine Danny in Kubricks Horrorklassiker *Shining* (1980) einen namens Tony. In einer Variante, die ganz stark in Richtung gespaltene Persönlichkeit weist, fällt uns auch Brad Pitt als Tyler Durden ein, Edward Nortons dunkle Seite in David Finchers brillanter Aggressivitätsstudie *Fight Club* (1999). Wovon ich spreche, sind natürlich imaginäre Freunde, die die Befürchtungen und Ängste, aber auch die Träume und Ziele der Protagonisten spiegeln und ihnen bei der Suche nach ihrem Platz im Leben folgen. Auch Pol, der sechzehnjährige Protagonist des ziemlich genialen spanischen Indie-Films *Animals*, hat einen solchen Freund, in seinem Fall einen recht zerzaust aussehenden Teddy namens Deerhoof. „Ich bin ein Träumer. Ich bin ein Träumer geblieben und ich bin in meinem ganzen Leben nichts anderes als ein Träumer gewesen", hat der portugiesische Schriftsteller Fernando Pessoa einmal geschrieben. Es könnten Pols Worte sein. Oriol Pla, der fesche Hauptdarsteller mit seinen unglaublich traurigen Augen, zeichnet diese Figur mit einer Einfühlsamkeit, die uns geradewegs den Blick in seine Seele öffnet. Pol besucht eine englische Schule und verguckt sich in Ikari, einen neuen Mitschüler (Augustus Prew). Das klingt auf den ersten Blick nicht sonderlich aufregend, doch was Regisseur Marçal Forés daraus macht, ist eine absolut originelle Mischung aus Coming-of-Age-Drama und Coming-out-Tragödie, versehen mit einem märchenhaften Touch, der uns direkt zu einem finalen Twist leitet, der uns nach Luft schnappen lässt.

Psychologisch gesehen hat Pols Beziehung zu seinem Teddy Züge eines Borderlinesyndroms. Dieser Zustand besteht darin, dass man wahrnehmungstechnisch nicht mehr zwischen Realität und gewünschter Realität unterscheiden kann und sich die Grenzen zwischen dem Selbst und den anderen beliebig verschieben.

„I would die for you", versichert Deerhof Pol zu Beginn des Films, der Junge seinerseits singt beim gemeinsamen Musizieren von tausend Herzschlägen nur für ihn. Er schwänzt die Schule und macht sich im Wald auf die Suche nach Deerhof, den ein wilder Hund im Maul weggetragen hat. Nachdem er ihn gefunden hat, näht er ihn wieder zusammen. Pol projiziert seine uneingestandenen Sehnsüchte in den imaginären Freund, wenn er ihn sagen lässt: „Ich bin kein Spielzeug. Ich bin ein wilder Bär." Als sein Bruder den Teddy eines Abends im Garten vergräbt, schleicht sich Pol nachts mit einer Taschenlampe hinaus und holt ihn wieder zurück. „Es ist komisch, ohne dich tot zu sein", lautet Deerhofs Kommentar: eine Vorahnung, die nichts Gutes verheißt.

Seine Homosexualität hat sich Pol noch nicht so recht eingestanden; dass es ihm aber unabdingbar erscheint, die Kindheit hinter sich zu lassen, zeigt sich bei dem Mord an seinem geliebten Teddy. In Zeitlupe ziehen die beiden durch die nächtlichen Nebel, Pol im Pyjama, ein Seil um die Schultern geschlungen. Er weint, als er Deerhof an einem großen Stein festbindet. Ob er denn etwas falsch gemacht habe?, fragt der Teddy in höchster Not. Dann wirft ihn Pol von einer Brücke tief hinunter in den See, an dessen Ufer sich die Jugendlichen immer treffen.

Es ist der See, aus dem eines Tages das Auto einer Mitschülerin gezogen wird; das Mädchen, Clara (Maria Rodríguez Soto), bleibt verschwunden. Während nach ihr gesucht wird, wechseln Pol und Ikari erste Worte. Pol fasst sich ein Herz: Ob sie nicht gemeinsam an einem Kunstprojekt arbeiten wollen? Zusammen gehen sie durch den Wald, wie vor Kurzem noch Pol und sein Teddy. Sie bleiben stehen, die Sonne umspielt ihr Haar, da offenbart Ikari Pol ein Geheimnis: Er zeigt ihm die Narben auf seinem Arm und ritzt sich mit dem Taschenmesser. Als er mit dem Messer auch über Pols Haut streicht, fährt dieser zurück. Ein Zögern, ein Zaudern, doch da ist eine Art von magischer Anziehungskraft zwischen ihnen. Es kommt zu einem Kuss, in dessen Verlauf Ikari Pol eine Wunde zufügt. Mit blutendem Arm läuft Pol durch den Wald, er ist verwirrt wie nie zuvor, und auf einmal taucht sein Teddy wieder auf. Weinend kauert Pol auf dem Boden, Deerhof umschlingt zärtlich sein Bein. Die Furcht vor dem Unbekannten hat Pol wieder in die Kindheit zurückgedrängt.

Die Symbolik einer anderen Szene treibt ihn schließlich zur Selbsterkenntnis. Im Auto streichelt er seiner Mitschülerin Laia (Roser Tapias), für die er mehr ist als ein bester Freund, über den Oberschenkel. Da überfährt Laia den wilden Hund, der früher Deerhof geraubt hat. Pol begräbt das Tier im Wald – und damit auch seine Angst vor seinem wahren Ich. Er wird mit Ikari eine Nacht der Nähe in einem kleinen Haus am See verbringen, er wird im Morgennebel mit dem Rad nach Hause fahren, erfüllt von einer seltsamen Verzweiflung, gegen die auch die Umarmungen seines Teddys nichts auszurichten vermögen.

Dann bricht über Pol das Leben zusammen. Am Morgen des Halloweenfestes der englischen Schule, an der er im Übrigen von keinem Geringeren als Martin Freeman in Kunst unterrichtet wird, wird Clara tot aufgefunden. Die Schulleitung will die Nachricht vor den Schülern vorerst geheim halten, was einige von ihnen zu einem perfiden Racheakt verleitet. Sie geben vor, mit Waffen die Schule zu stürmen, vorgebliche Opfer sind Eingeweihte. Einer von Pols wenigen Freunden tritt im Bärenkostüm und mit Waffen auf, was für Pol zum Auslöser wird: Er radelt zur Brücke, von der aus er einst seinen Teddy in die Tiefe gestoßen hat, und springt ihm nach. Er taucht bis zum Grund des Sees, wo Deerhof noch immer an den Stein gefesselt liegt. Pol durchschneidet das Seil und rettet sich mit dem Freund ans Ufer.

Dass er gedacht habe, ihn nie wieder zu sehen, stellt Deerhof fest. Dass er ohne ihn nicht leben könne, ist Pols rührende Antwort. Da erkennt er seinen Bruder, wie dieser am Ufer kauert und jemanden wiederzubeleben versucht – und dann realisiert er, dass der Junge, der tot am Ufer liegt, er selbst ist. Er kniet sich neben seinen Körper und berührt ihn; Clara tritt hinzu, der Teddy liegt noch ganz nass daneben. Später stehen sie auf der Brücke: Clara, der Teddy und Pol. Für einen Augenblick ist es, als könnte sie Ikari, der hinzukommt, erkennen. Doch nein, Ikari sieht den Bruder, der um Pol weint, und den Toten, über dessen Kopf der Leichensack geschlossen wird. Er wendet sein Rad und fährt wieder davon. Clara, Deerhof und Pol bleiben zurück. Gemeinsam gehen sie auf den Tunnel am Ende der Brücke zu.

Den letzten Schritt aus der Kindheit und in ein Leben, in dem er sich selbst akzeptieren kann, hat Pol nicht geschafft.

Er wird die Entscheidung bezüglich seiner Identität nicht treffen müssen, er wird für immer Kind bleiben und seinen Teddy zum Freund haben. Doch nun wird ihre Freundschaft keine imaginäre mehr sein.

Animals (2012, Drama/Fantasy)
Regie: Marçal Forés
Darsteller: Oriol Pla, Augustus Prew, Dimitri Leonidas, Roser Tapias, Martin Freeman, Maria Rodríguez Soto

Missbrauchtes Vertrauen

Capote (2005)

Das Vertrauen in die Welt, in das Ganze in und um und zwischen uns, in die positive Einstellung zur Idee, dass es sich einfach lohne zu leben, findet sich in den Arbeiten des Kinderpsychologen Erik H. Erikson und des Soziologen Dieter Claessens. Es wird darin als Resultat der erfolgreichen Entwicklung von Selbstwertgefühl und Liebesfähigkeit zu emotionaler und psychosozialer Bindungsfähigkeit beschrieben.

Um den veritablen Bruch solchen Vertrauens geht es in Bennett Millers Regiedebüt rund um die Entstehungsgeschichte von Truman Capotes dokumentarischen Roman *In Cold Blood* (1966), der bei seinem Erscheinen eine ungeheure Medienlawine lostrat und zu einem der größten Bestseller der US-amerikanischen Literatur avancierte.

„Trust in me", singt die Pythonschlange Kaa in Disneys Zeichentrickversion von Kiplings *Jungle Book (*1967) in ihrem Ansinnen, den kleinen Mowgli zu hypnotisieren und alsdann zu verschlingen. Nicht so lustig, aber sogar noch wesentlich effektiver sind die Versuche des schwulen Schriftstellers Truman Capote, das Vertrauen des Mörders Perry Smith zu erlangen. Philip Seymour Hoffman zelebriert die Manierismen des Autors von *Breakfast at Tiffany's (*1958), er gibt sich aber nicht damit zufrieden, Capote mit seinem hohen Lispeln und dem unkonventionellen Kleidungsstil im ländlichen Kansas der später 1950er- und frühen 1960er-Jahre als Fremdkörper darzustellen. Hingegen gelingt es ihm, mit ganz feinen Nuancen die Kompliziertheit und die Tiefen von Capotes Charakter herauszuarbeiten. Da sind auf der einen Seite sein unleugbarer Charme und seine Fähigkeit der Manipulation von Menschen, auf der anderen Seite der Kampf gegen jene Dämonen, die ihn letztlich ins Abseits reißen werden.

Capote ist von der Anschaulichkeit nonfiktionaler Literatur, so sie sich denn in den Händen des richtigen Autors befände, überzeugt. Als er von dem Mord an der vierköpfigen Farmerfamilie Clutter in der Kleinstadt Holcomb in Kansas erfährt, macht er sich auf, um die Geschichte zu recherchieren, die ihn nicht mehr loslassen wird. Es sind die Unterhaltungen, die Capote in der Zelle mit einem der beiden Mörder führt, die im Zentrum des Films stehen. Diese Täter, Perry Smith (Clifton Collins Jr.) und Dick Hockock (Mark Pellegrino), werden auf der Flucht in Las Vegas gefasst und zum Tode verurteilt. Vor allem Perrys Lebensgeschichte interessiert Capote, ähnelt sie doch der seinen. „It's as if Perry and I grew up in the same house", meint er einmal angesichts ihrer schweren Kindheit. „And one day he stood up and went out the back door, while I went out the front." Perry gegenüber unterstreicht er: „We're not so different as you might think. I was abandoned repeatedly as a child." Wie zwei Waisen, wie zwei Brüder könnten sie einander vertrauen. Er erzählt Perry von seiner Mutter, die jede Nacht den Männern nachgestiegen sei und ihn als Kind allein in Hotelzimmern zurückgelassen habe. „I was terrified." Er habe geschrien und schließlich das Bewusstsein verloren, inszeniert der Autor sich selbst Perry gegenüber. Als der Köder der Vertrautheit ausgelegt ist, meint er: Er brauche Perrys Notizbücher, um ihn wirklich verstehen zu können. „If I leave here without understanding you, the world will see you as a monster. Always. And I don't want that."

Was folgt ist ein Katz- und Mausspiel an Manipulation. Für Perry entsteht so etwas wie eine echte Beziehung zwischen dem Autor und ihm, vielleicht die erste, die er in seinem Leben je hatte. Dass Truman offensichtlich ein Mann ist, der Männer liebt, verleiht ihren Blicken dabei eine besondere Note.

„He wants so badly to be taken seriously", berichtet Capote seiner Freundin und Schriftstellerkollegin Nelle Harper Lee (Catherine Keener). Er setzt ganz bewusst auf Täuschung und Lüge, als er selbst nach einer umjubelten ersten Lesung aus Kaltblütigkeit in New York Perry gegenüber behauptet, noch gar nicht viel geschrieben und keine Idee für einen möglichen Titel zu haben. „I miss you already", betont er, als er zu einem langen Aufenthalt mit seinem Lebensgefährten nach Spanien aufbricht. Dann kommt der Moment, in dem die Arbeit an dem Buch im Großen und Ganzen abgeschlossen ist. Alles, was nun noch fehlt, ist Perrys Bericht über die Details der Mordnacht. Truman versucht es mit Druck und der Drohung, den Kontakt mit ihm abzubrechen, wenn er nicht bereit sei, ihm zu erzählen, was er hören wolle. „You pretend to be my friend“, wirft ihm Perry vor. Da fährt die Schlange die schweren Geschütze auf: „I couldn't pretend to be your friend because the truth is I can't help wanting to be.”

Dass das Drehbuch auf den Briefen beruht, die Perry und Dick an Truman schrieben, und die Dialoge im Film meist den tatsächlichen Wortlaut wiedergeben, mag uns besonders nahegehen, wenn Perry beginnt, von der Nacht zu berichten, die sein Leben und das anderer Menschen zerstören sollte: Dass Dick und er von einer hohen Summe gehört hätten, die sich angeblich in einem Safe im Haus der Clutters befinden sollte, letztlich aber nicht mehr als 40 oder 50 Dollar zu finden gewesen seien; wie sie die Mitglieder der Familie gefesselt hätten und sich die Frage nach Zeugen gestellt habe.

Regisseur Miller inszeniert diese Szene mit großer Zurückhaltung. Er lässt Clifton Collins Jr. einfach reden, er hält in Großaufnahme auf sein Gesicht und fängt die Emotionen ein, die sich langsam an die Oberfläche bahnen. Und dann Perrys schockierendes Geständnis über den Mord am Familienvater Clutter: „I was thinking ‚This nice man is scared of me.' I was so ashamed. I mean, I thought he was a very nice, gentle man. And I thought so right up till I slit his throat.“ Eine stille, entrückte Erinnerung fast wie in Trance: an den Gang durchs Haus mit der Flinte und an die Morde, einen nach dem anderen.

Was folgt, ist der Abbruch der Beziehung durch Truman. „There wasn't anything I could have done to save them“, meint er Nelle gegenüber. „Maybe not”, bringt sie in ihrer Antwort Trumans Zwiespalt auf den Punkt: „But the fact is, you didn't want to.”

Truman reagiert nicht mehr auf Briefe und Anrufe Perrys, versinkt in Weinerlichkeit und Selbstmitleid und bezeichnet sich bei einer Party Nelle gegenüber als Opfer und als Wrack: „It's torture. They are torturing me.“ Trotzdem ist er auf Perrys Wunsch letztlich bei der Hinrichtung anwesend, die er sich als perfektes Ende für sein Buch geradezu herbeigesehnt hat. Es kommt zu einem letzten Gespräch, bei dem Capotes innere Verstörtheit offensichtlich wird und so etwas wie Einsicht in die Unmoral des eigenen Handelns zu erahnen ist.

Ein Satz der Heiligen Teresa von Ávila steht als Epitaph am Ende des Films: „More tears are shed over answered prayers than unanswered ones.“

Answered Prayers war auch das letzte Werk Truman Capotes betitelt, das unvollendet bleiben sollte. Die Society, deren Teil er eigentlich war, sah sich darin desavouiert und wandte sich von dem Schriftsteller ab, der das Vertrauen nicht nur eines Menschen missbraucht hatte. Wenn man Capotes eigenen Niedergang mit Alkohol und Drogen und seinen recht frühen Tod im Alter von 60 Jahren in Betracht zieht, hat sich dieser Missbrauch letztendlich wohl gegen ihn selbst gerichtet.

Capote (2005, Kriminalfilm/Drama)
Regie: Bennett Miller
Darsteller: Philip Seymour Hoffman, Catherine Keener, Clifton Collins Jr., Chris Cooper

Macondo im Spiegel

Contracorriente – Gegen den Strom (2009)

Für eine kurze, wunderschöne Spanne Zeit ist das Leben für Miguel so, wie er es sich immer erträumt hat. Endlich gibt es für Santiago und ihn kein Versteckspiel mehr, Hand in Hand schlendern sie über die Dorfstraße und spielen zusammen am Strand Fußball. Santiago wartet auf Miguel am Kai, wenn er mit seinem Boot vom Fischen zurückkommt, und ist auch beim Kartenspielen mit den anderen Männern dabei. Sogar wenn sich Miguel mit seiner Frau Mariela abends Telenovelas ansieht, sitzt er bei ihnen: zu einer Seite hat Miguel seine Frau, zur anderen seinen Liebhaber.

Der Grund, weshalb diese unaufgeregte, sanfte, von Ruhe getragene Utopie möglich ist, wird offensichtlich, als Miguel die furchtbare Entdeckung machen muss, dass Santiago gar nicht mehr am Leben ist.

Javier Fuentes-Leóns ungewöhnliche schwule Liebesgeschichte beschwört eine Art von Zauber, wie er dem magischen Realismus von Autoren wie Alejo Carpentier, Gabriel García Márquez und Isabel Allende innewohnt. Nach Carpentiers Ansicht ist die Aufklärung dafür verantwortlich zu machen, dass den Europäern „die Fähigkeit des Erlebens des wunderbar Wirklichen" abhanden gekommen sei. Im Gegensatz dazu stehe in Lateinamerika die feste und ganz natürliche Einbettung von Mythen und Geisterglaube in den Alltag, eine Idee, die sich weiter nördlich bis in die amerikanischen Südstaaten fortsetzt, in Faulkners imaginärem Yoknapatawpha County, einem Schauplatz, an dem die Geschichte nicht weiterzuleben, sondern die Gegenwart geradezu heimzusuchen scheint. Allendes Geisterhaus aus dem gleichnamigen Besteller (1982) ebenso wie Márquez' Macondo aus dem Roman *Hundert Jahre Einsamkeit* (1967) sind Schauplätze, in denen sich die Zeitebenen von Vergangenheit und Gegenwart vermischen, die die Lebenden Seite an Seite mit den Toten bewohnen und mit ihnen kommunizieren, in denen das Verständnis des Einzelnen immer aus der

Erklärung der inhärenten Zusammenhänge der Ereignisse entsteht, aus denen heraus er oder sie so geworden sind, wie sie nun eben sind.

Auf der Flucht vor dem Geist eines Mannes, dessen Tod er auf dem Gewissen hat, gelangt der Stammvater der Familie Buendías im Dschungel an einen Ort, der ihm geeignet erscheint für die Gründung eines Dorfes: Macondo. Eine Art Spiegelung dieses Macondo ist in Fuentes-Leóns Film ein Fischerdorf an der peruanischen Küste, wo die handlungsbestimmende Dreiecksgeschichte angesiedelt ist. Miguel (Cristian Mercado) lebt dort mit seiner schwangeren Frau Mariela (Tatiana Astengo) und fühlt sich durchaus als Teil des Systems mit seinen Traditionen, in dem er nicht zuletzt bei der Bestattung von Toten eine wichtige und allseits geachtete Rolle innehat. Dieses Gleichgewicht wird durch sein Verhältnis mit dem Maler Santiago (Manolo Cardona) durcheinandergebracht. Bei ihren geheimen Treffen am Strand erleben die beiden Männer Momente von Sinnlichkeit, großer Leidenschaft und einer Art von Ehrlichkeit, wie sie in ihrem Leben der Heimlichkeiten sonst fremd ist: „Man muss ernst sein, damit die Seele Ruhe findet."

Doch es kommt zum Streit. „Ich bin nicht so!", empört sich Miguel, der sich nicht vorstellen kann, seine Frau und das gewohnte Lebensumfeld des Dorfes am Meer zu verlassen. „Du solltest mal dein Gesicht sehen, wenn wir vögeln", entgegnet ihm Santiago.

Später, in seinen Gesprächen mit dem toten Santiago, wird ihm dieser Bericht erstatten über die Strömung, die ihn gegen einen Felsen geschleudert hat. Tief unter Wasser ist Santiagos Körper eingeklemmt, und damit auch seine Seele: „Ich halte das Alleinsein nicht aus", meint er voller Verzweiflung.

In der Sichtweise des magischen Realismus verschwimmen die Grenzen zwischen Realität und Fantasie. Den Gedanken, dass diese beiden Komponenten nebeneinander existieren können, diese Idee der völligen Harmonie zwischen eigentlich unmöglichen Gegensätzen, beschwört Fuentes-Leóns in sonnendurchfluteten Bildern des Sich-Treiben-Lassens, der Gelassenheit, der Liebe, wenn der tote Santiago zum ständigen stillen Begleiter von Miguels täglichen Ritualen und dadurch zum natürlichen Bestandteil seines Lebens wird.

Dass er seinen Leichnam längst zwischen den Felsen im Meer gefunden hat, verschweigt Miguel vor Santiago – er will ihn nicht verlieren. Was sie sich beide immer ersehnt haben, beisammen zu bleiben, jetzt scheint es möglich.

Und dann der Zusammenbruch, als die Dorfbewohner in Santiagos verlassenem Haus auf Bilder aufmerksam werden, die den nackten Miguel zeigen.

„Ich habe nie mit der Schwuchtel geredet!", wehrt Miguel ab. „Wem willst du denn etwas vormachen?", ist Santiago außer sich. „Du hast Angst zu akzeptieren, dass du mich liebst."

Sich dieser Angst zu stellen, stellt für Miguel einen steinigen Weg des Haderns dar: mit den Umständen seines Lebens, ganz besonders aber mit der eigenen Identität. Mariela, die die Wahrheit über ihren Mann erfährt und in ihren Seelenqualen doch zu ihm steht, die Dorfgemeinschaft, in der jedes Mitglied für sich selbst entscheiden muss, wie wichtig ihnen der Mensch Miguel ist, und nicht zuletzt Santiagos Mutter, die kommt, um den Leichnam ihres Sohnes heimzuholen, sind die Eckpunkte dieser Aufstellung eines herzzerreißenden Kampfes um das Ende der Verleugnung seines Selbst und seiner Liebe zu Santiago.

„Ich bin hier, um das Versprechen einzulösen, das ich Ihrem Sohn gab", drängt Miguel Santiagos Mutter. Ob ihm denn klar sei, worum er sie bitte, fragt ihn diese. „Nicht ich bitte darum!", entgegnet Miguel.

So entwickelt sich diese wunderbare magische Szene, in der Miguel Santiago jene Bestattung ermöglicht, die sich dieser gewünscht hätte: Mariela bittet den Priester der Gemeinde um die Begleitung, der Trauerzug bewegt sich den Strand entlang, ein Freund Miguels eilt hinzu und nimmt einen Platz beim Tragen der Bahre ein; zögernd fassen sich auch einige andere der Dorfbewohner ein Herz und schließen sich ihm an.

Dass sich Gott Santiagos Seele annehmen möge, betet Miguel schließlich auf den Felsen über dem Meer, damit sie nicht ziellos umherirren müsse. Dann ist er auf seinem Boot allein mit dem in Tücher gehüllten Leichnam, er küsst ihn und rollt ihn schließlich über Bord. Auf einmal ist Santiago wieder bei ihm, für einen Moment nur, der für die beiden die Ewigkeit bedeutet, sie liegen einander in den Armen und küssen sich ein letztes Mal zum Abschied.

„Wem willst du denn etwas vormachen?

Du hast Angst zu akzeptieren, dass du mich liebst."

Santiago in: Contracorriente – Gegen den Strom

Miguel kehrt mit dem Boot zum Ufer zurück, während hinter ihm die Sonne im Meer versinkt; nicht nur Santiago hat seinen Frieden gefunden.

Contracorriente – Gegen den Strom (2009, Drama/Liebesfilm)
Regie: Javier Fuentes-Leóns
Darsteller: Cristian Mercado, Manolo Cardona, Tatiana Astengo

Zerbrechlichkeit und Stärke

The Crying Game (1992)

Am Ende von Bernard MacLavertys Roman *Cal* treffen wir auf den Protagonisten, der, von Schuld geradezu zerfressen, darauf wartet, für sein Vergehen zur Rechenschaft gezogen zu werden: „The next morning, Christmas Eve, almost as if he expected it, the police arrived to arrest him and he stood in a dead man's Y-fronts listening to the charge, grateful that at last someone was going to beat him to within an inch of his life."

Als Mitglied einer Untergruppe der IRA war Cal als Fahrer an der Ermordung eines protestantischen Polizisten beteiligt und hat sich dann in dessen Witwe, die wesentlich ältere Marcella, verliebt.

Die Bilder in Pat O'Connors berührender Verfilmung sind so karg wie die nordirische Landschaft, der berühmte Score von Mark Knopfler bildet dazu den atmosphärisch zarten Hintergrund. Das hagere Gesicht von John Lynch und sein ausgemergelter Körper und die noch junge Helen Mirren (Darstellerpreis in Cannes) – ihr Zusammenspiel geht zu Herzen. Wenn sich die beiden in einer bitterkalten Nacht näherkommen, zwei einsame Menschen voller Sehnsucht, wirkt nicht einmal das Flackern des Kaminfeuers kitschig. Schüchterne Berührungen, dann Marcellas Frage: „Would you die for me?" Voreinander stehend, ziehen sie sich aus, und Cal kann die Blicke nicht von Marcella nehmen. Gleichzeitig und während sie miteinander schlafen, spulen sich die Bilder von jener Nacht vor seinen Augen und damit auch vor unseren ab, in der er Schuld auf sich geladen hat: die Regenschlieren auf der Windschutzscheibe, die Dunkelheit, die Eingangstür zu dem Haus, in dem Marcella nun ohne ihren Mann lebt, die Schüsse, die Schreie, das Blut. Als Cal in Marcella kommt, stirbt in seiner Erinnerung ihr Mann.

Seine Mitverantwortung an dem Mord frisst sich durch Cals Seele, sein Wunsch nach Buße resultiert in der Beichte vor Marcella, dennoch bringt ihn seine – ich will es so nennen – Gier nach gerechter Strafe an den Rand des Wahnsinns.

In einem ähnlichen Dilemma befindet sich der Protagonist in Neil Jordans *The Crying Game*, einem Streifen, den man als Politthriller bezeichnen könnte, der aber so viel mehr ist als das.

Fergus (Stephen Rea) ist an der Entführung des schwarzen britischen Soldaten Jody (Forest Whitaker) beteiligt, durch die inhaftierte IRA-Mitglieder freigepresst werden sollen. Jody wurde ein Sack über den Kopf gestülpt, Fergus ist für seine Bewachung zuständig. Wir sehen Jodys zitternde Lippen, er ist überzeugt, sterben zu müssen, als er Fergus bittet, sich nach seinem Tod um seine Freundin Dil zu kümmern.

Während der drei Tage, die das Ultimatum für die Freilassung der Terroristen ausmacht, beginnen die beiden Männer miteinander zu reden, es entwickelt sich zwischen ihnen gegenseitiger Respekt und etwas, das man vielleicht sogar Freundschaft nennen kann.

„Don't make me die like an animal", bittet Jody Fergus und versichert ihm später: „I'm glad you're doing it [...] Cause you're my friend."

In der Folge wird Fergus tatsächlich dazu abkommandiert, Jody zu exekutieren. Er führt ihn durch den Wald, Jody reißt sich los und läuft davon, er will nicht glauben, dass ihn Fergus in den Rücken schießen wird.

„I told you I was fast", triumphiert er, als er die Straße erreicht hat. In diesem Moment rammt ihn ein Panzerwagen der Soldaten, die zu seiner Befreiung gekommen sind, in den Tod.

Als konsequente Folge dieser schicksalhaften Fügung, folgt jene Szene, die wie kaum eine andere in der Filmgeschichte die Zuschauer aus allen Wolken fallen lässt. Jodys Freundin Dil, die Fergus aufsucht und kennenlernt, die er vor einem aufdringlichen Verfolger beschützt und in die er sich allmählich verliebt, entpuppt sich – als Mann. Eine Liebesnacht, rote durchsichtige Vorhänge, Fergus liegt in Dils Wohnung auf dem Bett, sie kommt in einem roten Morgenmantel aus dem Bad. Ihre Küsse werden intensiver, zwischen den beiden ist etwas Besonderes, das merkt man. Da gleitet der Mantel zu Boden, Dil steht nackt da und man sieht ihren knabenhaften Oberkörper und dann ihr männli-

> *„I'm bleeding.*
> *I can take it [...] You see, I'm not a young thing any longer."*
> *Dil in: The Crying Game*

ches Geschlecht. In einer ersten schockierten Reaktion schlägt Fergus Dil nieder und kotzt sich im Bad die Seele aus dem Leib. „I'm bleeding", stellt Dil wie nebenbei fest: „I can take it [...] You see, I'm not a young thing any longer."

Die Besetzung der Rolle der Dil gestaltete sich, so kann man nachlesen, für die Produktion zu einem veritablen Problem, in Jaye Davidson jedoch wurde der perfekte Darsteller für das lustvolle Spiel mit Sein und Schein gefunden. Davidson, der nach seinem Debüt nur noch in einem Spielfilm, als böser Sonnengott Ra in Roland Emmerichs *Stargate*, zu sehen war, bringt in die Figur der Dil die scheue Sensibilität und Zerbrechlichkeit eines Menschen ein, dem im Leben schon übel mitgespielt wurde. Gleichzeitig ist Dil in der Lage, Stärke zu zeigen, wenn es wirklich drauf ankommt.

„I know all there is to know about the crying game", heißt es im Text des Sechziger-Hits von Dave Berry, den Dil in einem Nachtclub singt. „First there are kisses, then there are sighs/And then before you know where you are/You're sayin' goodbye."

„Do you like me even a little bit?", fragt Dil Fergus in einer späteren Szene. „More than that", ist seine Antwort, deren Bedeutung er sich selbst erst nach und nach eingesteht. Verunsichert durch diesen schwierigen Prozess der Selbsterfahrung, bringt Fergus auch Dils Selbstfindung gehörig durcheinander.

Dass ihr von seinen IRA-Kumpanen Gefahr droht, ist evident, inzwischen geht es Dil aber um nichts Geringeres als die wahre Liebe. So lässt sie sich von Fergus die Haare schneiden, sie zieht Jodys Männerkleidung an, kann aber in ihrer Entscheidungsfähigkeit kaum Schritt halten mit den Ereignissen, die über sie hereinbrechen. Indem sie Fergus mit Strümpfen ans Bett fesselt, hindert sie ihn, an einem geplanten Attentat auf einen Richter teilzunehmen. Sie löst seine Fesseln, als er ihr versichert, sie nie verlassen zu wollen: „I know you're lying, ... but it's nice to hear it."

Und dann endet die Szene in Gewalt: Dil erschießt mit Fergus' Pistole jene Frau, die Jody einst in die Entführungsfalle gelockt hat. Fergus nimmt ihr die Waffe aus der Hand und schickt sie fort. Er entfernt Dils Fingerabdrücke und wartet still auf die Ankunft der Polizei.

Wie Cal kann auch Fergus dem übergroßen Druck seines Empfindens von Schuld nicht standhalten. Doch indem er Dils Tat auf sich nimmt, kommt er mit Jodys Tod ins Reine. Die echte Reue zeigt den Weg zur Reinigung.

DER SCHMERZ UND DIE EINSAMKEIT

The Crying Game (1992, Thriller/Drama)
Regie: Neil Jordan
Darsteller: Stephen Rea, Forest Whitaker, Miranda Richardson, Jaye Davidson, Adrian Dunbar

Söhne ohne Väter

Jet Boy (2001)
L.I.E. – Long Island Expressway (2001)

Es gibt diese wunderschöne Szene in Martin Scorseses Filmmärchen *Hugo Cabret*, in dem der größte Wunsch des jungen Titelhelden (Asa Butterfield) erfüllt wird und er eine Botschaft von seinem verstorbenen Vater erhält. Der Waisenjunge entdeckt einen Schlüssel mit Bart in Herzform, den seine Freundin Isabelle (Chloë Grace Moretz) um den Hals trägt. Er führt sie durch die geheimen Gänge des Pariser Bahnhofes, der sein Zuhause ist, in die Kammer, in der er lebt. Dort befindet sich der Automat, den sein Vater einst zu reparieren versuchte: ein silberner sitzender Mann mit dunklen Augen und sanftem Lächeln, über einem Blatt Papier eine Schreibfeder in einer Hand. Der Blick ist frei auf sein Innerstes, unzählige Zahnräder, die beginnen ineinanderzugreifen, als Hugo den Automaten mit Hilfe des Schlüssels aufzieht. „I know it's silly", meint Hugo erklärend. „But I think it's going to be a message from my father." Tatsächlich beginnt das Werk der Maschine zu laufen und der Robotermann zu zeichnen, doch nach ein paar Strichen stoppt der Apparat wieder. Hugos Wunschgebilde droht zusammenzubrechen, seine Enttäuschung treibt ihm Tränen ins Gesicht. „I thought if I could fix it ... then I wouldn't be so alone." Dann der magische Moment: Es kommt abermals Bewegung in den Automaten, und ein Bild entsteht, das den Mond und die Rakete in einem seiner Augen zeigt: Es weist auf einen Film des Kinopioniers Georges Méliès hin, der für Hugo eine Art Ersatzvater werden soll und dessen Familie seine neue Heimat.

Eine zu Herzen gehende Fantasie, eine Erlösungsvision, wie sie dem Protagonisten in Dave Schultz' *Jet Boy* nicht so einfach vergönnt ist. An seinem vierzehnten Geburtstag, dem Morgen, nachdem er seinen Körper verkauft hat, um an Geld für die Drogen seiner Mutter zu kommen, findet Nathan nur Reste seines Kuchens im Kühlschrank. Während sich die Mutter die Überdosis gibt, die sie umbringen wird, steckt er Kerzen hinein und zündet sie an. Später stehen die Polizisten vor dem Rätsel, weshalb sich Nathan für den Tod der Mutter verantwortlich zu fühlen scheint. Dass er sich gewünscht habe, sie wäre tot, lautet Nathans Erklärung: „And then she was. I didn't mean it though." Und dann: „I wonder what she would have felt if it was me." Dass es ihr das Herz gebrochen hätte, meint der Polizist. „How do you know that?", fragt Nathan. „I have two sons my own." Nathan, in seiner Verzweiflung: „Did you ever sell one?"

„Und Liebe wagt, was irgend Liebe kann", wusste schon Shakespeares Romeo. Nathan (noch recht kindlich, aber authentisch in seiner trotzigen Jetzt-erst-recht-Attitüde: Branden Nadon) steht nun ganz allein da, scheint aber bereit, jede Chance, die sich ihm bietet, zu nutzen. Auf seiner traurigen Suche nach Liebe, nach dem Vater, den er nie hatte, trifft er auf Boon (Dylan Walsh aus Nip/Tuck), einen Fremden mit einer Pistole und Geheimnissen. Boons Vater, mit dem er sich nie verstand, liegt im Sterben.

„Did he ever hit you?", will Nathan von Boon wissen. „I hope that is not your story, Nathan", ist dessen Antwort, noch bevor er die blutverkrusteten Striemen auf dem Rücken des Jungen, die Wundmale der Nacht, in der er sich verkaufte, zu Gesicht gekriegt hat.

Fortan klebt Nathan an Boon wie eine Klette. Er behauptet, sein Sohn zu sein, er baut ein Gebäude aus Fantasien und Wünschen auf und bewegt sich darin, als wäre es die Wirklichkeit. Eine Szene ist mir dabei besonders nahegegangen: Mit dem Sohn von Boons Jugendliebe verbringt Nathan einen Tag wie mit einem Bruder, sie spielen Baseball und mit seiner Autorennbahn und sind mit den Erwachsenen wie eine richtige Familie im Diner. Betrunken stehen die zwei später allein in der Dunkelheit der Nacht, nur das Zirpen der Grillen ist um sie, da küsst der Junge Nathan, und aus diesem bricht die Wahrheit, die ihm so sehr auf der Seele lastet: Dass er auf Wunsch seiner Mutter ihr und den Männern, die sie heimbrachte, zusah, dass diese ihn sogar manchmal anfassten. „I just wanna be a good kid", schluchzt Nathan. Dass er keinem von ihrem Kuss erzählen solle, drängt ihn der andere Junge. „Our secret", verspricht ihm Nathan: „You won't tell mine. I won't tell yours."

Die Fassade des harten Jungen aufrechtzuerhalten, schafft auch der fünfzehnjährige Howie nicht mehr, wenn es um die heikle Beziehung zu seinem Vater geht und die enttäuschte Hoffnung, sich auf ihn verlassen zu können. Der Titel von Michael Cuestas *Long Island Expressway* bezieht sich auf jene Autobahn, auf der Howies Mutter bei einem Unfall den Tod gefunden hat. Sein Vater ist die einzige Bezugsperson, die ihm geblieben ist, ihr Verhältnis ist deswegen aber noch kein gutes. Der Vater erscheint Howie distanziert, von seinen finanziellen Problemen weiß er nichts, dazu kommt Howies immense Unsicherheit, was seine sexuelle Identität betrifft. Vor dem Badezimmerspiegel probiert er Lippenstift aus, berührt dann vorsichtig seine roten Lippen und hat dabei einen Ausdruck im Gesicht, als würde er sich selbst das erste Mal sehen, wie er wirklich ist. Paul Dano ist ein Jungdarsteller, dem es gelingt, mit seiner Ehrlichkeit und Unmittelbarkeit einen Film zu tragen, besonders in der tiefen seelischen Verletzung, die Howie erleidet, als sein Vater von einem Tag zum anderen verschwunden ist und der Junge sich einbildet, von ihm allein gelassen worden zu sein.

Der Schauspielveteran Brian Cox spielt den pädophilen John, der für Howie in dieser Situation zum Ersatzvater wird. Durch einen missglückten Einbruchsversuch in Johns Haus wird dieser auf Howie aufmerksam. Mit kumpelhafter Freundlichkeit pirscht er sich an ihn heran wie eine Schlange an ihr Opfer. Schließlich zeigt er dem Jungen einen Pornofilm und macht ihm klar, was er von ihm als Entschädigung für den Einbruch erwartet. Wie in *Jet Boy* ist es eine nächtliche Szene, in der sich die Charaktere einander öffnen. John nimmt Howie mit zu sich nach Hause und bittet Scotty, den Jungen, der seit seiner Kindheit mit ihm zusammenlebt, sein Zimmer für ihn zu räumen. „Your hair got so dark“, meint er mit bedauerndem Lächeln. Scotty ist klar, was damit gemeint ist; für ihn, der sich in einer Abwandlung des Stockholm-Syndroms an den klammert, der ihn als Kind missbrauchte, ganz einfach, weil er sonst niemanden hat, bricht eine Welt zusammen. „That's gonna be you some day, Mr Special Boy", fährt er Howie an, als dieser Polaroids von Jungen in seinem Alter findet. Scotty ist die Verzweiflung ins Gesicht geschrieben: „You got everything you want. Now you wanna take what's mine."

Nach einer Auseinandersetzung mit Boon geht Nathan am Ende von *Jet Boy* mit einem Fremden in dessen Wohnung. Er sitzt weinend im Badezimmer, als Boon hereinstürzt. „I don't have a dad. I asked my mum. She didn't know. How's that possible? I don't have anyone." Er sinkt in Boons Arme und kann sich zum ersten Mal gehen lassen. „Don't worry. I won't let you go." Dass kein kindliches Bedürfnis stärker sei als jenes nach dem Schutz durch den Vater, hat schon Sigmund Freud formuliert. Daraus ergibt sich auch in *L. I. E.* eine Szene, in der nicht von ungefähr wieder ein Spiegel eine Rolle spielt.

Ob er sich schon einmal rasiert habe?, will John von Howie im Badezimmer wissen. Er mischt Schaum für ihn an und verteilt ihn auf den noch kindlich weichen Wangen, und in einer zärtlichen Szene, die die Nähe eines Älteren wiedergibt, der sich um einen Jüngeren kümmert, fährt er mit der Klinge darüber. Nur mit seiner Unterhose bekleidet, drängt sich Howie kurz darauf in Johns Arme und streichelt ihm über das faltige Gesicht. „I guess this means you like me", ist dieser erstaunt. Jetzt erst erfährt Howie, dass sein Vater in Haft genommen wurde. „Did you think he abandoned you?", ist John perplex, und Howie bricht in Tränen aus: „He didn't leave me." Er ist völlig außer sich, er beginnt, Johns Hand und seinen Arm zu küssen, doch da wehrt dieser ab – auch für ihn hat sich in diesem Moment zwischen ihnen etwas geändert. Später, als Howie eingeschlafen ist, kommt John nochmals in sein Zimmer. Er legt die Jeans des Jungen zusammen, er zieht die Decke höher, er löscht das Licht, wie es ein Vater für seinen Sohn tun würde. Dann sitzt er allein am Klavier und singt mit seiner brüchigen, kippenden Altmännerstimme das Lied von „Danny Boy" über den Abschied von einem geliebten Menschen: „The summer's gone and all the leaves are falling ..." Und der Wunsch, der ihm im Herzen brennt: „And you shall bend and whisper that you love me/And I shall sleep in peace until you come to me."

Johns Einsicht ist keine bleibende. Am nächsten Tag bringt er Howie zum Gefängnis, in dem sein Vater inhaftiert ist, und während Vater und Sohn erstmals ein ernsthaftes Gespräch führen, lenkt John seinen Wagen zu dem Autobahnrastplatz, wo sich die jungen Stricher herumtreiben. Er sucht Blickkontakt mit einem von ihnen, fast macht dieser schon den ersten Schritt auf ihn zu, da bremst ein anderes Auto zwischen ihnen. „Scotty!", ruft John noch erfreut. Da feuert dieser auf den Mann, von dem er sich zurückgewiesen fühlt.

„The sins of the father are to be laid upon the children", heißt es in Shakespeares *Kaufmann von Venedig* (1600). John stirbt am Rande des Expressways, der schon so viele Opfer gefordert hat, und der für Jungen wie Scotty, die sich nach so etwas wie Anerkennung und Liebe sehnen, zur Einbahnstraße geworden ist.

Jet Boy (2001, Drama)
Regie: Dave Schultz
Darsteller: Branden Nadon, Dylan Walsh, Matthew Currie Holmes

L.I.E. – Long Island Expressway (2001, Heranwachsender/Independent-Film)
Regie: Michael Cuesta
Darsteller: Paul Dano, Brian Cox, Billy Kay, Bruce Altman, James Costa

Ehrlichkeit

London Spy (2015)

„Er warf sich gegen die Sprache mit der ganzen Wucht seines im Stein nicht unterzubringenden Gefühls." So Rainer Maria Rilkes Worte über Michelangelo, dessen Sonette er übersetzte. Das Renaissancegenie – ein weder nach damaligen noch heutigen Idealen als optisch besonders wohlgeraten zu bezeichnender Mann, den die Sehnsucht nach klassischer männlicher Schönheit verzehrte; der immer dann, wenn ihm die Möglichkeiten nicht ausreichend erschienen, seine Emotionen durch die Bildnisse auszudrücken, die er in den Marmor meißelte, zur Feder griff und glühende, brennende, nein, lodernde Bekenntnisse schwuler Liebe zu Papier brachte. „Doch warum gräm ich mich, wo ich nun finde/In Deinen Engelsaugen meinen Frieden,/All meine Ruhe und mein ganzes Heil?"

Diese Ruhe, diesen Frieden, dieses Heil glaubt auch Danny, der sich nach Jahren des hedonistischen Umherirrens und der unverbindlichen anonymen Sexkontakte dennoch seine romantische Ader bewahrt hat, endlich gefunden zu haben – in der Person des auf den ersten Blick arg versnobten, unleugbar brillanten, geradezu unverschämt gut aussehenden und in der Liebe offenbar völlig unerfahrenen Alex'. So unterschiedlich die beiden jungen Männer auch sind, in der fünfteiligen britischen Fernsehserie *London Spy* scheinen sie wie für einander gemacht. Wie die beiden ihre Ängste und Vorbehalte überwinden und den Mut fassen, sich aufeinander einzulassen – in der Verkörperung durch Ben Whishaw und Edward Holcroft geht uns ihre Verletzlichkeit wirklich nahe. „Es gibt so viele Schiffbrüchige, wie es Menschen gibt", hat Joseph Conrad, der polnische Seemann und Schriftsteller einmal gesagt. Danny und Alex, so scheint es, haben sich gemeinsam auf ein Floß gerettet, das sie beide zu tragen vermag.

Dass er nie vor Alex Geheimnisse haben wolle, meint Danny eines Tages: Für sie zwei solle es nur noch Ehrlichkeit und Vertrauen geben. Die Hände mit denen des Geliebten verschränkt, erzählt er ihm von jugendlicher Verzweiflung und einer

Nacht, in der er sich unter Drogen jedem, der es wollte, vorbehaltlos und ohne Schutz hingegeben habe. „I would never lie to him", hat auch Alex seinerseits schon früher über Danny gemeint und als Begründung genannt: „Because he's the only friend I have." Adressat dieses Bekenntnisses ist Scottie (Jim Broadbent mit Augen voll trauriger Einsicht eines einsamen alternden schwulen Mannes), Dannys väterlicher Freund, der ihm damals, am Morgen nach der Nacht der hirnlosen Exzesse, das Leben rettete. Dieser Scottie ist Danny auch die einzige Stütze, als die Nähe zu Alex nur noch Erinnerung ist – als dieser von einem Tag auf den anderen verschwunden ist und Danny seine Leiche schließlich in einem verschlossenen Koffer findet. Sein Freund, das wird ihm allmählich klar, hat für den Secret Service gearbeitet – und mit dieser Erkenntnis sieht sich Danny in ein wahres Labyrinth aus Intrigen, Betrug und Paranoia gezogen, das, ganz in Hitchcock'scher Manier, von einem Moment auf den anderen den Boden unter seinen Füßen zum Einstürzen bringt. Trotzdem beharrt Danny im Verhör mit einer Polizeibeamtin auf der Echtheit von Alex' Gefühlen ihm gegenüber: „You can't pretend inexperience." Die Sehnsucht nach Offenheit ist es auch, die Dannys Suche nach der wahren Identität des Geliebten begleitet. Er wirft sich gegen die Sprache der Falschheit und der Lüge wie Michelangelo gegen das Unvermögen, die wahre Tiefe von Gefühlen auszuloten.

„I would never lie to him.

Because he's the only friend I have."

Alex in: London Spy

In einer zentralen, ungemein starken Szene steht Danny plötzlich vor dem Nichts. Die Sequenz ist genau in der Mitte der mittleren dritten Episode platziert und läuft fast in Echtzeit ab: mit nur ganz wenigen Schnitten, minutenlang sogar ohne einen einzigen. Aufgrund eines Hinweises, der sich im Laufe seiner privaten Nachforschungen ergeben hat, entschließt sich Danny zu einem HIV-Test. Da er seit seinem letzten Test monogam gelebt und stets ein Kondom benutzt habe, beteuert er der Ärztin gegenüber absolut sicher zu sein, dass dieser nur negativ ausfallen könne. Ein nüchterner Behandlungsraum, die Aufklärung über die Art des Tests, die Blutabnahme vom Finger, die Information, dass es nun einige Minuten dauern würde, dann verschwindet die Ärztin im Nebenraum. Danny bleibt zurück, die Kamera auf seinem Gesicht, in dem sich widersprüchliche Gefühle spiegeln, eine gewisse Unsicherheit, doch auch der feste und begründete Glaube, dass das Ergebnis des Tests im Grunde genommen gar nicht anders als negativ sein könne. Wir folgen Dannys Blick durch den Raum, er streicht über Gegenstände, die in einem solchen Zimmer eben vorzufinden sind. Dann kommt die Ärztin zurück und mit ihr die niederschmetternde Nachricht eines positiven Testresultats.

In Dannys Miene zeichnen sich Verwirrtheit, Ungläubigkeit, ja, völliges Unverständnis ab, er springt auf, schwankt, Schweiß steht ihm auf der Stirn, Tränen schießen ihm in die Augen.

Ben Wishaws Darstellung ist ohne jeden Manierismus, gleichermaßen verhalten und dennoch absolut authentisch ungemein intensiv in ihrer Wirkung. „It's not possible!", versucht Danny der Ärztin, in erster Linie aber wohl sich selbst einzureden. Die Möglichkeit eines falschen Ergebnisses wird ihm in Aussicht gestellt, die Blutabnahme wiederholt, diesmal zittert Dannys Hand dabei. Als er wieder allein ist, tigert er im Raum umher wie in einem Käfig. Seine Augen irren herum und treffen auf sein Bild in einem Spiegel, dabei bringt ihn die Verzweiflung zum Keuchen. Und dann, angesichts eines Behälters mit Nadeln und Kanülen und als die Ärztin mit dem neuerlich positiven Testergebnis zurückkehrt, die schlagartige Erkenntnis: Dass die Polizei ihn bei der Blutabnahme beim Verhör zum Zwecke der Einschüchterung mit dem Virus infiziert haben müsse: „I know how they did it!"

„Jeder seiner Bekannten war von der Aura eines Lebens umgeben, das zur Hälfte geheim und zur Hälfte öffentlich war", schreibt der irische Autor Colm Tóibín in seinem Roman *Porträt des Meisters in mittleren Jahren* über Henry James. „In London [...] gestatteten sich die Menschen zu glauben, man habe kein verborgenes und geheimes Ich, solange man nicht ausdrücklich das Gegenteil behauptete."

Tóibíns Geschichte spielt sich, wie natürlich auch James' Leben, über hundert Jahre vor der Erzählung ab, die *London Spy* inszeniert. Die Qualität der Geheimnisse selbst vor geliebten Menschen, fast der Unmöglichkeit, jemandem wirklich vertrauen zu können, ist eine ähnliche. Danny wird sich im Laufe der Serienfolgen diesen Widrigkeiten stellen, er wird sich selbst in Momenten größten inneren

Aufruhrs so etwas wie Hoffnung bewahren, die Wahrheit doch noch ans Tageslicht zu bringen – sich trotzig gegen die Einsamkeit stemmend, in der er zu ertrinken droht, in der Schuldigkeit Alex gegenüber, aber auch sich selbst und dem unbeugsamen Glauben an eine Liebe, die ohne Täuschungen auskommt.

London Spy (2015, Thriller-Miniserie)
Regie: Jakob Verbruggen
Darsteller: Ben Whishaw, Jim Broadbent, Edward Holcroft

Brennende Seelen

Milk (2008)
My Own Private Idaho (1991)

Die Seelen der Protagonisten im filmischen Universum des amerikanischen Independent-Regisseurs Gus Van Sant haben Feuer gefangen: Sie brennen, in ihnen ist ein Lodern, sei es aus Zuneigung oder auch aus Hass, welche Emotionen auch immer, sie drohen sie zu verzehren. Um es mit den Worten des Hoteldirektors Aigner in Arthur Schnitzlers Tragikomödie *Das weite Land* (1911) zu sagen: „So vieles hat zugleich Raum in uns. Liebe und Trug, Treue und Treulosigkeit."

Der Philosoph Richard David Precht formuliert diese Idee als „Catchy phrase": „Wer bin ich – und wenn ja, wie viele?" Die jungen Amokläufer in der Columbine-Paraphrase *Elephant* (2003), der Rockstar Blake in *Last Days* (2005), ein Kurt Cobain-Zwilling, der sich im Streunen innerhalb des Kosmos seines Selbst verliert, der Titelheld von *Gerry* (2002), der durch eine reale Wüste und die seiner Seele irrt, die Wetterfee Suzanne in *To Die For* (1995), die für ihre Karriere buchstäblich über Leichen geht – Van Sants Charaktere befinden sich im Widerstreit ihrer Möglichkeiten und können im Drängen ihrer Herzensglut keine Ruhe finden.

Mike und Scott in *My Own Private Idaho* sind zwei von ihnen. Der Titel des Films bezieht sich auf einen Song von The B-52s, in dem das Leben mit einem Pool verglichen wird: „... a pool fraught with danger/is a pool full of strangers."

Die beiden jungen Männer verdienen sich ihr Geld als Stricher in den Straßen von Portland, Oregon. Ihr sozialer Background könnte unterschiedlicher nicht sein. Während Scott durch sein Verhalten gegen seinen Vater, den Bürgermeister der Stadt, rebelliert, hat Mike seine Familie seit Jahren nicht gesehen.

River Phoenix spielt diesen Mike zwei Jahre vor seinem frühen Drogentod mit fiebriger Intensität, die Besetzung von Keanu Reeves als Scott ermöglichte die Finanzierung des Films überhaupt erst.

In ihrer schwierigen Lebenssituation geben die zwei Freunde einander Halt und sehen sich dabei in einem Zustand

„of drifting need“ gefangen, wie es die Kritikerikone Roger Ebert bezeichnete, einer Art Unentschlossenheit, die Van Sant in seinem experimentell anmutenden Inszenierungsstil reflektiert: surreale Einschübe aus der Wunsch- und Erinnerungswelt der Charaktere, die Wolken, das Wetter, die emotionale Zustände zu spiegeln scheinen, die legendäre Szene in einem „adult bookshop“, wo die Covermodels von Pornomagazinen auf einmal lebendig werden und beginnen, ihre Erfahrungen im Sexbusiness auszutauschen.

Mike machen nicht nur die mitunter skurrilen Wünsche seiner Freier zu schaffen, er leidet zudem unter Narkolepsie: Bei Stress fällt er immer wieder plötzlich in einen tiefen Schlaf, in dessen Verlauf ihn Träume und Visionen zurück in seine Kindheit führen. Scott erweist sich nicht nur einmal als sein Retter – für ihn ist es jedoch nur Freundschaft, was Mike als Liebe empfindet. In der wunderschönen Szene am Lagerfeuer verbirgt Mike seine Gefühle nicht länger, sie wurde von River Phoenix umgeschrieben und von drei auf acht Seiten verlängert: berührende und doch ganz und gar unsentimentale Momente von großer Klarheit und Sanftheit.

„If I had a normal family and a good upbringing, then I would've been a well-adjusted person", fängt Mike an, über seine Sehnsüchte zu sprechen. „Normal. Like a mom and a dad and a dog and shit like that." Er stottert, er druckst herum, es fällt ihm nicht leicht, sich seinem Freund gegenüber zu öffnen, dann fällt doch die Frage, auf die alles hinausläuft: „What do I mean to you?" Und die Antwort, die er gefürchtet hat: „Mike, you're my best friend. I only have sex with a guy for money. And two guys can't love each other."

Mike hält mit seinen Gefühlen nun nicht mehr zurück. Fast schmerzhaft können wir seine Suche nach der innigen Zugehörigkeit zu einem anderen Menschen nachfühlen. Diese totale Verletzlichkeit, diese Angst vor Zurückweisung und dennoch dieses Übermaß an Liebe in Mikes Herzen: „I could love someone even if I ... you know, wasn't paid for it. I love you, and ... you don't pay me. I really wanna kiss you.“

Scott ist die Situation merklich unangenehm, Mike kauert am Feuer und blickt nochmals auf: „I love you, though. You know that. I do love you, man.“ Scott fällt darauf keine wirkliche Reaktion ein, er fordert Mike auf, sich zum Schlafen zu ihm zu legen. Mike kuschelt sich in seine Arme, das Prasseln des Feuers, die Dunkelheit und die Geräusche der Nacht sind um sie herum.

Ein Mehr an Nähe, das ist evident, wird es für ihn nicht geben, ein Mehr an Einsicht in die eigene Bestimmung wohl auch nicht.

Ein Punkt, in dem Harvey Milk, auch eine lebenslang brennende Seele, ein großes Stück weiterkommt. Der Beginn des mit Oscars für den besten männlichen Hauptdarsteller und das Drehbuch prämierten Biopics *Milk* zeigt uns den titelgebenden Protagonisten an seinem 40. Geburtstag. Sean Penn verkörpert ihn mit geradezu traumwandlerischer Sicherheit zwischen kindlich-naiver Unbefangenheit und politstrategischer Schlitzohrigkeit. Er liegt mit seinem jungen Liebhaber Scott (James Franco) im Bett, was uns nicht als schlechteste Weise erscheint, einen Geburtstag zu feiern. Dennoch ist Harvey gehörig in der Krise: „40 years old and I haven't done a thing that I'm proud of." Dass er, wenn er weiterhin so viel Torte esse, ein fetter Fünfzigjähriger sein werde, zieht ihn Scott auf. „That's if I ever get to 50", ist Harveys Entgegnung.

Wie recht er behalten wird, kann Harvey zu diesem Zeitpunkt nicht wissen: Acht Jahre später, 1978, wird er von einem Mitglied des Stadtrates von San Francisco namens Dan White ermordet werden. Die Zeit dazwischen rollen Van Sant und sein Drehbuchautor Dustin Lance Black, der auch das Skript für Clint Eastwoods *J. Edgar* verfasste, in Form von Rückblenden auf, in die immer wieder echtes und gefaktes Dokumaterial eingesponnen wird. Wir sehen Harvey, der sein Leben in ein Mikrofon spricht, dazwischen die Stationen seines Kampfes um die Rechte von Schwulen und Lesben zu einer noch sehr reaktionären Zeit, sein Weg zum Stadtrat in San Francisco und das zermürbende Engagement gegen ein geplantes Referendum, das schwulen Lehrern die Berufsausübung verbieten sollte. Die Tonbandaufzeichnungen stellen den roten Faden in dieser kunstvoll arrangierten Chronik eines angekündigten Todes dar, in der die Konfrontation mit Dan White (Josh Brolin) bald ins Zentrum rückt.

Auch White ist eine Seele in Aufruhr. Während die tatsächlichen Motive von Whites Tat nie vollständig geklärt wurden, deutet der Film an, dass verdrängte Homosexualität die Tat mit verursacht haben könnte.

„This isn't you", stellt Harvey einmal fest, als White das alte Argument nachbetet, Schwule sollten Familien nicht gleichgestellt werden, weil sie keine Kinder kriegen können. Wobei White Harvey konzediert, ein echtes Anliegen zu haben: „an issue“. Darauf Harvey, mit Vehemenz: „I have had four relationships in my life. And three of them have tried to commit suicide. And that's my fault, because I kept them hidden and quiet, because I was closeted and weak. [...] This is not just jobs or issues, this is our lives we're fighting for.” Doch auch einer, den die Leidenschaft verzehrt, sehnt sich nach Frieden und Geborgenheit. „You want to be normal like anybody”, hat Scott einmal zu ihm gesagt. „More than anybody.”

Am Vorabend seiner Ermordung besucht Harvey eine Opernvorstellung von Puccinis *Tosca* (1900), später wird er von einem Gefühl der Einsamkeit und böser Vorahnungen heimgesucht. Er ruft Scott an, dieser verspricht ihm, ihn das nächste Mal zu begleiten. Und als der neue Tag anbricht, meint Harvey unter Tränen: „I don't wanna miss this.“ – „Miss what?“ – „This.“

Bei der Sequenz von Harveys Ermordung greift Van Sant auf eine Methode zurück, die wir aus seinen früheren Filmen bereits kennen. In langen Einstellungen folgen wir White durch die Räumlichkeiten des Rathauses, befinden uns mal hinter und dann wieder vor ihm. Dadurch nehmen wir seine Sichtweise der Dinge ein, deren schreckliche Abfolge uns wie in einer griechischen Tragödie fast logisch und unvermeidlich erscheint. White wartet brav im Vorzimmer des Bürgermeisters, bevor er aufgerufen wird und ihn erschießt, dann begleiten wir ihn durch die Gänge und Büros. Die Nebengeräusche nehmen an Intensität zu, werden unangenehm laut, als White schließlich Harvey bittet, mit ihm in sein Büro zu kommen. Dort passiert der Mord in Zeitlupe und wie aus der Realität geschält. White hebt die Waffe und Harvey schützend die Hände: „No!“ Es fallen drei Schüsse, mit ungläubigem Staunen sinkt Harvey zu Boden, dabei blickt er aus dem Fenster und direkt auf die Plakate von *Tosca* auf der Fassade der Oper gegenüber dem Rathaus. Ein letzter Schuss trifft ihn in den Rücken.

Endlos ist die Kette aus Menschen mit Kerzen in den Händen, aus Lichtern in der Nacht, die sich durch ganze Straßenzüge bis zum Rathaus bewegen. Van Sant stellt einzelne Einstellungen nach und lässt auch die Kraft der realen Aufnahmen von damals sprechen. Er legt Harveys Vermächtnis darüber, wenn dieser von einem jungen Anrufer erzählt, der sich bei ihm bedankt habe.

„You've got to elect gay people so that

the young child and the thousands upon thousands just like him will have hope for a better life", resumiert Harvey. „Hope for a better tomorrow."

Für den Fall, dass ihm etwas zustoßen sollte, gilt sein Aufruf, nicht nachzulassen im Kampf um die Gleichberechtigung, weil er alle betreffe, die sich Diskriminierung ausgesetzt sehen. „It's about the us's out there. Not only gays, but the Blacks, the Asians, the disabled, the seniors, the us's. Without hope, the us's give up – I know you cannot live on hope alone, but without it, life is not worth living. So you, and you, and you ... You gotta give em' hope ... you gotta give em' hope." Vielleicht ist es Van Sants größte Kunst, dass all dies in keiner Sekunde „preachy" klingt, sondern ganz einfach nur ehrlich. Wir wissen von den Auswirkungen dieses historischen Moments: dass Harvey Milks Leidenschaft, die Poesie des Loderns seiner Seele, auf die Welt übergegriffen und sie zumindest ein klein wenig zum Besseren verändert hat.

Wer zu diesem Zeitpunkt des Films, wenn Bilder der Schauspieler jenen ihrer realen Vorbilder gegenübergestellt werden, noch nicht in Tränen aufgelöst ist, dem kann nicht mehr geholfen werden.

Milk (2008, Drama/Liebesfilm)
Regie: Gus Van Sant
Darsteller: Sean Penn, James Franco, Josh Brolin, Emile Hirsch

My Own Private Idaho (1991, Drama/Independent-Film)
Regie: Gus Van Sant
Darsteller: Keanu Reeves, River Phoenix, James Russo, William Richert, Rodney Harvey

„Mich wundert, dass ich so traurig bin …“

Mysterious Skin (2004)

Dass er von Außerirdischen entführt worden sei, erklärt Brian die Zeitphase von fünf Stunden im Sommer, als er acht Jahre alt war, über die er keine Erinnerung hat und nach der er sich mit blutender Nase im Keller seines Elternhauses wiederfand. Was tatsächlich geschah, dass Brian nämlich von seinem Baseballtrainer missbraucht wurde, hat er verdrängt. Basierend auf dem Roman von Scott Heim verfolgt Gregg Arakis *Mysterious Skin* Brians Leben der Unsicherheit und Selbstzweifel bis zum Alter von neunzehn Jahren; nun macht er sich auf die Suche nach der unbequemen, der erschütternden Wahrheit.

„Ich weiß nicht, was soll es bedeuten, daß ich so traurig bin,/ein Märchen aus uralten Zeiten, das kommt mir nicht aus dem Sinn.“ – Heinrich Heines Verse aus seinem Gedicht *Lorelei* (1822) skizzieren einen Hintergrund, wie er auch für Brian zutreffen mag. Eine Jungfrau mit goldenem Haar sitzt darin auf einem Berg über dem Rhein und betört die Schiffer mit ihrem sirenenhaften Gesang. Die Konsequenz dieser Verwirrung: Schiffer und Kahn werden von den Wellen verschlungen. Brians Traurigkeit, seine Albträume und die wiederholten Blackouts sind direkte Zeichen der Wunden, die das Horrormärchen aus seiner Kindheit, diese Nacht des Missbrauchs, in ihn geschlagen hat.

Doch Brian ist nicht das einzige Opfer, um das sich der Film auf unverblümte, sensible, nachhaltige Weise kümmert. Der Baseballcoach hatte einen Lockvogel: Neil, der ohne Vater aufwachsen muss, weiß schon als Kind, dass er schwul ist und verliebt sich in den Trainer, der für ihn eine Art Ersatzvater wird. Als dieser am Ende des Sommers die Kleinstadt verlässt, driftet Neil ohne Basis und Ziel durchs Leben. Bei seinen ersten Versuchen als Stricher wiederholt er wie im Zwang die Erfahrungen mit dem Coach, doch es sind zwei unglaublich intensive Momente, die Neil aus dem Gewohnten reißen und ihn zwingen, sich seinen verdrängten Emotionen zu stellen; die psychische und seelische Reinigung als Wirkung der persönlich erlebten Tragödie weist ihm den ersten Schritt zu einer Änderung seines Lebens.

In der ersten dieser Szenen gerät Neil in New York an einen Freier, dessen Körper von Melanomen überwuchert ist. „Don't be worried", beruhigt der Mann Neil, als er dessen erschrockenen Gesichtsausdruck sieht, „this is gonna be the safest encounter you ever had." Und er bittet ihn: „If you could just rub my back. Really, I need to be touched." Der Todkranke zuckt vor Neils Händen zurück, so ungewohnt ist es für ihn geworden, von einem anderen Menschen berührt zu werden. Doch dann seufzt er dankbar auf: „Yes, yes, yes. Make me happy ..."

Ein krasser Schnitt in die Gegenwelt dieser Erfahrung führt Neil kurze Zeit darauf in die Gewalt eines Kunden, der ihn zwingt, Drogen zu nehmen, der ihn beschimpft, ihm ins Gesicht spuckt, ihn schlägt und misshandelt. Neil sucht Schutz im Badezimmer, doch der Mann folgt ihm, prügelt ihn nieder und vergewaltigt ihn aufs Brutalste in der Wanne. Blutüberströmt wacht Neil später auf der Straße auf. „Mom" ist sein erstes Wort.

Schließlich führt der Film die beiden Protagonisten, dargestellt von Brady Corbet und dem brillanten Joseph Gordon-Levitt, an den Ort des Missbrauchs zurück. Brian und Neil brechen durch ein offenes Fenster in das Haus ein – der Trainer ist längst fortgezogen, die Familie, die jetzt dort wohnt, nicht daheim. „I felt honored", beschreibt Neil sich selbst als Achtjährigen, der im Coach einen Menschen gefunden zu haben glaubte, dem er wirklich etwas bedeutet. Das abendliche Baseballspiel, der plötzlich einsetzende Regen, die Eltern, die ihre Kinder nach Hause bringen, nur Brian, um den sich niemand kümmert – Schritt für Schritt, Bild für Bild führt Neil Brian in die Vergangenheit mehr als zehn Jahre zurück. Immer wieder fragt er nach, ob Brian bereit sei für das, was nun komme, immer wieder drängt ihn dieser, weiterzuerzählen. Und dann die Szenen des Missbrauchs, in deren Inszenierung Akaris großes Feingefühl beweist, aber auch seine Bereitschaft, die Dinge wirklich beim Namen zu nennen. Als der Schmerz Brian zu überwältigen droht, legt er seinen Kopf an Neils Schulter, da nimmt draußen vor der Haustür eine Gruppe von weihnachtlichen Sängern Aufstellung. „Stille Nacht, heilige Nacht" – die Melodie und die Worte hüllen Brian und Neil ein, die beisammen auf dem Sofa sitzen, und die Kamera zieht sich von ihnen zurück, als würden sie in die sie umgebende Dunkelheit entfliegen.

In Todd Fields Drama *Little Children* (2006) – ja, das ist der Film, in dem Kate Winslet und Patrick Wilson Sex auf der Waschmaschine haben – wird das Motiv des Missbrauchs aus dem anderen Blickwinkel verhandelt, nämlich jenem des Täters. Wenn ein Komitee besorgter Eltern Jagd auf den Exhibitionisten Ronnie (gleichermaßen verschreckt und beängstigend: Jackie Earle Haley) macht, als dieser nach verbüßter Haftstrafe bei seiner Mutter einzieht, wenn sich der Pool im Freibad in einer sarkastischen Anspielung auf Spielbergs *Der weiße Hai* (1975) panikartig leert, kaum, dass Ronnie darin aufgetaucht ist, wenn seine Mutter durch die Hetze gegen ihren Sohn in den Herzinfarkt getrieben wird, sieht man sich fast auf seiner Seite.

„Please be a good boy", lautete der letzte Wunsch seiner Mutter. Schluchzend kauert Ronnie gegen Ende des Films auf einer Schaukel im nächtlichen Park. „She's gone", schluchzt er. „Mummie is gone." Und weiter: „She loved me. She's the only one."

Ronnie sieht für sich, so wie er ist, keine Zukunft. Um dem Wunsch seiner Mutter, die ihm alles bedeutet hat, auch wirklich entsprechen zu können, zieht er eine unwiderrufliche Konsequenz. Als er auf der Kinderschaukel im Park sitzt, hat er sich bereits selbst kastriert.

„Mich wundert, dass ich so traurig bin ..." – Für Brian und Neil gibt es Hoffnung. Sie sind sich des Grundes für ihre Gefühle bewusst geworden. Vielleicht gelingt es ihnen, sich nun selbst zu akzeptieren, vielleicht wird ihnen die Nähe, die sie an diesem Weihnachtsabend zueinander gefunden haben, eine Hilfe sein.

Mysterious Skin (2004, Drama/Heranwachsender)
Regie: Gregg Araki
Darsteller: Brady Corbet, Joseph Gordon-Levitt, Michelle Trachtenberg

Die Einsamkeit der Seele

A Single Man (2009)

Einst formulierte ein alter Mann das Ziel aller geistigen Leidenschaften: „... [Ich] habe handelnd[e] Augenblicke, in denen ich mir gewiß werde: was ich jetzt will und tue, das will ich eigentlich selbst." Diesem alten Mann, dem Philosophen Karl Jaspers, ging es um die Ergründung des Sinns der Existenz des Menschen und um den harten Weg zu jenem Punkt, an dem Erkenntnis über sich selbst möglich ist. In George Falconer hätte er ein geeignetes Objekt seiner Betrachtungen gefunden.

Die Tragödie eines lächerlichen Mannes, so sieht der in die Jahre gekommene Literaturprofessor Falconer sich selbst und sein Leben seit dem Unfalltod von Jim, seinem Partner durch sechzehn Jahre.

Wir schreiben 1962, der Film des Modeschöpfers Tom Ford nach dem Roman von Christopher Isherwood lässt die Geschichte eines Mannes, der an seinem gebrochenen Herzen zugrunde zu gehen droht, an einem einzigen Tag, dem 30. November, ablaufen. Es ist der Tag, an dem George seinem Leben ein Ende setzen will. Er leidet seit Jims Tod unter Depressionen und Albträumen, er sieht sich darin als Ertrinkender, auch weil er seine Homosexualität geheim hält.

Darunter soll nun der Schlussstrich in Form seines Selbstmordes gesetzt werden; dieser ist akribisch vorbereitet und für den Abend geplant, Abschiedsbriefe sind geschrieben, der Revolver liegt bereit. Wir folgen George durch den Tag, der um ihn herum wie zeitverzögert abläuft, immer wieder durchbrochen von Rückblenden auf die Jahre mit Jim, auf ein anderes Leben, das ihm noch lebenswert erschien. Die Erinnerung an das Telefonat, in dem er von Jims Tod erfährt und auch, dass er bei der Beerdigung, die „ausschließlich im Familienkreis" stattfinden würde, unerwünscht sei, ist für George immer noch pure Marter. In Colin Firths Gesicht spiegeln sich das anfängliche Unverständnis und das allmähliche Verstehen, dann brechen die Trauer und der Schmerz aus ihm, schreiend, brüllend ist er völlig außer sich und kollabiert schließlich in den Armen einer Freundin – eine phänomenale Darstellung.

Viele Charaktere des deutschen Schriftstellers Bodo Kirchhoff, einem Geistesverwandten von Karl Jaspers und George Falconer, sind Getriebene von der unbestimmten Sehnsucht der wahren Einsamen; sie sind Menschen, die eine Art von melancholischer Distanz zur Umwelt im Blick vor sich hertragen wie einen Schild. Wonach sie sich verzehren, ist eine Art von Heimat, was immer dies auch für sie bedeuten mag. In Kirchhoffs Roman *Infanta* (1990) ist der Eindruck festgehalten, den sie dabei vermitteln: „[...] eine unbelebte Prägnanz, wie man sie sonst bei minderbegabten Schauspielern antrifft, ein elternloses Zuviel, dem ein inneres Zuwenig entspricht [...]"

George, der Engländer in Los Angeles, ist einer dieser Entwurzelten, doch wahrlich nicht bloß in geografischer Hinsicht. Schon am Morgen fragt er sich, wie er durch den Tag kommen solle, und wie in Zeitlupentrance bewegt er sich durch Szenen seiner Alltagsroutine – fast ist er aus seinem Leben schon hinausgetreten. Doch dann verwickelt ihn Kenny, einer seiner Studenten, in ein Gespräch – er soll später zu seinem Rettungsengel werden. Immer wieder gibt es im Laufe dieses Tages Momente, da gewinnen ein Mund, der Nettes sagt, ein Lächeln, das Verständnis signalisiert, ein offenes Gesicht voller Mitgefühl und auch die gesamte Szenerie an Farbe, es sind Augenblicke, in denen George so etwas wie menschliche Wärme spürt.

„Sie hatten sich immer donnerstags getroffen", schreibt die niederösterreichische Autorin Magda Woitzuck in ihrem Roman *Über allem war Licht* (2015) über die heimliche Liebe zwischen Rosa, die von ihrem Mann geschlagen wird, und Milo, der ihr beisteht, als sie einen entscheidenden Schritt aus diesem Ehegefängnis macht. Woitzuck entwirft das Szenario von gemeinsamen Spaziergängen, wobei die Natur als Spiegelbild der Zuneigung der beiden Figuren fungiert: „Sie waren gemeinsam im Wald umhergewandert und hatten sich voneinander erzählt. Manchmal hatten sie inne gehalten und sich umgesehen, hatten voller Erstaunen die Natur betrachtet, die mit jeder Woche heller, grüner, lauter geworden war, so, als würden sie zum ersten Mal einen Wechsel der Jahreszeiten erleben."

In diesem Sinne ist die Welt rund um George und auch die in ihm merklich farbintensiver geworden, als er nachts Kenny in einer Bar wiedertrifft – offensichtlich ist ihm der Junge gefolgt. Sie unterhalten sich über das Älterwerden, den Tod und über den Sinn des Lebens, der wohl nur im Auskosten jedes Moments liegen könne. Georges Lebensmut kehrt zurück, er reißt sich die Kleider vom Leibe, und gemeinsam toben Kenny und er wie junge Hunde in den Wellen des Pazifiks.

„Why are you here?“, will George später von Kenny wissen, als dieser in seinem Haus nackt vor ihm steht und sich ihm anzubieten scheint. Dass er sich Sorgen um ihn gemacht habe, antwortet Kenny, den Nicholas Hoult zwischen Durchtriebenheit und entwaffnender Naivität anlegt, und dass er im Gefühl gehabt habe, George würde jemanden zum Reden brauchen. „I'm fine“, widerspricht ihm George, und zum ersten Mal an diesem Tag meint er es auch so. Als er später den schlafenden Kenny zudecken will und seine Pistole bei ihm findet, erkennt er, dass ihn der Student offenbar tatsächlich vor dem Selbstmord bewahren wollte.

Dass es in seinem Leben seltene Augenblicke absoluter Klarheit gegeben habe, erzählt uns George aus dem Off, in denen er für wenige Sekunden die Stille in sich selbst fühlen konnte. „I can never make these moments last. I cling to them, but like everything, they fade. I have lived my life on these moments. They pull me back to the present, and I realize that everything is exactly the way it was meant to be.“

Doch dann, gerade als das Leben George wieder so etwas wie eine Zukunft anzubieten scheint, greift er sich ans Herz, sinkt zu Boden und bleibt dort röchelnd liegen. Das Ticken einer Uhr stoppt, da tritt Jim im schwarzen Anzug aus den Schatten, und ebenso wie sich George in seiner Vorstellung ganz zu Beginn des Films zu dem blutüberströmten toten Jim unter dem Autowrack zu einem letzten Kuss hinuntergebeugt hat, berühren nun Jims Lippen die seinen. Nicht nur in diesem magischen Moment trifft uns die tiefe Intimität zwischen den Charakteren, die große Sinnlichkeit und die Innigkeit einer Liebe, die über das Leben hinausgeht und doch ein Weiterleben, glaube man nur fest genug daran, zuließe. Das Wort von Augustinus, von der Liebe zu Gott auf jene zum Menschen abgewandelt, trifft auf George und Jim in diesem Augenblick zu: „... ruhelos ist unser Herz, bis es ruhet in dir.“

George stirbt nicht als der lächerliche Mann, als der er sich gesehen hat, in diesem glasklaren Film von atemberaubender Schönheit und überbordender

Traurigkeit, nicht in der Rolle des Einsamen, dem die Welt den Rücken kehrt; er hat geliebt und wurde geliebt, und dieses Gefühl gibt ihm in seinen letzten Atemzügen noch zurück, was ihm seinen inneren Frieden schenkt: seine Würde.

A Single Man (2009, Drama/Liebesfilm)
Regie: Tom Ford
Darsteller: Colin Firth, Julianne Moore, Nicholas Hoult, Matthew Goode

Die Bedrohlichkeit des Begehrens

Der talentierte Mr. Ripley (1999)

Eine jazzige, sehr reduzierte, von Miles Davis' Trompete fast gehauchte Version von „Nature Boy" bildet den Hintergrund zu dieser schwülen, sexuell aufgeladenen Szene: „There was a boy/A very strange enchanted boy ..." Obwohl hier nur instrumental, glaubt man, die Worte zu hören. Matt Damon und Jude Law spielen Schach, sie sind Tom Ripley und Dickie Greenleaf, der Hochstapler und das verzogene Söhnchen reicher Eltern. Dickie sitzt dabei in der Badewanne, Tom auf dem Rand daneben. Der Dampf, der Schweiß, die Stimmen zu einem Raunen gesenkt, die Schachzüge, dabei die Augen und die Hände in Großaufnahme, die Neugier, das unterdrückte Begehren, die Situation an der Kippe zu etwas anderem, etwas Unausgesprochenem, Verbotenem. „I'm cold. Can I get in?", fragt Tom. Ein Abschätzen des Moments, Blicke, die sich treffen, dann schließlich die verneinende Antwort.

„I didn't mean with you in it", versucht sich Tom zu rechtfertigen, worauf Dickie aufsteht und aus der Wanne steigt. In einem angelaufenen Spiegel beobachtet Tom den nackten Dickie, da dreht sich dieser um, Tom schaut rasch weg. *The Hunger* (1983) hieß Tony Scotts eigenwilliger Arthouse-Vampirfilm mit Catherine Deneuve, Susan Sarandon und David Bowie und bekam den deutschen Titel *Begierde* verpasst. Beides, Tom Ripleys Hunger, seine Begierde danach, Dickie zu berühren, so wie er oder gar er zu sein, ist in der Badewannenszene geradezu greifbar.

Später wird Tom Ripley aus eben diesen uneingestandenen Gefühlen morden, er wird Dickie, von dem er sich zurückgewiesen fühlt, mit einem Ruder erschlagen, er wird seine Identität einnehmen und, um sein Geheimnis zu wahren, aus seiner Sicht zwingend weitere Morde begehen. Diese Art der Rechtfertigung der Taten, der Tom am Ende des Films sogar die mögliche Beziehung zu einem Mann opfert, bewahrt ihn vor Gewissensbissen oder einem Empfinden von Schuld. Patricia Highsmith, die Tom

Ripley 1955 erfand, ging es nie um das „whodunit" der klassischen Kriminalliteratur mit den ihr inhärenten moralischen Implikationen, sondern um das „whydunit", um die Umstände und Motive, die einen unauffälligen Durchschnittsmenschen ins Verbrechen treiben. Viel stärker als René Cléments Erstverfilmung des Stoffes unter dem Titel *Nur die Sonne war Zeuge* (1960), in der Alain Delon und Maurice Ronet als Tom und Dickie zu sehen sind, stellt Anthony Minghellas Adaption den Aspekt der homosexuellen Anziehung in den Vordergrund. Die Idee der Schicksalshaftigkeit ist in der Logik beider Versionen so verankert wie in der literarischen Vorlage; dagegen aufzubegehren wäre zwecklos, und da wir das Innenleben dieser Protagonisten nachvollziehen können, stehen wir automatisch auf ihrer Seite.

Patricia Highsmiths Beziehung zu ihrer Mutter war zeitlebens ein kompliziertes, wohl frustrierendes und zweifellos extrem anstrengendes Wechselspiel von Zuneigung und Hass. Angeblich erfuhr sie einmal von ihrer Mutter, dass diese versucht habe, sie durch das Trinken von Terpentin abzutreiben. Ob wahr oder nicht, die Autorin schien ihr Leben lang gefangen in dieser Zerrissenheit und setzte diese in der Kurzgeschichte *The Terrapin* über einen Jungen, Victor, um, der seine Mutter mit einem Küchenmesser ersticht, nachdem diese seine geliebte Schildkröte in kochendes Wasser geworfen hat. Die Hassliebe zwischen Tochter und Mutter, diese lebenslange offensichtliche Abhängigkeit von einer Beziehung, die doch nur als quälend empfunden wurde, erinnert an Elfriede Jelineks Roman *Die Klavierspielerin* (1983), den der österreichische Ausnahmeregisseur Michael Haneke 2001 mit Isabelle Huppert und Annie Girardot verfilmte. Gefangen in einem bitterbösen Spiel der gegenseitigen Demütigungen und Erniedrigungen, machen die beiden Protagonistinnen darin einander das Leben zur Hölle – und können doch nicht ohne die andere sein.

Es ist nachzulesen, dass Highsmith die Gesellschaft von Katzen und Schnecken jener von Menschen vorgezogen habe. Mason Currey berichtet von einer Cocktailparty in London, zu der die Autorin mit einer riesigen Handtasche gekommen sei „that contained a head of lettuce and a hundred snails", von denen sie gemeint habe, sie seien ihre „companions for the evening". Highsmiths misantrophische Züge scheinen in ihren ausführlichen, fast manischen Tagebuchaufzeichnungen ebenso auf wie in den distanzierten Liebesbeziehungen zu Frauen und Männern, aus denen sie oftmals wieder in die Distanz ihres Schreibens flüchtete – es verwundert nicht, dass ihren Charakteren, auch Tom und Dickie, kein erfülltes Liebesleben vergönnt ist. Wo Ehrlichkeit sich selbst und anderen gegenüber das Schlimmste zu verhindern, mitunter echte Nähe zuzulassen vermocht hätte, führt die Bedrohlichkeit des Begehrens, der Versuch, den nagenden Hunger der Seele zu unterdrücken, zur Blockade des Eingestehens, schlussendlich zu Schmerz, Leid und Tod. Aber es ist wohl genau das, was Figuren wie Tom Ripley so faszinierend macht.

Der talentierte Mr. Ripley (1999, Mysteryfilm/Kriminalfilm)
Regie: Anthony Minghella
Darsteller: Matt Damon, Gwyneth Paltrow, Jude Law, Cate Blanchett, Philip Seymour Hoffman

Coming-out

Phantom Lady

Wie sag ich's bloß?

Sich freispielen

Stop pretending

Unterwegs

Die Fragmente des Lebens

Phantom Lady

Breakfast on Pluto (2005)

Der kleine Billy ist ganz schön verdutzt, als sich sein bester Freund Michael in Stephen Daldrys brillantem Feelgood-Movie *Billy Elliot* eine Federboa um den Hals schlingt und ihm offenbart, dass er gern Frauenkleider und Lippenstift trägt – und dies gerade zu einem Zeitpunkt, als Billy seinem Bergarbeitervater klarzumachen versucht, dass sein großer Traum, Tänzer zu werden, nicht unbedingt mit dem Klischee vom Schwulsein verbunden sein müsse. Jamie Bell und Stuart Wells spielen diese Szene mit liebevoller Unschuld. „Christ!", entfährt es Billy angesichts des Freundes im Kleid der Schwester. Aber er lässt es sogar über sich ergehen, dass Michael auch ihm die Lippen schminkt. Als er ihm von der Ballettschule in London erzählt, erscheint uns seine traurige Reaktion verständlich: „I'd miss you."

Michael ist ein Bruder im Geiste von Richard Garay, dem Protagonisten von Colm Tóibíns todtraurigem Roman *Die Geschichte der Nacht* (1996), der sich die Kleider seiner Mutter anzieht und vorstellt, wie es wäre, eine Frau wie sie zu sein. Als er in einer alten Life-Ausgabe ein Foto von Jackie Kennedy findet, tränenüberströmt und ganz in Schwarz gekleidet, ahmt er sie nach: Mit einer Mantilla, einem Spitzentuch, auf dem Kopf schreitet er durch die Wohnung, „als folgte ich dem Sarg meines Mannes." Zu diesem Zeitpunkt ist Richard noch ein Kind und hat weder eine Ahnung davon, dass er schwul ist, noch, was dies im Verlauf seines Lebens im Argentinien der Militärdiktatur und dann später zur Zeit der Demokratisierung bedeuten wird. Die Phantomfrau in sich hat er bereits erkannt, kann sie jedoch noch nicht benennen.

Patrick, der sich Kitten nennt, muss sie in Neil Jordans *Breakfast on Pluto* erst in Form seiner Mutter suchen, um sie schließlich in sich selbst zu finden. Diesen langen, mitunter komischen, dann aber auch wieder hochdramatischen und tragischen Weg zeichnet der Film auf luftig-leichte Weise nach, eingefasst von so etwas Skurrilem wie dem ironischen Kommentar von Rotkehlchen.

„Where's your momma gone?", fragen Middle of the Road in ihrem Song und führen aus: „Far, far away." Es ist eine Art modernes Märchen, das uns Jordan erzählt, die Mär vom Neugeborenen, das von seiner Mutter auf den Stufen eines Pfarrhauses abgelegt wird, dem Pfarrer, Father Bernard (Liam Neeson), der das Baby zu einer Pflegemutter gibt, und von dem Kind, das zu einem modernen Simplicissimus aufwächst, der gegen diese Bezeichnung wahrscheinlich nichts einzuwenden hätte, gegen die männliche Endung jedoch sehr wohl.

Cillian Murphys hinreißende Darstellung von Patrick/Kitten gibt die Richtung vor: in Glockenhosen und buntem Fummel stöckelt er von Fettnäpfchen zu Fettnäpfchen, erschreibt sich in der katholischen Schule durch einen Aufsatz, in dem er den Priester als seinen Vater nennt, das Recht, anstelle des Sportunterrichts an Haushaltskunde und einem Nähkurs teilnehmen zu dürfen, sitzt später mit Motorradrockern kiffend am Lagerfeuer und bekommt dort den Filmtitel als Musikzitat einer Reise erklärt, auf der es gilt, eine Grenze zwischen dem zu ziehen, was hinter, und dem, was vor einem liegt: „We'll journey to Mars/and visit the stars/finding our breakfast on Pluto."

Es ist eine Reise, die Kitten mit unnachahmlichem Augenaufschlag, immer neuer modisch-gewagter Gewandung und voll ihrer grenzenlosen Naivität in Angriff nimmt. Sie bewacht Waffen, die für Terroranschläge verwendet werden, lernt den Wombling-Tanz, um als Kinderunterhalterin im Park arbeiten zu können, wehrt einen Freier, der sie zu strangulieren versucht, mit ihrem besten Parfum ab, lässt sich so weit in Hypnose versetzen, dass sie in den Lautsprecherboxen auf der Bühne ihre verschollene Mutter zu erkennen glaubt und übersteht sogar einen Bombenanschlag auf eine Disco. Als eine Freundin schwanger wird, meint Kitten über das Baby: „It'd be a disaster like me." Und die Antwort der Freundin, die sich daraufhin entschließt, das Kind doch zu kriegen: „I love you, you fucking disaster."

Ein Polizist verschafft Kitten schließlich einen Job in einer Londoner Peepshow, und dort spielt sich die schönste Szene des Films ab. In einer Art Umkehrung einer früheren Beichte bei Father Bernard, Kittens leiblichem Vater, befindet sich dieser nun auf der anderen Seite der Glasscheibe. Kitten sitzt mit blonder Perücke auf einer blumengirlandenverzierten Schaukel und kann nur die Stimme des vermeintlichen Kunden hören, als dieser beginnt, eine traurige Geschichte zu erzählen: vom Vater eines jungen Mannes, der seinen Sohn liebe, es ihm aber nicht sagen konnte: „He had the words for many things ... but he didn't have the words for that." Er habe auch die Mutter dieses Jungen geliebt, fährt der Priester fort, und seit dieser Zeit viel nachgedacht: Er wolle Kitten nun sagen, wo er sie finden könne.

Es ist herzerweichend, es gipfelt in einer wahrlich märchenhaften Auflösung der Verhältnisse. „I went looking for her ... but I found you", wird Kitten später ihrem Vater sagen und fragen: „What will I call you?" Die Antwort ist kurz und trifft den Punkt, Kitten jedoch auch geradewegs in ihrer Seele: „Father." Was folgt, ist Idylle pur: Die beste Freundin hat ihr Baby bekommen, und Kitten schiebt den Kinderwagen, als sie gemeinsam das Krankenhaus verlassen. Die Rotkehlchen zwitschern dazu, dass nun alles gut sei. Die Reise hat ihr glückliches Ziel, Kitten ihre Mutter und die Frau in sich gefunden. Wahrscheinlich wird nun zusammen mit der besten Freundin und dem Baby gefrühstückt. Auf ihrem ganz persönlichen Planeten.

Breakfast on Pluto (2005, Drama/Komödie)
Regie: Neil Jordan
Darsteller: Cillian Murphy, Liam Neeson, Stephen Rea, Ruth Negga

Wie sag ich's bloß?

C.R.A.Z.Y. (2005)
Männer al dente (2010)
Nur eine Frage der Liebe (2000)

Manchmal gibt es diese wunderbaren Übereinstimmungen. Da ist das Foto aus dem Jahr 1941, das Ernest Hemingway zusammen mit seinem Sohn zeigt, entspannt und voller Harmonie am Ufer eines Sees, der Vater ganz der große Jäger, das Kind mit vertrauensvoll geschlossenen Augen. Für mich strahlt dieses Bild genau jene Atmosphäre aus, die Hemingway zu Beginn seiner Kurzgeschichte *Indianerlager* beschreibt. Nick darf seinen Vater, einen Arzt, zu einer schwangeren Patientin begleiten. Diese lebt in einem Indianerlager auf einer Insel. „Das Kind will geboren werden", erklärt der Vater seinem Sohn, „und sie will, dass es geboren wird. All ihre Muskeln arbeiten, um das Kind zu gebären. Das geschieht, wenn sie schreit." Für Nick ist die Situation voller Faszination, der Vater erscheint ihm als Held, als Herr über Leben und Tod, fast wie ein Gott. Als ein Kaiserschnitt durchgeführt werden muss, blickt Nick jedoch weg, „um nicht zu sehen, was sein Vater machte." Und als ein Indianer Selbstmord begeht, kippt die schöne Wirklichkeit in einen Albtraum: „Sein Hals war durchschnitten, von einem Ohr zum anderen." Nick wird die Kindheit unter den Füßen weggezogen.

Die Beziehung zum Vater mag für schwule Söhne noch schwieriger sein als für sogenannte „normale" Jungen. Das Gefühl, „anders" zu sein und die daraus resultierende Verschlossenheit und Isolation vieler Schwuler beschreibt der New Yorker Psychoanalytiker Richard A. Isay in seiner Studie *Being Homosexual* (1989) als direkte Konsequenz der ödipalen Fantasien von Kindern, die auf diese Weise ihr Schwulsein entdecken. Anders als bei heterosexuellen Jungen würden sich diese Fantasien auf den Vater beziehen, der als primäres Sexobjekt wahrgenommen würde – und das daraus resultierende Verhalten würde viele Väter in die Distanz zu ihren Söhnen treiben.

Eine erkleckliche Zahl von schwulen Filmen hat das Coming-out ihrer Protagonisten zum Thema, und nicht selten steht dabei das Verhältnis der Jungen zu ihrem Vater im Mittelpunkt. Die Angst vor dem Käfig, als der das Elternhaus zuweilen empfunden wird, vor der Überwachung und der möglichen Missbilligung der sexuellen Orientierung des Sohnes durch den als übermächtig empfundenen Vater macht es dem Jungen besonders schwer, sich auf der Suche nach sich selbst freizuspielen und die eigene Identität zu akzeptieren. „Wovon man nicht sprechen kann, darüber muss man schweigen", hat der Philosoph Ludwig Wittgenstein einmal formuliert. Für die Protagonisten so mancher schwuler Coming-of-Age-Geschichten ist es zuweilen ein schmerzhafter Lernprozess, endlich das Schweigen zu brechen und die Wahrheit auszusprechen.

Obwohl sie aus unterschiedlichen soziokulturellen Umfeldern kommen, gelingt es drei Filmen, diese bleischwere Problematik auf besonders einfühlsame und dabei komödiantisch-leichte Weise aufzulösen, ohne dabei die tragischen Aspekte zu verleugnen. Familiengeschichten sind diese Dramödien alle: die einer kanadischen Mittelstandsfamilie mit fünf Orgelpfeifen aufgereihten Söhnen (die Anfangsbuchstaben ihrer Vornamen ergeben den Filmtitel) im Québec von 1960 bis zum Ende der 1970er-Jahre in Jean-Marc Vallées *C.R.A.Z.Y.*, jene einer italienischen Pastadynastie aus dem barocken Lecce mit unüberschaubarem Verwandtenkreis in Ferzan Özpeteks *Männer al dente* und schließlich einer Apothekerfamilie im französischen Lille in Christian Faures *Nur eine Frage der Liebe.*

Zachary (in zwei verschiedenen Stadien seines Lebens verkörpert von Émilie Vallée und Marc-André Grondin), am Weihnachtsabend geboren und mit einem Muttermal am Hinterkopf ausgestattet, werden quasi von Geburt an übersinnliche Kräfte nachgesagt: Schmerzen würden vergehen und Blutungen gestillt, wenn er an die betroffene Person nur denkt. Als er als Kind merkt, nicht so zu sein wie seine Brüder und zu Weihnachten lieber einen Puppenwagen bekäme als die üblichen Geschenke, die sein Vater (Michel Côté) als passend für einen Jungen auswählt, und auch als er später als junger Mann mit seiner Homosexualität konfrontiert ist, erscheint es vorerst einfach für ihn, dieses Anderssein in Richtung des Religiösen zu schieben.

„Ich will so sein wie die anderen", meint er einmal und prügelt auf einen Jungen ein, der seine wahren Gefühle erraten könnte – der Film zeigt die Szene in Zeitlupe und mit choralähnlicher Untermalung. „Sehe ich aus wie eine Schwuchtel? Rede ich wie eine Tunte? Hab ich eine Federboa im Arsch?“, verteidigt er sich seinem Vater gegenüber, der immer wieder durch homophobe Aussprüche aufgefallen ist und dem zu gefallen sich Zachary dennoch immer Mühe gegeben hat. Und dann fällt der furchtbare Satz: „Lieber wäre ich tot!“

Bei der Hochzeit von einem seiner Brüder kommt es schließlich zur direkten Konfrontation mit dem Vater. Im strömenden Regen stehen die beiden einander gegenüber. Ein Gast will beobachtet haben, wie sich Zachary und ein anderer Junge in einem Auto geküsst haben. Der Vater stellt ihn zur Rede: „Du hast mich schon immer belogen, sobald du den Mund aufmachst. Sei einmal in deinem Leben ein Mann und sag die Wahrheit!“ Darauf Zachary: „Was willst du denn hören? Dass ich schwul bin? Dass ich Männerärsche ficke und Schwänze lutsche?“ Wahrheitsgemäß streitet er ab, dass im Auto etwas gelaufen ist, gibt jedoch zu, dass er es sich gewünscht hätte. Und der Vater: „Verschwinde! Für immer!“

Ähnlich drastisch artikuliert sich Laurents Vater in *Juste une question d'amour*: „Die Vorstellung, dass sich zwei Männer anfassen ... Das widert mich an!“ Auf die Frage eines Freundes, was denn wäre, wenn es den eigenen Sohn beträfe: „Dann ist er nicht mehr mein Sohn!“

Laurents Vater ist Apotheker, der Sohn möchte jedoch eine Landwirtschaftsschule absolvieren. Seinen Freund Cédric stellt er den Eltern als seinen Praktikumschef vor, Cyrille Thouvenin und Stéphan Guérin-Tillié geben ein sehr hübsches Paar ab.

„Ich will mich nicht schämen“, meint Cédric: „Ich schäme mich nicht für uns.“ Dass Laurent noch nicht zu einem Coming-out bereit ist, schürt Konflikte zwischen den beiden. Es ist Cédrics Mutter, von der Laurents Eltern schließlich die Wahrheit erfahren. Der Vater reagiert mit Aggression. Er schlägt Laurent und wirft ihn aus dem Haus: „Du bist widerlich. Du brauchst nicht wiederzukommen.“

Ein väterliches Verhaltensmuster, das auch Tommaso (Riccardo Scamarcio) in *Mine vaganti* fürchtet, trägt sein Erzeuger den italienischen Machismo doch geradezu vor sich her. Dennoch hat Tommaso beschlossen, bei einem Familientreffen reinen Tisch zu machen: dass er Literatur statt BWL studiere und seinen ersten Roman geschrieben und in Marco (Carmine Recano) einen Partner gefunden habe. Doch bevor Tommaso beim gemeinsam zelebrierten Abendessen sein Vorhaben vor der versammelten Sippe in die Tat umsetzen kann, kommt ihm sein Bruder Antonio mit eben demselben Satz zuvor: „Ich bin schwul." Die harsche Konsequenz: Der Vater wirft Antonio hinaus und bekommt einen Herzinfarkt, und Tommaso soll als Vorzeigesohn die Nudelfabrik übernehmen.

Herrlicher Klamauk spielt sich ab, als nicht nur Marco, sondern auch einige weitere von Tommasos schwulen Freunden zu Besuch in der Patriziervilla auftauchen, das Wasserballett zu Baccaras „Sorry I'm a Lady" ist einfach köstlich. Wehmut und Melancholie mischen sich jedoch in den Erzählfluss, wenn es um Tommasos Großmutter (berührend: Ilaria Occhini) geht und ihre Erkenntnis, als junges Mädchen, den falschen Mann geheiratet zu haben. Eine solche Entscheidung will Tommaso natürlich nicht wiederholen, es fallen die Masken, und Regisseur Özpetek gönnt uns eine in warmes süditalienisches Licht getauchte wundersame Erlösungsutopie: Beim Begräbnis der Großmutter, die sich als Diabetikerin mit einer Orgie von Süßigkeiten das Leben genommen hat, kommt die Familie zusammen, und an ihrem Sarg verschwimmen die Grenzen zwischen Realität und Wunschtraum. Die Verstorbene ist wieder ein junges Mädchen und tanzt auf ihrer Hochzeit, und da tanzen sie alle in einem Garten wie aus einem Sommertraum, in dem es keine Enttäuschung mehr gibt, sondern nur noch die Katharsis der reinen Liebe: die Alten und Jungen, die Schwulen und die Heteros, die Lebenden und die Toten, und der Vater und seine Söhne sind einander wieder gut. Tommaso hat nicht den gleichen Fehler gemacht wie damals seine Großmutter und auf den Liebsten verzichtet. Marco und er schauen sich in die Augen, und alles ist genau so, wie es sein soll.

Einen solchen Moment der inneren Ruhe erlebt auch der kleine Nick in Hemingways Geschichte. Der Vater hat ihn aus der Hütte weggebracht, in der der Selbstmörder in seinem Blut liegt. Nun fahren sie in ihrem Boot zum Festland zurück. Nick erscheint der frühe Morgen wie eine Wiedergeburt. „Die Sonne stieg über den Bergen auf. Ein Barsch schnellte hoch und machte einen Kreis im Wasser. Nick ließ seine Hand im Wasser schleifen. Es fühlte sich warm an im schneidenden Morgenfrost." Leid und Tod sind vergessen, der Vater ist für Nick da, er fühlt sich bei ihm sicher und geborgen: „Am frühen Morgen auf dem See, als er im Heck des Bootes seinem rudernden Vater gegenübersaß, war er überzeugt, dass er niemals sterben würde."

Auch für die anderen beiden Filmhelden gibt es ein glückliches Ende. Laurent nimmt all seinen Mut zusammen und tritt dem Vater in der Apotheke gegenüber. „Es ist keine Frage, ob man schwul ist", sagt er ihm ins Gesicht, „es ist nur eine Frage der Liebe." Dass der Vater darauf fast kleinlaut reagiert, mit der Bitte, ihm ein bisschen Zeit zu lassen, versetzt Laurent und Cédric in Hochstimmung. Erleichtert toben sie durch einen Wald, wie junge Hunde freuen sie sich ihres Lebens.

Zachary hingegen liegen nach der Szene im Regen noch Steine im Weg. Er tut, wie ihm von seinem aufgebrachten Vater geheißen, und verlässt die Stadt. Wohin, wenn nicht nach Israel soll einer gehen, der am Weihnachtstag geboren wurde und angeblich Wunder wirken kann?

„Es ist keine Frage, ob man schwul ist, es ist nur eine Frage der Liebe."

Laurent in: Nur eine Frage der Liebe

Zachary hat dort – ein kleiner amüsanter Seitenhieb – nicht nur Sex mit einem jungen Mann, der problemlos als Jesusdouble auftreten könnte, sondern findet in der Wüste zu sich selbst. Der Absturz des ältesten Bruders und sein Drogentod zeichnen scharf die Klippe, auf der sich die Familie nun befindet, dann reißt auch Vallée das Ruder herum zu einem bittersüßen Happy End. Zachary lenkt ein Cabrio, der alte, weißhaarige Vater sitzt daneben im Fahrtwind wie viele Jahre zuvor der kleine Junge neben seinem großen Vorbild. Zehn Jahre habe es gebraucht, erzählt uns Zachary aus dem Off, bis er ihm seinen Freund vorstellen durfte: „Aber dann wurde mein Vater wieder mein Vater."

C.R.A.Z.Y. (2005, Heranwachsender/Dramedy)
Regie: Jean-Marc Vallée
Darsteller: Michel Côté, Marc-André Grondin, Danielle Proulx, Emile Vallée, Pierre-Luc Brillant

Männer al dente (2010, Drama/Liebesfilm)
Regie: Ferzan Özpetek
Darsteller: Riccardo Scamarcio, Nicole Grimaudo, Alessandro Preziosi

Nur eine Frage der Liebe (2000, Drama/Liebesfilm)
Regie: Christian Faure
Darsteller: Cyrille Thouvenin, Stéphan Guérin-Tillié, Eva Darlan, Danièle Denie, Idwig Stephane

Sich freispielen

Das letzte Spiel (2013)
Out in the Dark (2012)

Nachts auf der Hafenmauer sitzen die Stricher und warten auf ihre Freier. Einer davon ist Reinier. Seine Frau weiß, dass er anschaffen geht, anders kann er sie und seinen kleinen Sohn nicht ernähren. Die Schwiegermutter drängt ihn, mit seinem Freier Juan nach Spanien zu gehen und ihn dort zu heiraten. Von ihm dann nachgeholt zu werden, Havanna den Rücken zu kehren und damit einem Leben, das ihnen wie ein Sumpf erscheint, ist der Traum der beiden Frauen. Dass Reinier einen ganz anderen Traum träumt, nämlich den von einem gemeinsamen Leben mit einem Mann, der nicht Juan ist, wissen sie nicht.

Der Originaltitel von Antonio Hens Film *Das letzte Spiel* lautet *La Partida*, was Abfahrt oder Abreise bedeutet. Von der Unterschiedlichkeit der Bedeutung, mit der die Charaktere dieses Wort belegen, handelt die Geschichte. Milton García und Reinier Díaz geben die zwei Protagonisten, die sich in einem Strudel der Ausweglosigkeit gefangen sehen, auf sehr natürliche und authentische Weise. Beim Fußballspielen lernt Reinier Yosvani kennen, der von seiner Freundin ausgehalten wird. Bald kommen sie einander näher, eine durchtanzte Nacht, viel Alkohol, ein Kuss, Verwirrung. Der klassische Satz wird ausgesprochen: „Glaubst du, ich bin eine Schwuchtel?“ Doch dann fallen die Liebe und die Leidenschaft über die zwei jungen Männer und sie übereinander her. Ein flaches Dach mit Blick über Havanna wird zu ihrem Zufluchtsort, hinter der Brüstung können sie sich vor den anderen verstecken und das Versteckspiel voreinander aufgeben. Sie ziehen sich gegenseitig aus, in Großaufnahme sehen wir Yosvanis Gesicht, als er Reinier den Rücken zuwendet, die Hand des Geliebten in seinem Nacken, den anfänglichen Schmerz, der dann in ein Strahlen übergeht.

Regisseur Hens meinte in einem Interview, dass er in seinem Film die Frage aufwerfe, was wir mit unseren Gefühlen anfangen, wenn wir sie nicht mehr beherrschen können: „Es ging mir darum zu zeigen, wie die Liebe ein Herz erobert." Mit einer Kraft, die versucht, gegen alle Hindernisse anzurennen: „Das Leben, wie es ist", von der Hand in den Mund, ohne echte Perspektiven, ohne Hoffnung, dass es einmal besser wird.

Mit der Handkamera gedreht, vermittelt der Film ein ungestelltes Bild vom Leben im heutigen Kuba. Manche Szenen wirken dabei wie improvisiert – die Träume von einem besseren Leben, Geld zu haben und wegzugehen. Es scheint, als träfe das traurige Wort des bulgarischen Dichters Georgi Gospodinov auf Yosvani und Reinier zu: „Es gibt nur Kindheit und Tod. Und nichts dazwischen." Dieses Dazwischen, das eigentliche Leben, mit konkreten Inhalten zu füllen, gelingt ihnen nicht: „Wohin?" – „Wir werden schon sehen ..."

Yosvanis Eifersucht, wenn er Reinier zusammen mit seiner Familie, mit dem Baby auf dem Arm oder dem Spanier sieht, die Angst, allein zurückzubleiben: Gefangen im Kreislauf aus Schulden und Gewalt, lebt Yosvani auf der Straße und geht nun selbst anschaffen. Dass Reinier in der Zwischenzeit so etwas wie eine Perspektive hat, nämlich in der kubanischen Nationalmannschaft spielen zu können, raubt ihm die Sinne. Sie sollten zusammen weggehen, beschwört er ihn am Rande des Spielfeldes. Er zeigt ihm das Geld, das er verdient hat, er will ihn küssen, da stößt ihn Reinier zurück.

Dem möglichen Aufstieg Reiniers steht der Abstieg Yosvanis gegenüber, der nun hungrig und allein nachts auf dem Dach haust, das einst sein Himmel auf Erden war. Schließlich bricht er in das Haus des Vaters seiner Freundin ein und raubt Geld aus dem Safe. Die Kapuze über den Kopf gezogen, flüchtet Yosvani ins Stadium. Er versucht, Reinier auf sich aufmerksam zu machen, wird jedoch von seinen Verfolgern entdeckt.

Reinier ist während des Spiels abgelenkt; als ihm Schlimmes schwant und er losläuft, ist es schon zu spät. Hinter einem Häuschen haben sie Yosvani zusammengeschlagen und ihm ein Messer in den Bauch gestoßen. Er ist zu Boden gesunken, doch als er Reinier sieht, klammert er sich an das Leben und an seinen großen Traum: „Gehen wir, Rei?" Dass er Geld habe, keucht Yosvani mit letzter Kraft, dass sie sich kaufen könnten, was sie wollten. Doch was sie sich nicht kaufen können, ist eine Zukunft.

Reinier hält Yosvani in den Armen, als er stirbt: Tränen, Schluchzen, die Gesichter wieder in Großaufnahme, der Rest der Welt scheint ausgeblendet, das Keuchen ihres Atems, als Yosvani noch im Sterben hervorstößt: „Gehen wir!"

Vielleicht wird es Reinier gelingen, sich im wahrsten Sinne des Wortes freizuspielen, Yosvani wird aber kein Teil davon sein. Nur Kindheit und Tod und nichts dazwischen ...

Auch im Leben von Nimr in Michael Mayers *Out in the Dark* gibt es solche Momente, solche Gefühle. Der junge Palästinenser aus Ramallah hat ein Ziel: sein Studium der Psychologie als Fahrkarte für ein Leben im Ausland.

Vorerst ist es ein Seminar an der Universität von Tel Aviv und damit einhergehend ein Passierschein, der ihm das Tor zu einer neuen Welt zu öffnen scheint. In einer Schwulenbar lernt er den jungen jüdischen Anwalt Roy kennen und lieben, Nicholas Jacob und Michael Aloni sind die Darsteller dieses Paares, das Mauern und Zäune aus Stacheldraht trennt und noch viel mehr: Während Roy seiner Familie gegenüber recht offen mit seiner Homosexualität umgeht, wäre dies für Nimr nicht denkbar. In seinem sozialen Umfeld würde ihm auf ein Outing Zurückweisung und Gewalt drohen, selbst vor seiner Mutter, seiner Schwester und dem älteren Bruder, der nach dem Tod des Vaters als Familienoberhaupt auftritt, hält er seine Neigung geheim.

Als Nimr und Roy zum ersten Mal miteinander schlafen, ist das eher ein Sich-Aneinander-Festhalten – in der Liebe, die zwischen ihnen entsteht, ist auch so etwas wie Verzweiflung spürbar. Am Morgen danach schlägt Roy ihm vor, bei ihm zu bleiben: „Weil ich nicht will, dass du gehst."

In diese Szenerie der latenten Angst setzt Regisseur Mayer seine zarte Liebesgeschichte, die sich alsbald zum veritablen Drama der bedrückenden Ungerechtigkeit steigert. Eines Nachts wird Nimr Zeuge eines Mordes. Mustafa, ein homosexueller Freund, der sich illegal in Tel Aviv aufhält, wird vom israelischen Geheimdienst aufgegriffen und zurück ins Westjordanland abgeschoben. Dort wird er von einer Gruppe militanter Palästinenser, der auch sein Bruder angehört, erschossen. Bald darauf gerät Nimr selbst ins Visier des Geheimdienstes. Er soll Mustafas Platz einnehmen und als Spitzel arbeiten. Als Druckmittel entzieht ihm der Geheimdienst seinen Passierschein und droht, ihn vor seiner Familie zu outen: „Ein paar Informationen für eine Menge Freiheit." Nimr sieht sich zwischen den Fronten gefangen, verzweifelt ruft er Roy an: „Ich werde dich nicht wiedersehen."

Auch in diesem Film gibt es eine Dachterrasse, auch hier wird sie zum

Sinnbild für Sicherheit, die sich nur allzu bald als trügerisch entpuppt. Für Mustafa und seine Freunde ist die Terrasse der Ort von Festen, bei denen sie loslassen und sie selbst sein können: tanzen, den Kopf auf die Schulter des anderen legen, ohne sich vor neugierigen Blicken fürchten zu müssen, in den Armen des anderen von sich selbst erzählen und ein wenig Ruhe finden.

„Glaubst du, das macht Sinn?", fragt Nimr einmal. „Es fühlt sich nicht falsch an." Später fallen die Worte: „Ich hatte nicht vor, mich zu verlieben. Ich will mit dir zusammen sein. Mehr will ich nicht."

Gegen Ende des Films, in zugespitzten Momenten der Handlung, ist es wieder die Dachterrasse, von der aus Roy ein Täuschungsmanöver startet, um Nimr die Flucht aus dem Land zu ermöglichen. Wir haben die schrecklichen Szenen zwischen Nimr und seiner Familie erlebt, als ihm seine Mutter ins Gesicht schlägt und ihren Sohn unter Tränen verflucht, nur weil er schwul ist: „Du hast Schande über uns gebracht." Und der Bruder: „Die Schmach werden wir nie los!" Dass es ihm leid tue und er sie nicht verletzen wollte, fleht Nimr: „Mama, ich brauche euch!" Doch sie werfen ihn aus dem Haus, und später wird die Mutter einfach auflegen, als Nimr sie in höchster Not anruft. Zu Roy sagt Nimr: „Ich kann nicht einfach weggehen. Außer dir habe ich nichts mehr."

Doch dann entsteht Misstrauen zwischen ihnen. Als das Waffenlager des Bruders auffliegt und im Fernsehen darüber ein Bericht läuft, ist Roy schockiert, weil Nimr ihm die ganze Zeit nichts davon erzählt hat: „Ich kenne dich gar nicht." Trotzdem macht er sich später auf die Suche nach Nimr und findet ihn auf der Dachterrasse. Roy ist es gelungen, durch einen reichen Kunden ein Boot zu organisieren, das im Hafen auf Nimr wartet und ihn nach Frankreich bringen wird. Er selbst würde ihm nachfliegen und ihn dort treffen: „Ich lasse dich nicht im Stich." Was mit seinem Leben hier in Israel wäre? Roy darauf: „Ich will dich nicht verlieren."

Eine Umarmung, ein Kuss, als wären es die letzten, und dann der Versuch, sich freizuspielen. In Nimrs Jacke und Haube lenkt Roy die Agenten des Geheimdiensts vor dem Haus ab, und am Ende sehen wir Nimr auf dem Boot, rund um ihn das offene Meer, Wind umweht ihn und treibt ihn der Sicherheit zu. Davon, dass Roy inzwischen längst vom Geheimdienst aufgegriffen wurde, hat er keine Ahnung. Das, was eigentlich zwischen Kindheit und Tod kommen sollte, das Leben – ob es für Nimr und Roy Gemeinsames bereithält, sagt uns der Film nicht. Anders als bei Yosvani und Reinier bleibt aber zumindest so etwas wie Hoffnung darauf.

Das letzte Spiel (2013, Sport/Drama)
Regie: Antonio Hens
Darsteller: Reinier Díaz, Milton García, Luis Alberto García, Mirta Ibarra, Toni Cantó

Out in the Dark (2012, Drama/Liebesfilm)
Regie: Michael Mayer
Darsteller: Nicholas Jacob, Michael Aloni, Jameel Khouri, Alon Pdut, Loai Noufi

Stop pretending

Lilting (2014)
Tiefe Wasser (2013)

Ein Junge, François, schaut sich im Spiegel im Waschraum des Internats, in dem er sein letztes Schuljahr verbringt, mit funkelnden Augen ins Gesicht. „Ich bin ein Schwuler!“, schreit er, immer und immer wieder, voller verzweifelter Abscheu vor sich selbst. In einer späteren Szene sitzt er hinter Serge auf dem Mofa, dem Burschen, in den er insgeheim verliebt ist, und legt den Kopf an seine Schulter. Das wahre Glück: Für ein paar kurze Momente ist alles, wie es sein soll.

François aus André Téchinés Coming-of-Age-Geschichte *Wilde Herzen* (1994) ist jemand, der lernen muss, er selbst zu sein: Erst in einer finalen Sequenz wagt er es, Serge auf seine Gefühle anzusprechen.

„Can't pretend“ heißt ein Lied des jungen englischen Singer-Songwriters Tom Odell. Auch wenn die Liebe Wunden schlage, die er selbst nicht zu heilen vermöge, singt er darin, wähle er die Ehrlichkeit: „I guess that's love, I can't pretend, I can't pretend.“

In einem solchen Zwiespalt befindet sich auch Kuba (Mateusz Banasiuk) in *Tiefe Wasser*, dem zweiten Spielfilm des polnischen Regisseurs Tomasz Wasilewski. Seine Existenz ist durch Enge bestimmt: jene der strikten Regeln seines Schwimmtrainings auf der einen Seite, jene in der kleinen Wohnung seiner Mutter, in der er zusammen mit ihr und seiner Freundin lebt, auf der anderen. Das Laufen im Wald ist sein Versuch, diesen Fesseln ein bisschen Freiraum abzutrotzen. Und dann ist da noch der schnelle Sex mit Männern in der Umkleidekabine im Bad. Als ihn einer dieser Männer zu küssen versucht, stößt ihn Kuba von sich. Er weiß nicht, wohin er gehört, er ist ein Heimatloser in seinem eigenen Leben.

Wasilewski zeichnet ein tristes Bild der kalten Warschauer Stadtwüste: Wohnsilos, Straßen, Brücken, Unterführungen, Tiefgaragen. Reserviert, ja, kalt wirkt auch Kuba auf den ersten Blick, voller innerer Unruhe und Zerrissenheit kostet es ihn viel Kraft, seine Gefühle im Zaum zu halten. Als ihn im Treppenhaus ein Mann als Schwuchtel beschimpft, schlägt er ihn brutal zusammen. In Kuba brodelt es, und dann, eines Tages, lernt er Michal (Bartosz Gelner) kennen, der den Schritt, um den Kuba ringt, längst getan und sich seiner Familie gegenüber geoutet hat. Kleine Gesten, verlegene Blicke, schließlich kommt es zum Sex – Kuba kann sich zum ersten Mal wirklich gehen lassen. Sein Herz ist aufgewühlt; im Wasser, dem Element, in dem er sich bislang am wohlsten gefühlt hat, kommt es zu einem Geständnis. Kuba springt ins Becken, taucht bis zu Michal, der an einer der Wände lehnt, und vor ihm auf. Er nimmt die Schwimmbrille ab, ihre Beine berühren sich, zuerst noch verstohlene Blicke, ob sie beobachtet werden, doch dann: „Dass ich jemanden wie dich treffe." Michal zieht ihn an sich, die beiden schauen einander in die Augen, die Kamera verharrt bei ihren Gesichtern dicht über dem Wasser, eine ganz einfache, sehr intime und gerade in dieser Einfachheit und Intimität so berührende Szene. Was er nun wolle, fragt Michal daraufhin. Und Kuba: „Es nicht versauen." Dann zum ersten Mal in diesem Film ein Lächeln und so etwas wie eine Liebeserklärung: „Mann, ich stehe voll auf dich." Dass diese Geschichte dennoch kein gutes Ende findet, hat man als Zuschauer längst vermutet.

Im Fall von *Lilting* des kambodschanisch-britischen Regisseurs Hong Khaou ist das Schlimmste bereits vor Einsetzen der Handlung eingetreten. Kai (Andrew Leung) ist bei einem Verkehrsunfall ums Leben gekommen, noch bevor er sich vor seiner Mutter Junn (Cheng Pei-Pei) outen und ihr seinen Partner Richard (Ben Whishaw) vorstellen konnte. In einem kunstvollen Geflecht aus Szenen aus verschiedenen Zeit- und Wahrnehmungsebenen schildert der Film Richards verzweifelten Kampf um das Vermächtnis seiner großen Liebe, gleichzeitig den Prozess der Mutter, verdrängte Realitäten akzeptieren zu lernen.

Ein stilles Kammerspiel, filmische Poesie von solcher Zartheit, dass wir die Verletzungen der Charaktere nachzufühlen vermögen. Richard und die Mutter seines toten Partners sprechen nicht dieselbe Sprache, und dies nicht nur im übertragenen Sinn. Bei seinen Besuchen im Altersheim, in dem sich Junn einsam und abgeschoben fühlt, muss sich Richard der Dienste der jungen Übersetzerin Vann (Naomi Christie) bedienen. Schon die Gespräche zwischen ihm und Kai, so erfahren wir aus zahlreichen Rückblenden, kreisten ständig um die alte Frau: ihr doch endlich die Wahrheit zu sagen, sie aus dem Heim zu nehmen und bei sich wohnen zu lassen. „Stop pretending!“, fällt aus Richards Mund, und: „You can’t lock her up. You must tell her!“

Ben Whishaws wundervolle Darstellung, diese Fragilität und die darunter schlummernde Kraft, dominiert den Film und besonders die entscheidenden Szene, als die Wahrheit ausgesprochen wird. Kais Mutter ist zu Besuch in Richards Wohnung. Im Raum, der das gemeinsame Schlafzimmer von Richard und Kai war, umarmt sie die Bettdecke wie einen geliebten Menschen. Dass sie Kai noch riechen konnte, sagt sie nachher, und Richard darauf: „Me, too.“ Wohlwollend bemerkt Junn, dass Richard mit Stäbchen kocht, und lobt die Wohnung. „Most of it was Kai’s idea“, antwortet Richard, und da bricht aus ihm ein Schluchzen: „I miss him tremendously.“

Das Versteckspiel im täglichen Leben: In Chris Mason Johnsons Film *Test* (2013) sitzen zwei Freunde im San Francisco der Achtziger nachts zusammen; der eine hat den Kopf auf den Schoß des anderen gelegt, sie sprechen Dinge aus, die ihnen wichtig sind. In der Atmosphäre der Verwirrungen um das Auftreten der „neuen“ Krankheit AIDS wird ihnen klar, dass sie im Kontakt zu ihren Familien nie ehrlich waren. „Do you know what scares me most?“, fragt der eine, und weil er es nicht über sich bringt, die Wahrheit auszusprechen, setzt der andere für ihn fort: „If you get sick, that’s how your family finds out. You come out by dying.“

Stop pretending – „Lilting“ bedeutet soviel wie „trällern“, der Bezug besteht zu einem Lied, um das Junn Kai seit längerer Zeit gebeten hat. Richard besorgt ihr die CD und bringt sie ihr ins Heim, doch Junn wirft ihm vor, ihr den Sohn genommen zu haben: „This is your guilt.“ Es scheint alles zwischen ihnen gesagt, als sich Richard ein Herz nimmt und die Masken fallen lässt. Junn ist ein letztes Mal zu ihm in die Wohnung gekommen, um Kais Sachen abzuholen. Da spricht es Richard aus: Kai sei schwul gewesen, sie beide seit vier Jahren ein Paar und Kai voller Panik, sich vor Junn zu outen: „He was afraid you’d love him less.“

Während Richard davon erzählt, wie Kai auf dem Weg zu seiner Mutter zur Bushaltestelle gegangen und dort zu Tode gekommen sei, an dem Abend, als sie Junn zum Essen eingeladen hätten, um ihr die Wahrheit zu sagen, ist keine Übersetzung mehr nötig. Ohne Kitsch, ohne Pathos verstehen die beiden einander, ohne die Bedeutung der einzelnen Worte zu verstehen.

Das Lied, das Richard für Junn aufgestöbert hat, klingt nun ganz leise, nur andeutungsweise, während die Kamera einen ganzen Kreis beschreibt und man die Figuren der Geschichte tanzen sieht: zuerst Richard alleine, dann Richard und Vann, Junn und Alan, einen Mann aus dem Altersheim, der sich für sie interessiert, auch Junn und Kai und schließlich Richard und Kai, ganz eng und voller Liebe füreinander. Raum und Zeit sind aufgehoben, in diesem märchenhaften Ende, und alles Vorgeben, alles Verleugnen, alles Unterdrücken hat seinen Platz in der Geschichte verloren.

Lilting (2014, Drama/Liebesfilm)
Regie: Hong Khaou
Darsteller: Ben Whishaw, Cheng Pei-Pei, Andrew Leung, Peter Bowles, Naomi Christie

Tiefe Wasser (2013, Drama/Romanze)
Regie: Tomasz Wasilewski
Darsteller: Mateusz Banasiuk, Marta Nieradkiewicz, Bartosz Gelner

Unterwegs

Romeos (2011)
Stage Beauty (2004)

Mit etwas mehr Mut hätte Richard Eyres Film *Stage Beauty* das Zeug zur schwulen Version von *Shakespeare in Love* (1998) und damit zum veritablen Klassiker gehabt. Die Geschichte des Schauspielers Ned Kynaston (Billy Crudup), der im London des 17. Jahrhunderts auf Frauenrollen spezialisiert ist und die größten Probleme mit der Glaubwürdigkeit seiner Darstellung bekommt, als König Charles II. (ein Gustostückerl von Rupert Everett in Kombi mit diversen Hündchen) Frauen als Schauspielerinnen auf der Bühne zulässt, hat sehr interessante Ansätze, mündet jedoch in eine vermeintlich massentaugliche banale Auflösung: Einmal Sex mit seiner ehemaligen Garderobiere und dem nunmehrigen Theaterstar Maria (Claire Danes) genügt, und schon ist Ned „geheilt" – von der als unmännlich empfundenen Gestik und seiner Homosexualität. Die Verhandlung der Frage, was einen Mann nun eigentlich zum Mann mache, und die Diskussion von Rollenklischees auf der Theaterbühne, die laut Shakespeare als Sinnbild für die Welt an sich herzuhalten vermag, bleiben dabei auf der Strecke.

Aber es gibt auch diese entlarvende Szene im Dampfbad: ein brillanter Dialog, dessen Potential das Ende des Films umso enttäuschender erscheinen lässt.

Ned, zu diesem Zeitpunkt an Leib und Seele verletzt, humpelt herein und entdeckt seinen Liebhaber, den 2. Duke of Buckingham (Ben Chaplin) beim Schwitzen. Ob er sich für ihn ausziehen solle?, stellt Ned in den Raum, wird vom Grafen aber angeherrscht: „This isn't the place!"

Ein Frage- und Antwortspiel entwickelt sich, das für Ned zur immer größeren Demütigung gerät. Warum er ihn nicht besucht habe, als er erfuhr, dass er attackiert worden sei? – „I knew you wouldn't want to see me what they've done to you." Warum er ihm nicht einmal geschrieben habe? – „I've never been a word type. Letters are dangerous. They live on long after their passions have died." Worauf Ned in die Rolle der Desdemona kippt, mit der er einst Triumphe feierte: „What shall I do to win my lord again?" Beinhart berichtet ihm der Duke von seiner bevorstehenden Hochzeit. „What's she like in bed?", will Ned nun wissen. „What's she like to kiss?" Und in Anspielung auf die Perücke, die er beim Sex mit dem Duke immer tragen musste: „Does she wear a golden flow as you die in her?" Die Szene kippt ins Brutale, Mitleidlose: „I don't want you", stößt der Graf Ned zurück: „Not as you are now. When I did spend time with you ... I always thought of you as a woman." Er nimmt Ned im abwertenden Kommentar des Umstands, dass sie immer Sex auf der dunklen Theaterbühne nach einer Aufführung hatten, die letzte Würde: „I'd think, ‚Here I am, in a play, inside Desdemona.' Cleopatra, poor Ophelia ... You're none of them now. I don't know who you are. I doubt you do."

Im „Symposion", einem seiner berühmten Dialoge, schreibt Platon circa 380 v. Chr.: „Denn erstlich gab es drei Geschlechter von Menschen, nicht wie jetzt nur zwei, männliches und weibliches, sondern es gab noch ein drittes dazu, welches das gemeinschaftliche war von diesen beiden, dessen Name auch noch übrig ist ..." Vor diesem gedanklichen Hintergrund des „Mannweiblichen" gewinnt auch die Diskussion in *Stage Beauty* an philosophischem Interesse: wer und was Mann oder Frau denn wirklich ausmache. In diese Richtung weist auch die Theorie des „performativen Modells" der Gendertheoretikerin Judith Butler. Sie beschreibt darin die Kategorien von männlich und weiblich nicht als unausweichliche Absolutheiten, sondern als kulturelles Konstrukt normativer Ideale. Butler sieht in der Untersuchung des sozialen Geschlechts, von Zuschreibungen und Rollenbildern, Klassifikationen und Identitäten das geschlechtsspezifische Empfinden des Körperlichen als nicht naturgegeben, sondern sozial erzeugt. Dazu die Philosophin Natascha Gruver: „In diesem Sinn spricht die heutige Forschung auch nicht mehr von starren Identitätskategorien, welche man, einmal erworben, ein Leben lang hat, sondern man begreift diese Identitätskategorien als offen und fluide, da sie sich im Laufe eines individuellen Lebens ändern können."

So manche Filme werfen diese Fragen unter gegenpoligen Prämissen auf – von „male to female" oder eben in die andere Richtung, von „female to male". Bree, die Protagonistin in Duncan Tuckers *Transamerica* (2005) hat sich auf eine Reise zu sich selbst und in ein Leben in dem Körper begeben, der ihrem wahren

Selbst entspricht. Ein wahrlich steiniger Weg: „She's not my mother!", fährt ihr Sohn Toby sie einmal an. „She's not anyone's mother. She's not even a real woman. She has a dick." Und direkt: „You're a fucking lying freak!" Dass Jesus sie so gemacht habe, wie sie eben sei, entgegnet ihm Bree: „There's nothing wrong with my soul."

„Man wird nicht als Frau geboren, man wird es" – Simone de Beauvoirs Erkenntnis kennt Bree wahrscheinlich nicht, doch sie lebt definitiv danach. Felicity Huffman verkörpert sie in jeder Regung ihrer Mimik und ihrer Bewegungen auf authentische Weise. Ein Oscar wurde ihr unverständlicherweise versagt, Hilary Swank gewann diese Auszeichnung jedoch 1999 für ihre Darstellung in Kimberly Peirces Independent-Drama *Boys Don't Cry*. Eine reale und deshalb umso schrecklichere Geschichte: Brandon Teena, der nicht mehr Teena Brandon sein möchte, bewahrt seine Transsexualität für sich und verliebt sich in ein Mädchen, er wird dafür getreten und geschlagen. Die Szene, in der Brandon zu Boden gestoßen wird und ihm die Kleider vom Leib gerissen werden, weil man ihn dazu zwingen will, seine geschlechtliche Identität preiszugeben, steht konträr zu Brandons Sehnsucht nach menschlicher Nähe und nach Liebe, zu seiner Bereitschaft, die Hoffnung nicht aufzugeben, und seiner Verletzlichkeit. Schließlich wird er vergewaltigt und ermordet – aus Hass dem gegenüber, was man nicht verstehen kann oder will.

Mit einer schwulen Version dieses Themas befasst sich Sabine Bernadis Langfilmdebüt *Romeos* auf völlig unprätentiöse Weise, ganz still und deshalb nicht weniger bewegend: eine dramatische Geschichte über das Wissen, im falschen Körper geboren worden zu sein, über die Krise der eigenen Identität und den Taumel wahrer Gefühle. Der zwanzigjährige Lukas, der als Miriam auf die Welt kam (Rick Okons verletzliche Darstellung trägt die Geschichte) hat für sich die Entscheidung, zum Mann werden zu wollen, längst getroffen und kämpft zielstrebig und gewitzt um die Verwirklichung seines Traumes. Die Schwierigkeiten seines Coming-out vor der Familie hat er hinter sich, doch gleich bei der Ankunft in Köln, eine für ihn neue Welt, landet er im Zivi-Wohnheim als einziger Junge im Mädchentrakt. Zusammen mit seiner besten Freundin Ine (Liv Lisa Fries) gewinnt er Einblicke in die schwul-lesbische Szene und lernt den feschen Draufgänger Fabio (Maximilian Befort) kennen. „Wenn du dich eh in

Jungs verliebst“, stellt Ine fest, „hättest du auch ein Mädchen bleiben können.“

Für den schüchternen Lukas und Fabio, den kleinen Macho, soll es eine wahre Berg- und Talfahrt der Emotionen werden, bis sich zwischen ihnen echtes Vertrauen und Vertrautheit entwickelt.

„Girls will be boys and boys will be girls“, singen die Kinks in „Lola“. Ein Biedermann sieht sich darin in einem Londoner Club mit Verwirrungen ob des Geschlechts der Gäste konfrontiert: „it's a mixed-up, muddled up, shook-up world, except for Lola.“ Gerade diese Lola entpuppt sich alsbald als Transvestit: „she walked like a woman but talked like a man.”

In diese Richtung geht auch das Stück „Chocolate“ der britischen Band Tindersticks aus 2012. Hier löst die unerwartete Entdeckung eines Körperteils Bestürzung aus. Der Erzähler gabelt in einem Billardlokal eine Frau auf und ist bei ihr zu Hause sehr angetan von der Entwicklung der Umstände: „She made us proper hot chocolate, not the instant shit you get from the machine. She had Fox's biscuits and a small bottle of Cointreau, too. The end of a perfect day.” Dann jedoch kommen die beiden einander näher: „My lips moved up her legs ... What the fuck? I had a large hard dick poking me in the eye.” Sympathisch unkompliziert erscheint mir letztlich das Verhalten des Sängers, wenn es weiter heißt: „His eyes were still beautiful, deep brown, his lips still chocolatey and orangey. ‚Shit!‘ I said, ‚I was never a breast man, anyway ...‘“

In *Romeos* wird bald klar, dass Lukas mehr mit sich selbst im Konflikt steht als mit seiner Umwelt. Die ständige Beschäftigung mit der Verheimlichung seiner weiblichen Körpermerkmale lässt ihn vergessen, dass auch andere Menschen Probleme haben. So wirft ihm Ine einmal vor, dass er als Miriam viel aufmerksamer und einfühlsamer gewesen sei. Ständig registriert Lukas alles Männliche rund um ihn herum und an sich selbst. Die Kamera nimmt die Position von Lukas' Blicken ein und erkundet körperliche Merkmale wie Behaarung und Muskeln in Großaufnahme – ein ständiges Abwägen des eigenen Eindrucks mit der Umwelt und was darin als normal gilt, der Unglaube, für einen anderen Mann als liebens- und begehrenswert gelten zu können. Bei der Arbeit im Altersheim, in der Gemeinschaftsküche, beim Hanteltraining, beim nächtlichen Chatten mit Gleichgesinnten, auf Partys, in der Schwulendisco, beim Schwimmen am See, wo er sich nicht traut sich auszuziehen: Die Sehnsucht in Lukas' Augen, so zu sein wie die anderen Burschen und sich so geben zu können wie sie, brennt uns im Herzen.

Der schönste Moment des Films findet in einem Schwulenclub statt, wenn der Countertenor Andreas Scholl ein altes amerikanisches Spiritual singt. „I am a poor wayfaring stranger" – die getragene Atmosphäre, die traurigen Blicke, die herumstreifen, ohne Wiederhall zu finden. Es geht um jemanden, der auf der Suche ist und allein durch die Welt wandert: „I'll soon be free from every trial/ My body asleep in the old graveyard/I'll drop the cross of self denial/And enter on my great reward." Eine klagende Seele auf ihrer einsamen Reise durchs Leben, doch eine Seele, die sich selbst gefunden hat und keine Selbstverleugnung mehr kennt.

Fabio ist für Lukas zuerst eher der Mann, der er gern wäre, als der, in den er sich verliebt. Erst allmählich wendet sich sein Interesse von der Faszination von Fabios Äußerem zu dem, was dahintersteckt. Die scheuen Blicke und das zarte, zaghafte Berühren ihrer Hände sind die ersten knisternden Momente ihrer aufkeimenden Liebe. Die Sehnsucht, Fabio gegenüber ganz ehrlich sein zu können, wird immer drängender, gleichzeitig ist seine Angst vor Zurückweisung groß. Fabio seinerseits muss ebenfalls all seinen Mut zusammennehmen, um zu dieser Liebe zu stehen, vor der er anfangs zurückschreckt, und zu diesem Menschen, der so ganz anders ist als alle Frauen und Männer, mit denen er sich bislang eingelassen hat. Sehr amüsant ist anzusehen, wie Lukas und Fabio einander umkreisen, wie einmal der eine, dann der andere einen Annäherungsversuch startet, der immer wieder im Streit endet. Markiertes Desinteresse, dann wieder ein Aufeinander-Zugehen – in Wahrheit verzehren sich die beiden nach einander. Beim Billardspielen schließlich heimliche winzige Berührungen, da springt der Funke über, und das Feuer ist gelegt, dann im Auto endlich der so lang ersehnte Kuss.

In „My sex" (1977) der New Wave Band Ultravox heißt es: „My sex is savage, tender, it wears no future faces, owns just random gender/My sex has a wanting wardrobe I still explore, of all the bodies I knew and those I want to know." In diesem Sinne warten wir schon auf den Moment in Lukas' Zimmer, als die beiden allein sind und sich Lukas Fabio hingibt – die Arme hebt, damit er ihm das weite Shirt ausziehen kann, das bislang seine Brüste verborgen hat.

Der Lukas, der am nächsten Tag aus

dem Fenster schaut, ist ein anderer als zu Beginn des Films. Der Lukas, den wir am Ende durch die Dünen laufen sehen und der sich das Shirt auszieht, ist selbstbewusster. Die Operation ist überstanden, Lukas fühlt sich angenommen, so, wie er eben ist, und es ist für ihn offensichtlich geworden, dass es ganz egal ist, welchem Geschlecht der Mensch angehört, den man liebt.

Kurzes Bonmot am Rande: Kurz vor dem Filmstart kam es zum Eklat mit der Prüfstelle FSK. Sie wollte den Film erst ab sechzehn Jahren freigeben, als Begründung wurde angegeben, dass er bei Jugendlichen angeblich zu einer „Desorientierung in der sexuellen Selbstfindung" führen könne. Am Ende musste sich die FSK wegen Diskriminierung entschuldigen und senkte die Altersfreigabe auf zwölf Jahre. Lukas und Fabio sind ihren Weg gegangen, so manche staatliche Stelle scheint noch unterwegs zu sein.

Romeos (2011, Drama/Liebesfilm)
Regie: Sabine Bernardi
Darsteller: Rick Okon, Maximilian Befort, Liv Lisa Fries

Stage Beauty (2004, Dramedy/Drama)
Regie: Richard Eyre
Darsteller: Billy Crudup, Claire Danes, Rupert Everett, Tom Wilkinson, Ben Chaplin

Die Fragmente des Lebens

Stadt Land Fluss (2011)

Lange Jahre vor seinem Oscar-Triumph mit dem berührenden Sterbehilfedrama *Amour* (2012) drehte der österreichische Regisseur Michael Haneke mit *71 Fragmente einer Chronologie des Zufalls* (1994) sein für mich faszinierendstes Werk. Die sachlich-kühle Abfolge der Szenen des Streifens haben auf den ersten Blick wenig bis nichts miteinander zu tun; sie verwehren sich jedweder Aufgeregtheit, jeder Spekulation und jedem einfach ersichtlichen psychologischen Deutungsmuster. Als Fragmente des Alltags fügen sie sich erst im Nachhinein wie Teile eines Puzzles zum grausamen Bild der Vorgeschichte des Amoklaufes eines neunzehnjährigen Studenten in einer Wiener Bank zusammen. Vielleicht sollte man auch Benjamin Cantus Semidoku *Stadt Land Fluss* in einem solchen interpretatorischen Rahmen betrachten.

Die Agrargenossenschaft „Der Märker“ in Brandenburg bildet den stimmigen Hintergrund für eine zarte Liebesgeschichte, ist jedoch viel mehr als bloße Kulisse. Cantu erkundet die ländliche Szenerie durch die Augen seiner beiden Hauptdarsteller Lukas Steltner und Kai Michael Müller. Sie sind zwei schwule Auszubildende namens Marko und Jacob, der Rest der Belegschaft samt den jungen Lehrlingen spielt sich selbst. Dadurch entsteht große Authentizität: die Gesichter, die Körpersprache, der Dialekt in den Unterhaltungen, die oft wie improvisiert wirken, das soziale Gefüge der Menschen, die ruhigen Bilder der Landschaft, die Arbeitsprozesse auf den Feldern und in den Ställen, die Details von Maschinen und Werkzeugen. Die einzelnen Szenen laufen vor uns ab, als wären wir Beobachter vor Ort, sie stellen die Berührungspunkte dar und in ihrer Gesamtsicht einen Ausschnitt aus unserer Welt.

„The time of the fragment [...] is never the fullness of the present“, schreibt Leslie Hill in seiner Studie über das Fragmentarische. „It is the time of betweentimes: between remembering and forgetting, continuity and discontinuity, obedience and objection; [...] between time past and time still to come."

Die Bedienung der landwirtschaftlichen Maschinen, das Sortieren von Karotten, das Zusammentreiben der Kühe, die Heuernte, der Unterricht, die gemeinsamen Mahlzeiten, aber auch die Freizeit, das Schwimmen in einem nahe gelegenen See, das Radeln in einem Skaterpark, die wortkargen Gespräche – in der gedankentheoretischen Tradition von Schlegel und Novalis könnte man Cantus Szenen des Alltags auf und um den Hof als „Emanzipation der Einzelteile" benennen. Anstatt seinen Inhalt zum Sinn zu haben, so der Dokumentarfilmer und Medienwissenschaftler Michael Paninski in einem Essay, verweise das Fragment in seiner Unfertigkeit auf das außerhalb liegende Ideal eines geschlossenen Ganzen. Dadurch, dass dieser größere Zusammenhang durch das Fragment selbst nie bewiesen werden könne, entstehe eine grundlegende charakteristische Unsicherheit, ein „Zustand noch unentschiedener Augenblicklichkeit."

Und hier sind wir ganz direkt bei Marko, der Probleme mit der Rechtschreibung und sinnerfassendem Lesen hat, und Jacob, der seine Banklehre abgebrochen hat – in ihrer immensen Unsicherheit, was ihr eigenes Leben, ihren Beruf und die verwirrenden Gefühle füreinander betrifft. In einem alten Auto auf dem Gelände der Genossenschaft finden sie erstmals den Mut, miteinander zu reden, geradezu greifbar ist die Anziehung, die sie füreinander empfinden. Als es kurz darauf in einem Stall zum ersten Kuss kommt, ergreift Marko die Flucht. Ein Vater, der die Familie im Stich ließ, eine Mutter, die nicht für ihn sorgen konnte – Marko war früh auf sich allein gestellt und hat nie gelernt, sich in das Vertrauen in einen anderen Menschen fallen zu lassen.

Der 2003 verstorbene französische Literaturtheoretiker und Schriftsteller Maurice Blanchot charakterisiert Fragmente in ihrer „Leidenschaft fürs Nichtvollendete" und „Zugehörigkeit zu einem Denken des Versuchs und des Versuchers". Er bezeichnet sie als Wanderer; in ihrer Wanderschaft, im Aufbrechen von einem Ort und dem Ankommen an einem anderen, seien sie auf der Suche nach dem Sinn in der Gesamtheit des Größeren.

Legen wir diese Theorie als Blaupause über Markos und Jacobs Fahrt nach Berlin: die Nacht, in der sie miteinander trinken und reden, in der in einem dunklen Park aus spielerischen Rangeleien Umarmungen werden und sie in dem alten Auto schließlich Sex haben. Am nächsten Morgen beobachtet Marko Ausflugsschiffe, und erstmals können wir so etwas wie Zuversicht in seinen sonst immer so ernsten Zügen erkennen.

Ganz besonders schön in diesem klugen kleinen Film finde ich die allerletzten Momente: natürliche Poesie, die zu Herzen geht. Mitten auf dem Hof, ohne sich darum zu kümmern, ob jemand sie beobachten könnte, fallen Marko und Jacob einander in die Arme. Die Geräusche der Umgebung treten zurück, es entsteht eine besondere Art der Stille, wie es sie nur zwischen Liebenden geben kann. Die beiden scheinen nur noch füreinander zu existieren, allein ihr Atmen ist zu hören, und in ihren Gesichtern ist Glück zu sehen. Sie stehen konträr zu Hanekes Amokläufer: Die Fragmente ihres Leben haben sich für sie zumindest für den Augenblick zu etwas zusammengefügt, das für sie Sinn ergibt.

Stadt Land Fluss (2011, Drama/LGBT)
Regie: Benjamin Cantu
Darsteller: Lukas Steltner, Kai Michael Müller, Steven Baade, Florian Born, Eric Fechner

Liebesg'schichten und Heiratssachen

Verbotene Schritte

Junge Liebe, alte Liebe

Sanfte Rebellen

Pas de deux

Das Tabu im Tabu

Schwule Liebe im Thatcherland

Sweet bird of youth

Ein Sommernachtstraum

Liebe in Sandalen

Das Abtasten des Möglichen

Verbotene Schritte

Beautiful Thing (1996)
Queer as Folk (2000 – 2005)

In Peter Weirs Kriminalfilm *Der einzige Zeuge* (1985) gibt es eine sehr berührende Tanzszene. Der Polizist John Book (Harrison Ford) ist auf der Flucht vor korrupten Kollegen auf einer Farm der Amish gelandet und hält sich dort versteckt. Im Schein einer Öllampe ist er nächtens in einer Scheune mit der Reparatur seines Autos beschäftigt. Plötzlich geht das Radio an, Sam Cookes soulige Stimme singt von einer wunderbaren Welt. Cooke betont seine Unkenntnis von Fächern wie Biologie und Geometrie, was allein zähle sei die Liebe – „but I do know that I love you." Book ist hin und weg von diesem Song, der auch die Gefühle zwischen ihm und der jungen Witwe Rachel (Kelly McGillis) zum Brodeln bringt – was sich nun eben in einem Tanz ausdrückt, in einem unbeholfenen An-den-Händen-Fassen und einem Herumwirbeln, dann aber auch in einem Stillhalten, einer Innigkeit und in tiefen Blicken. Im restriktiv-konservativen Umfeld der Amish bedeutet dies einen Aufruhr sondergleichen, die Konsequenzen entwickelt der Film aufs Dramatischste.

Nicht selten verhandeln die Filme des australischen Regisseurs Peter Weir Versuchsanordnungen über das Aufeinandertreffen sehr unterschiedlicher Lebenskonzepte und die (Un-)Möglichkeit, diese mit Toleranz zu überbrücken. Ein Auftauchen aus den eigenen Grenzen ist das und ein Eintauchen in Neues, Unbekanntes, vielleicht sogar Angstmachendes, das, wenn sich die Charaktere darauf einzulassen bereit sind, etwas mit dem Überwinden dieser Grenzen zu tun hat. Womit wir bei Brian und Justin und der Fernsehserie *Queer as Folk* und der darin vorkommenden Tanzszene angelangt sind.

Der Schulball bildet das Setting. Im Smoking kommt Brian durch die Menge der Paare auf Justin zu, dieser kann seinen Augen kaum trauen. Ähnlich ergeht es den Ballgästen, als Brian Justin seinen weißen Schal um den Hals legt und ihn an sich zieht. „Save the last dance for me" ist das Lied, zu dem sie zu tanzen beginnen. Es bildet sich ein Kreis um sie, ein Lichtspot folgt ihnen, Justin ist hingerissen von der Magie des Augenblicks, in dem sich vor aller Augen seine Sehnsüchte erfüllen und er sich nicht mehr zu verstellen braucht.

Es sind Momente der Blicke zwischen Brian und Justin, die von Gale Harold und Randy Harrison verkörpert werden, Momente der kurzen und dann auch längeren Berührungen, der Nähe zwischen zwei Männern, mit der viele der Umstehenden nicht umgehen können. Dementsprechend schockiert ist das Starren von einigen, wenn sich Brian und Justin drehen, wenn sie einander umgarnen, miteinander spielen, sich ihre Gesichter berühren.

„Don't you know I love you so" lautet eine Textzeile des Liedes, und dann endet die Szene in einem Kuss, in dem nichts Verstecktes, nichts Verborgenes, nichts Unschuldiges und nichts Schuldiges liegt. Diese Schlüsselszene aus der letzten Folge der ersten Staffel der Serie setzt ganz bewusst einen Tabubruch, der besonders im Fernsehen von beträchtlicher Relevanz war. Sie gesteht einem Thema, das in Teilen der gesellschaftlichen Bezugssysteme immer noch tabuisiert erscheint, Raum und damit Aufmerksamkeit zu. Ein solch emotional aufgeladener Ausbruchsversuch aus stillschweigend implizierten Verdrängungsmechanismen, die ihre ausgrenzenden Behauptungen meist rationaler Begründung entziehen, muss im sozialen Kontext eines Abschlussballs einer High School Folgen haben. „Es scheint gefährlich zu sein, was ich tu [...] Doch mein verbotenes Ziel, das bist du" sang in den 1960er-Jahren die italienische Sängerin Mina in ihrem Schlager „Tabu". Dies bekommt Justin am eigenen Leib zu spüren. „It's the best night of my life!", ist er noch euphorisch, als er in der Tiefgarage Brian zu seinem Wagen begleitet. „Even if it was ridiculously romantic", stimmt ihm dieser zu. Doch Sekunden nach ihrem Abschiedskuss krümmt sich Justin auf dem Boden, niedergeknüppelt mit einem Baseballschläger von einem Mitschüler, der schlichtweg nicht ertragen kann, dass es Menschen gibt, die nach anderen Normen als den seinen leben.

Für Justin wird diese Erfahrung im

> *„It's the best night of my life!"*
>
> *„Even if it was ridiculously romantic."*
>
> *Justin und Brain in: Queer as Folk*

Verlauf der weiteren Handlung, die in insgesamt 83 Folgen durch fünf Staffeln verläuft, einen wichtigen Stellenwert im Sinne einer schmerzhaften Initiation bekommen, einer Art Katharsis, an deren Ende die Erkenntnis steht, dass nur so zu sein, wie man wirklich ist, im Leben zählt.

Im Gegensatz dazu stellt die Tanzszene aus *Beautiful Thing* eine Art Endpunkt des Kampfes um Selbstbestimmung und der Behauptung gegen Vorurteile dar.

Hettie MacDonalds Coming-out-Ballade kann man mit Fug und Recht fast als kleinen Klassiker des schwulen Kinos bezeichnen. Die Regisseurin zeichnet das soziale Milieu und Umfeld einer Hochhaussiedlung in Thamesmead im Südosten Londons genau und stimmig und erdet dadurch die Geschichte der beiden Teenager Jamie und Ste.

Glen Berrys und Scott Neals Darstellung ist sympathisch, voller Zartheit und Humor und authentisch fernab jeder Hochglanzabziehbilderschönung – die zwei Jungen werden sich klar, dass es sich auszahlt, zu ihren Gefühlen und zueinander zu stehen.

Extrem nett ist die Szene, in der Ste, nachdem er brutal zusammengeschlagen wurde, bei Jamie unterkommt, sich die beiden aber ein Bett teilen müssen. Zuerst schläft Ste am Fußende, dann legt er sich zu Jamie, und als sie am nächsten Morgen in den Armen des anderen aufwachen, ist ihre Welt nicht mehr dieselbe.

Berührend sind die leidenschaftlichen Küsse im Mondschein, nicht minder berührend ist das Finale des Films: Die Jungen tanzen eng umschlungen auf dem Platz zwischen den Wohnblocks und bald tanzen Jamies Mutter und die Nachbarin mit ihnen. Die Umherstehenden können ihren Augen nicht trauen: „Dream a little dream of me".

Der Serientitel *Queer as Folk* ist eine Ableitung der im Norden Englands gebräuchlichen Redewendung „There's nowt so queer as folk", was sich in etwa mit „Es gibt nichts Seltsameres als Leute" übersetzen lässt. Dazu, dieses Seltsame als Bereicherung zu sehen, braucht es Mut.

From ignorance to knowledge – Justin wird lernen, zu seiner Liebe zu dem älteren und wahrlich nicht unkomplizierten Brian zu stehen, und auch Jamie und Ste haben den Apfel vom Baum der Erkenntnis gepflückt – sie haben davon gekostet, haben in sich hineingehört und dabei herausgefunden, wer sie wirklich sind. Einen ersten Blick in diese Richtung haben sie gewagt: bei einem Tanz, der für sie für Momente die Ewigkeit greifbar erscheinen ließ.

Beautiful Thing (1996, Drama/Liebesfilm)
Regie: Hettie MacDonald
Darsteller: Glen Berry, Scott Neal, Linda Henry, Tameka Empson, Ben Daniels

Queer as Folk (2000 – 2005, Fernsehserie/LGBT)
Drehbuch: Ron Cowen, Daniel Lipman
Darsteller: Gale Harold, Hal Sparks, Randy Harrison, Peter Paige, Scott Lowell, Robert Gant, Sharon Gless, Thea Gill, Michelle Clunie

Junge Liebe, alte Liebe

Brothers and Sisters (2006 – 2011)

Michael Gordons *Bettgeflüster* war die erste von drei harmlos-netten Komödien rund um das Starduo Doris Day und Rock Hudson. Berühmt ist der Film heute noch für die Szene, in der Hudson, den damals alle für einen Frauenhelden hielten, sich als schwul ausgibt, um Doris Day zu umgarnen. „[He] was a gay man impersonating a straight man impersonating a gay man", heißt es treffend in der Dokumentation *The Celluloid Closet*. Die beiden sitzen an einer Bar, Hudson kommentiert Doris Days Filmjob als Innenarchitektin und erntet von ihr interessierte Blicke: Es müsse aufregend sein, mit Farben und Stoffen zu arbeiten, meint er, spreizt beim Trinken den Finger ab und preist das Essen schließlich dahingehend, dass er mit dem Rezept gern seine Mutter überraschen würde. Als „gay injoke", als schwulen Insiderwitz der Filmgeschichte, bezeichnet der amerikanische Schriftsteller Armistead Maupin die Szene angesichts von Hudsons Doppelleben mit arrangierten Ehen und seiner versteckten Homosexualität, die erst kurz vor seinem AIDS-Tod 1985 publik wurde.

Ähnlich wie Rock Hudson galt auch Richard Chamberlain lange Zeit als Frauenliebling par excellence. Durch seine Rollen als Vertrauter des japanischen Kaisers in der Abenteuerserie *Shogun* (1980) oder als verliebter Pater in *Dornenvögel* (1983) gelangte er zu Berühmtheit, erst 1991 outete er sich in einem Interview mit den Worten: „Ich habe das Versteckspiel satt." Womit wir bei Chamberlains Rolle in der amerikanischen Fernsehserie *Brothers and Sisters* angelangt sind, in der es um den Mut geht, zu sich selbst und den Menschen zu stehen, die man liebt.

In insgesamt 109 Episoden erzählt die von Jon Robin Baitz entwickelte Storyline von der Familie Walker und ihrem Leben rund um die Firma Ojai Foods in Pasadena, Kalifornien. Vater William stirbt unvermutet in der ersten Folge, er hinterlässt nicht nur beträchtliche Schulden, es kommt zudem ans Tageslicht, dass er eine Zweitbeziehung samt Tochter hatte. In all dieser Verwirrung zurück bleiben Mutter Nora (die wunderbare Sally Field) und ihre Schar recht überspannter erwachsener Kinder. Das Leben miteinander und mit wechselnden Beziehungen, mit Problemen wie schmutzige Scheidungen, Wahlkampf und Kriegsverletzungen an Leib und Seele, verläuft turbulent und höchst amüsant im Stil einer Screwball-Comedy; die geschliffenen Dialoge könnte man sich auch gut aus dem Mund von Katharine Hepburn und Cary Grant vorstellen.

Schon in Alan Balls HBO-Serie *Six Feet Under* (2001 – 2005) wurden auf sehr erwachsene Weise unterschiedliche Lebensentwürfe, heterosexuelle ebenso wie gleichgeschlechtliche, verhandelt. *Brothers and Sisters* entwickelt sich in eben diese Richtung; die Frage der Stellung von Homosexualität in unserer Gesellschaft ist eines der wichtigsten Themen. Wir sprechen von zwei schwulen Paaren im Zentrum des Geschehens, die ganz unterschiedliche Altersgruppen und Stadien der Selbstfindung abbilden. Da sind Kevin, der Anwalt, dargestellt von Matthew Rhys, und seine Liebe zu Scotty (Luke Macfarlane), dem Kellner und Koch. Und da ist Onkel Saul (Ron Rifkin, der Bösewicht aus der spannenden Fernsehserie *Alias* (2001 – 2006)), der sein Leben vergeudet wähnt und dennoch seine große Liebe Jonathan (Richard Chamberlain) wiederfindet. Gemeinsam ist Kevin und seinem Onkel, was Scotty einmal abfällig als „internalized homophobia" bezeichnet. Der Einsatz gegen Diskriminierung ist die eine Seite, die nach außen in Richtung von Arbeitgebern und Scottys Eltern weist, der Kampf gegen die eigene Feigheit die andere. In einer Szene macht Scotty Kevin klar, dass es ihn lange Zeit viel Kraft gekostet habe, mit sich selbst klarzukommen und sich so zu akzeptieren, wie er eben sei. Doch innerhalb von nur zwei Monaten sei es Kevin gelungen, dass er sich wertlos fühle. Dieser Streit führt direkt zur Trennung, aber der Soap sei Dank steuern wir später auf die Versöhnung und sogar eine Hochzeit zu.

Diese Zeremonie ist eine formidable Szene ganz im Walker-Stil. Die ganze Familie ist versammelt, die Rührung greift um sich, Mama Nora und Kevins Schwester Kitty („Ally McBeal" Calista Flockhart) haben extrem nah am Wasser gebaut. Dann jedoch die Schrecksekunde: Man hat auf die Ringe vergessen. Der übliche Tumult an gegenseitigen Beschuldigungen droht auszubrechen, da springen die Brüder mit ihren Ringen ein, und die Feier ist gerettet – ein Meilenstein: Erst die neunte gleichgeschlechtliche Hochzeit, die jemals in einer TV-Serie eines US-Networks zu sehen war, und die erste überhaupt zwischen Hauptfiguren. Dass es zu dieser Hochzeit kommt, liegt in einem Gespräch zwischen Kevin und seinem Onkel Saul begründet – eine besonders berührende Szene: Nachdem er wegen Alkohols am Steuer festgenommen wird und den Beistand seines Neffens sucht, vertraut sich Saul Kevin an und outet sich als schwul. Dass er sein ganzes Leben vergeudet habe, bricht es aus ihm heraus, und wie sehr er sich nach einer Beziehung mit einem Mann sehne. Kevins Glück mit Scotty vor Augen, bringt es Saul auf den Punkt: Er könne sich in seinem Alter kein Leben als Schwuler vorstellen. Darauf Kevin: Auch für einen Jüngeren sei dies nicht immer leicht.

Sauls Einsamkeit trifft Kevin im Herzen und bringt ihn zum Nachdenken – und schließlich zu seinem Heiratsantrag auf Knien, mit dem er Scotty überrascht.

> *„We all are afraid of taking the first step."*
>
> *Saul in: Brothers and Sisters*

Hochdramatisch wird es nochmals in der letzten Folge der vierten Staffel. Irritiert davon, dass sich Kevin und Scotty nicht um HIV-Tests kümmern, macht Saul selbst einen. Nora drängt ihn später zu einem Anruf wegen des Resultats, und Saul versichert seiner Schwester, dass mit ihm alles in Ordnung wäre. Dann aber kommt es zu einem Autounfall, in den alle Walkers verwickelt sind. Der verletzte Kevin will dem ebenfalls blutenden Saul zu Hilfe kommen. „Don't touch me!", wehrt Saul ihn jedoch ab. Ist der Onkel doch positiv? – Ein Cliffhanger der ganz anderen Art.

In der vielleicht schönsten Szene der ganzen Serie findet letztlich aber auch der arme Saul sein Glück. Er trifft seine alte Liebe Jonathan wieder und konfrontiert ihn damit, dass er den Virus von ihm erhalten haben muss. Worte wie „dumm", „kindisch" und „gedankenlos" fallen in ihrem Gespräch: zwei alte Männer, die sich und einander ihre Eifersucht zwanzig Jahre früher und heute eingestehen – und die Unsicherheit, die Feigheit, zu ihren Gefühlen zu stehen: „We all are afraid of taking the first step."

Diesen Schritt gehen sie dann gemeinsam. Dass der andere der einzige Mann sei, der sie interessieren würde, versichern sie einander. Und es kommt zum

Kuss, auf den nicht nur die beiden, sondern auch wir als Zuschauer schon so lang gewartet haben. Alte Liebe, junge Liebe: Dass es dafür nie zu spät ist, wollen wir als beruhigende Schlussfolgerung sehr gerne gelten lassen.

Brothers and Sisters (2006 – 2011, Fernsehserie)
Drehbuch: Jon Robin Baitz
Darsteller: Dave Annable, Calista Flockhart, Balthazar Getty, Rachel Griffiths, Ron Rifkin, Richard Chamberlain

Sanfte Rebellen

Denn sie wissen nicht, was sie tun (1955) Glee (2009 – 2015)

Jetzt wird's hoffnungslos romantisch. Wir begeben uns ins Reich der Soap-Operas und dort im Speziellen ins Universum der Serie *Glee* und der darin mit beträchtlichem Gusto zelebrierten Herzschmerzdramatik. Mit den Worten von Robin, der jene magische Flüssigkeit auf die Augen des schlafenden Lysander tropft, die beim Aufwachen flugs die Liebe entfachen lässt: „Churl, upon thy eyes I throw/All the power this charm doth owe."

Tom Gustafsons Musicalkomödie *Were the World Mine* (2008) hat sich Shakespeares *Sommernachtstraum* (1595/96) angenommen und die dem Stück inhärenten Irrungen und Wirrungen der Liebe vom Ende des 16. Jahrhunderts in eine heutige High School versetzt. Leider vermag sie den Zauber des Orginals nicht zu vermitteln; doch die Szene eines Balletts von knackigen Jungen, die einander im Verlauf einer Schulvorstellung des Stücks in Glitzerhöschen und mit weißen Engelsflügeln anschmachten, ist recht amüsant gelungen. „And I will sing that they shall hear", hört man da in mutmachender Manier: „That I am not, I am not afraid." Womit wir auch schon in einer anderen amerikanischen Schule angekommen sind, an der fiktiven William McKinley High School in Lima, Ohio – und damit in der Fernsehserie *Glee*.

In insgesamt sechs Staffeln verfolgen wir die Aufarbeitung der kleinen und großen Probleme der Mitglieder des sogenannten Glee-Klubs, eines Show-Chores, der nicht nur in jeder Folge mehrere Darbietungen aus unterschiedlichen Musikrichtungen zum Besten gibt, sondern im Verlauf der einzelnen Seasons auch an einer Reihe von Ausscheidungswettkämpfen teilnimmt. Abgesehen von immer wieder wirklich schönen musikalischen Nummern ist es aber in erster Linie die Figur von Kurt Hummel und seine Beziehung zu Blaine Anderson, die uns all die Jahre bei der Stange hält. Chris Colfer und Darren Criss verkörpern das junge schwule Paar mit all seinen typischen Nöten, sich in einer Welt zurechtzufinden, die für sie jede Menge Stolpersteine, aber doch auch erklecklich viel Sympathie und Akzeptanz bereithält. Mehrere Aussprachen zwischen Kurt und seinem Vater, der seinen Sohn gegen Intoleranz und Mobbing verteidigt und ihm mitgibt, sich nicht zu verstellen und selbst treu zu bleiben, stellen dabei die rote Linie für die Entwicklung von Kurts Charakter dar.

Aus der Vielzahl an gänsehauterzeugenden Momenten, die sich die Macher von *Glee* im Laufe der Zeit einfallen ließen, möchte ich drei herauspicken. „Baby, it's cold outside" singen Kurt und Blaine in einer Folge, in der sie noch kein Paar sind. Weihnachtliches Dekor im Raum, die Holztäfelung und das flackernde Feuer im Kamin, die gemütlichen Ledersofas, und darin die beiden Burschen in feschen Schuluniformen. Dass der Abend wirklich nett gewesen sei, singt Kurt mit dem ihm eigenen Augenaufschlag, er aber nicht bleiben könne und jetzt gehen müsse. Blaine setzt daraufhin mit seinen Überredungskünsten ein und beschreibt das grausige Wetter draußen, die eisige Kälte und dass Kurt zu Tode frieren würde. Ein beschwingtes Geplänkel, man kennt das Lied aus dem Musical *Neptune's Daughter* (1949), üblicherweise wird es von einem Mann und einer Frau gesungen, ein liebenswertes Flirten, das auch für Kurt und Blaine den Weg weist: als Ersterer schließlich nachgibt und neben dem Jungen, in den er ohnehin bis über beide Ohren verschossen ist, aufs weiche Sofa sinkt. Und dann die fast schon legendäre Szene ihres ersten Kusses. Kurt singt „Blackbird", dabei gehen Blaine die Augen auf und schier über. Er erklärt sich Kurt darauf auf höchst romantische Weise: „I've been looking for you forever. Watching you do ‚Blackbird' this week ... that was a moment for me. About you. You moved me, Kurt." Mit den Worten des australischen Autors Christos Tsiolkas, der in seinem Roman *Barrakuda* (2013) über zwei Jungen schreibt: „Ein Licht lief von seinem Herzen zum Herzen seines Freundes und wieder zu ihm zurück, und das war alles, was sie an Berührung brauchten." Nun ja, Kurt und Blaine wollen mehr: deshalb dieser Kuss, der nicht rasch wieder vorbei und nicht verschämt ist, ein Kuss zwischen zwei Jungen, die den Moment auskosten und dem gleich darauf ein zweiter folgt – und das in einer amerikanischen Fernsehserie mit Teenagern als Zielpublikum.

Der Vergleich mit der Weise, wie in Nicholas Rays *Denn sie wissen nicht, was sie tun* um den heißen Brei herumgeredet wurde, ohne wirklich auf einen Nenner zu kommen, zeigt, welche Entwicklung der Umgang mit dem Thema homosexuelle Liebe seitdem genommen hat. Aus heutiger Sicht ist der Subtext des Streifens evident. Der von Sal Mineo gespielte Plato himmelt James Dean in der Rolle des Rebellen Jim an, dass es offensichtlicher nicht mehr geht, und trotzdem wird kein einziges Mal ausgesprochen, worum es tatsächlich geht. Ob er mit ihm nach Hause kommen wolle, fragt Plato in einer stillen nächtlichen Szene, es sei keiner daheim. Er habe nicht viele Menschen zum Reden, fügt Plato hinzu, darauf Jim: „Who has?“ Währenddessen lehnt er neben ihm, als wollte er ihn jeden Moment in die Arme nehmen, und es ist eine fast greifbare Spannung zwischen ihnen zu spüren. In einer anderen Szene fragt Jim Plato, ob er denn friere, und bietet ihm seine coole rote Jacke an. Die Zärtlichkeit, mit der Plato sie im Arm hält, ist fast eine Art von Liebkosung. *Rebel without a Cause* lautet der Originaltitel des Films. Der wahre Rebell, das ist uns heute klar, war nicht der versteckt schwule James Dean, sondern Sal Mineo. Der Filmplot will, dass er dafür mit seinem Leben bezahlt: Obwohl sich keine Patronen in der Pistole in seiner Hand befinden, wird er von Polizisten erschossen.

„Nothing's gonna harm you“, singt Blaine am Krankenbett seines mittlerweile Verlobten, als dieser zum Opfer von gay-bashing wird. Kurt Hummel als sanfter Rebell in der Tradition Sal Mineos: Ja, das funktioniert. Wobei er im heutigen Fernsehen eine weitaus aktivere Rolle einnehmen darf. Die „ups and downs“ seiner Beziehung mit Blaine, die Schwierigkeiten, die er als schwuler Teenager nun einmal mit sich und seiner Umwelt hat, sind wichtige Themen der Show. Dramaturgisch gipfeln sie im Happy End ihrer Hochzeit in der finalen Staffel, für mich persönlich aber schon früher in der haltlos romantischen Interpretation von „Come what may“ aus Baz Luhrmanns *Moulin Rouge* (2001). Statt Nicole Kidman und Ewan McGregor nun eben Chris Colfer und Darren Criss. Ein Flachdach im Winter, eine Leuchtreklame, Lichtergirlanden, Nebelschwaden und einsetzender Schneefall – ein perfektes Szenario für Blaines Bezeugungen seiner ewigen Liebe für Kurt. „Never knew I could feel like this“, singt Blaine, dazu sehen wir in Rückblicken Ausschnitte ihrer Beziehung. „Seasons may change, winter to spring.“ Und Blaine schwört: „But I love you until the end of time." Worauf Kurt, wie Blaine in einem schwarzen Smoking adäquat gekleidet, in das Duett ihrer Gefühle einstimmt: Dass kein Berg zu hoch und kein Fluss zu breit wären, um sie trennen zu können, und ihre Liebe ewig währen würde – als rührende Geste am Schluss Kurts Kopf auf Blaines Schulter. Für wen das nun kitschig klingt und so gar nicht rebellisch, der mag vielleicht recht haben, sollte sich aber vor Augen halten, dass Revolutionen, insbesondere wenn sie etwas mit Akzeptanz und gegenseitigem Respekt zu tun haben, zuweilen auf ganz stille Weise passieren.

Denn sie wissen nicht, was sie tun (1955, Drama/Jugendfilm)
Regie: Nicholas Ray
Darsteller: James Dean, Natalie Wood, Sal Mineo, Jim Backus, Ann Doran

Glee (2009 – 2015, Musical-Comedy-Fernsehserie)
Darsteller: Chris Colfer, Jane Lynch, Darren Criss, Kevin McHale, Lea Michele, Cory Monteith

Pas de deux

Five Dances (2013)
Leave it on the Floor (2011)

Jean Cocteau nannte einmal Édith Piaf „die Schlafwandlerin, die, am Rande der Dächer, Träume singend in die Luft wirft." In *Leave it on the Floor* ist es ein Rooftop in Los Angeles, im Hintergrund Baukräne und andere Hochhäuser, auf dem sich eine Szene zwischen Leben und Tod abspielt. Dass sich schließlich ein Albtraum zu einem Wunschtraum wandelt und dieser Wirklichkeit wird, ist Kinomärchen pur. Bradley (Ephraim Sykes) wurde von seiner homophoben Mutter auf die Straße gesetzt, der Sprung vom Dach in die Tiefe steht ihm in seiner Verzweiflung vor Augen.

„Die Früchte sind süß, aber ohne Liebe", schreibt Ingeborg Bachmann und schlussfolgert; „Ich kann in keinem Weg mehr einen Weg sehen." So sehr ist Bradleys Seele in Aufruhr, so weit hat er sich von seinem Leben bereits entfernt, nur der im wahrsten Sinne des Wortes letzte Schritt steht noch aus. Doch keine Angst, der Ausweg tritt in Gestalt von Carter (Andre Myers) auf, die Liebe lässt nicht lange auf sich warten: „Don't jump, baby", singt Carter, und der Wind umweht die beiden Männer, das blaue Shirt des einen und das weiße des anderen und ihre braune Haut. Der Rhythmus der Musik, die Zartheit und gleichzeitig die Kraft, die auch hier der Beherrschung der Körper und ihrer Sprache innewohnen, Pirouetten, die sich dem Himmel entgegenschrauben, ein Ballett des Umkreisens, eine Art von Beschwörung: „And together we'll get through somehow."

Diese Nummer ist eine der stilleren, intimeren im Musical, das in der schrillen Ballroom-Szene von Los Angeles spielt: bevölkert von all den glitzernden Dragqueens im Rahmen der höchst stilisierten Auftritte des sogenannten „Voguing" mit seinen typischen, streng an das Posen und die Körperhaltung von Models angelehnten linearen und rechtwinkeligen Arm- und Beinbewegungen. Auf dem Dach des Hochhauses hingegen lassen sich zwei Menschen aufeinander ein, es entstehen Vertrauen und Nähe und in der Harmonie des Tanzes Momente, in denen die Zeit keine Rolle mehr spielt, in denen sie fast stehen zu bleiben scheint.

Alan Browns Ballettfilm *Five Dances* scheint fast nur aus solchen Momenten zu bestehen und ist ein kleines Wunderwerk der Sinnlichkeit von Blicken und Bewegungen, die einander umgarnen, einander einzufangen suchen, alles anbieten, das ein Mensch einem anderen Menschen anzubieten in der Lage ist. Ein Mann springt einem anderen in die Arme, schutzlos hängt er darin und ist gleichzeitig von ihm beschützt. Mit großer Vorsicht, ja, Behutsamkeit legt der eine den anderen schließlich ab und richtet ihn auf, und was nun folgt, ist das vollkommene Spiel von zwei Körpern im Gleichklang, in einem Akt des Begehrens, in dem es kein Gegeneinander gibt, sondern nur noch ein Miteinander, ein gemeinsames Ziel.

Eine kleine Tanztruppe probt für einen Auftritt, die im Titel angesprochenen fünf Tänze sind eingeschoben in den oft dokumentarisch anmutenden Verlauf der Handlung im Studio. Sie reflektieren die Dynamik der Beziehungen zwischen zwei Frauen und drei Männern; ihre Ideen, der totale Einsatz, die Erschöpfung und Enttäuschungen finden in den herrlichen, von Jonah Bokaer choreografierten Ballettszenen eine Spiegelung – und es gibt diese Liebesgeschichte zwischen dem achtzehnjährigen Chip, der aus seiner bedrückenden Vergangenheit mit einer alkoholkranken Mutter und einem abwesenden Vater aus dem ländlichen Kansas in die Großstadt flüchtet und anfangs auf der Straße schlafen muss, und dem Australier Theo, der enttäuscht ist von einer Abfolge von Affären und losen Beziehungen. Die Annäherung der beiden, die anfängliche Vorsicht und Rivalität, mündet in eine Probe zu zweit im abendlich dunklen Studio, in Blicken, die eigentlich alles sagen, und in einem Kuss. Er müsse pinkeln, entwindet sich der unsichere Chip der Situation, doch als er zurückkommt, steht Theo nackt vor ihm. „I've never done this before", meint Chip. An Stelle einer Antwort streichelt ihm Theo über die Wange. „I'm all sweaty", versucht Chip einen nicht gerade überzeugenden letzten Einwand. „I don't care", meint Theo.

Brown filmt den Sex zwischen den beiden wie einen wunderschönen Liebestanz: die Hände, die Lippen, immer wieder die Blicke, die Gier und die Zärtlichkeit, die beiden Körper, umschlungen in einem Pas de deux des endlosen Fallens und Sich-Fallen-Lassens in die Arme des Geliebten: „This tale isn't fiction/in your arms I will fall." Ryan Steele als Chip und Reed Luplau als Theo verkörpern ihre Figuren mit großer Intensität, mit einer sehr seltenen spontanen Direktheit, die ich Echtheit nennen möchte. Die Angst, die ihrer Liebesnacht folgt, dass sie eine einmalige Sache gewesen sei und wieder nichts als Einsamkeit übrig bleiben werde, schürt neuerliche Unsicherheit, um ein Haar ziehen sie sich wieder in die vermeintlich schützende Hülle von Distanz zurück.

Doch der Film hält ein glückliches Ende parat: Die letzten Schritte sind getanzt, Chip und Theo stehen Rücken an Rücken, und dann kommt dieser Moment, als sie ihre Hinterköpfe aneinanderlehnen und einander Stütze sind und Halt geben. Vor dem Tanzstudio fragt Theo Chip, ob denn alles in Ordnung sei. Die Antwort könnte einfacher, doch ehrlicher und mehr aus dem Herzen gesprochen nicht sein: „I'm just so happy now."

Five Dances (2013, Drama/Liebesfilm)
Regie: Alan Brown
Darsteller: Ryan Steele, Reed Luplau, Catherine Miller, Kimiye Corwin, Luke Murphy

Leave it on the floor (2011, Drama/Musicalfilm)
Regie: Sheldon Larry
Darsteller: Ephraim Sykes, Phillip Evelyn, Andre Myers

Das Tabu im Tabu

From Beginning to End (2009)

Eine Einstellung in Schwarz-Weiß: ein kleiner Junge auf einer Bank in einem Krankenhaus. Er sitzt da und schaut vor sich hin, und aus dem Off beginnt uns eine Stimme eine Geschichte zu erzählen: „Ich wurde mit geschlossenen Augen geboren, so wie alle Babys auf die Welt kommen. Aber meine Augen waren so fest geschlossen, dass sie Falten schlugen. Und sie blieben zu. Länger als zwei Wochen."

Ein wundersamer Zauber ist von Anfang an in diesem Film spürbar, er zieht durch die Wirklichkeit, die seine Protagonisten füreinander erschaffen, ganz wie der Titel sagt: vom Anfang bis zum Ende.

Als „magischen Realismus" kennt man diese für Geschichten aus Südamerika typische Erzählweise, schließlich reden wir von einem brasilianischen Film. So scheint uns von innerer Logik, was sich jetzt abspielt. „Wider Erwarten", fährt die Stimme fort, „sorgte sich meine Mutter nicht. Sie sagte, ich würde meine Augen schon aufmachen, wenn ich so weit war und es wollte." Eine Schwester kommt und nimmt den kleinen Jungen an der Hand. Er folgt ihr durch die Gänge des Krankenhauses zu einem Fenster. „Francisco besuchte mich oft und kannte das Ritual des Zeigens schon. Doch an diesem Tag war alles anders." Die Schwester zieht die Vorhänge zurück, nimmt ein Baby hoch und hält es zur Scheibe – da wird das Bild auf einmal farbig – und dann geschieht das Wunder: „Während er mich durch das dicke Glas anstarrte, habe ich einfach so [...] meine Augen geöffnet und direkt in seine geschaut."

Voice over, die Stimme aus dem Off, wird in Filmen allzu oft dann eingesetzt, um die Holprigkeit einer Exposition zu verbergen. In *Do Começo ao Fim* jedoch bringt Regisseur Aluizio Abranches sie auf den Punkt. Setting und Figurenpersonal seines Films werden in wenigen Momenten vorgestellt und das Thema eingeführt. Die zauberhafte Atmosphäre, dieses Miteinander-Schweben der Charaktere durch die Ereignisse, die da kommen mögen, hat uns bereits gefangen genommen. Abranches erzählt die inzestuöse Liebesgeschichte zwischen den beiden Halbbrüdern Thomás und Francisco und befasst sich damit mit einem Tabu inmitten des (für viele Menschen immer noch) Tabus des schwulen Films und mit der Frage, inwieweit der freie Wille des Einzelnen sich gegen die Vorbehalte der Gesellschaft behaupten kann. „Um unsere Liebe zu verstehen, müsste sich die Welt auf den Kopf stellen", heißt es einmal zwischen den Brüdern.

„Let me not to the marriage of true minds/Admit impediments", wird am Ende des Films aus Shakespeares wunderbarem Liebessonett mit der Nummer 116 zitiert. Und fürwahr, Francisco und Thomás lassen nichts zwischen ihre Beziehung kommen. Fast die Hälfte der Handlung begleiten wir sie als Kinder. Thomás als Sechsjähriger wird von Gabriel Kaufmann dargestellt, Francisco als Elfjähriger von Lucas Cotrim: Ihr Zusammenspiel ist voller Unschuld und weiß dennoch glaubhaft zu machen, dass es um mehr geht als die übliche geschwisterliche Liebe. Wir sehen sie, wenn sie durch den Garten und das Haus toben, rund um die tischdeckende Haushälterin und den Arbeitstisch des Vaters, und schließlich ihrer Mutter in die Arme fallen. Wir verfolgen sie beim Schwimmtraining und in der Badewanne, bei kleinen Raufereien und wenn sie eng umschlungen einschlafen. Dass da etwas ganz Besonderes zwischen ihnen ist, fällt den Eltern natürlich auf. Nach einem Besuch bei Franciscos Vater in Buenos Aires spricht dieser seine Ex-Frau darauf an: „Ihre Nähe ist zu intim." Sie wisse nicht, was die beiden Jungen gerade tun oder was sie noch tun würden, ist ihre Antwort. „Wir können ihnen aber nicht sagen, dass das schlecht ist."

„Es heißt, die glücklichsten Menschen gehen nicht in die Geschichte ein", philosophiert der erwachsene Thomás einmal. „Die, die es tun, betonen durch ihre Taten, dass das Leben ein ewiger Kampf ist." Er erkennt: „Meine Eltern waren glücklich. Und Francisco und ich auch." Es ist eine wahre Idylle, in der die Kinder aufwachsen: im von Liebe und gegenseitiger Achtung getragenen Umfeld einer begüterten Oberschichtfamilie mit tollen Jobs (Architekt und Ärztin), einem gestylten Haus, einem Pool im Garten, dem Meer und dem blank geputzten Auto vor der Tür. Verständnis für alles, was sonst allenthalben als inakzeptables Tabu angesehen werden würde. Die Runde um den Esstisch in Zeitlupe und mit Klavieruntermalung – Abranches zelebriert ihr Lachen, ihren Frieden mit sich selbst und miteinander zu einer Art märchenhafter Utopie, die das jähe Erwachen umso grausamer macht.

„Ich bin sein Vater!“, verteidigt der Architekt einmal seine strenge Reaktion, als Thomás mit den Farben in seinem Büro malt. „Und ich sein Bruder!“, herrscht ihn Francisco an. „Ab heute passe ich auf ihn auf. Und das für immer.“ Dass wahre Liebe nicht im Sturm schwankt, verheißen Shakespeares Verse. Dennoch müssen die Brüder bald lernen, dass es nichts gibt, das für immer dauert. Franciscos Vater stirbt, und in einer inspirierten Überblendung befinden sie sich auf dem Friedhof anlässlich eines anderen Begräbnisses, jenes ihrer Mutter. Jahre sind vergangen, die Brüder sind schöne junge erwachsene Männer. Die wundervolle Szene, die nun folgt, erinnert mich an Thomas Manns Roman *Der Erwählte* (1951), einer thematisch abweichend fokusierten Neuerzählung des mittelalterlichen Versepos Gregorius von Hartmann von Aue. Darin erzählt Mann von einem Zwillingspaar, das einander gleich ist und von außerordentlicher Schönheit. Der eine ist die gegengeschlechtliche Version des anderen. Die schönen Zwillinge genügen einander, andere Menschen stören die Zweisamkeit nur. Auch in Justin Timberlakes „Mirrors“ reflektiert sich der singende Protagonist im Liebespartner: „'Cause it's like you're my mirror/ My mirror staring back at me.“ Und schon in einer früheren Strophe hören wir: „If you ever feel alone and the glare makes me hard to find/Just know that I'm always parallel on the other side.”

Auf Worten wie diesen baut sich die Filmszene auf, die den Rest der Familie nach dem Begräbnis im Wohnzimmer zeigt. Die Haushälterin verabschiedet sich, auch der Vater will nicht länger hier wohnen, wo er mit der Mutter der Jungen glücklich war. Francisco (João Gabriel Vasconcellos) und Thomás (Rafael Cardoso) bleiben zurück. Sie stehen einander gegenüber, als wäre jeder von ihnen das Spiegelbild des anderen. Langsam beginnen sie sich auszuziehen, legen Kleidungsstück für Kleidungsstück ab, und die ganze Zeit fixieren sie sich mit den Augen. Schließlich stehen sie sich nackt gegenüber – eine der intensivsten Sexszenen, die ich kenne, ohne dass darin expliziter Sex vorkommt. Dieser folgt natürlich, im Morgengrauen, braune Körper unter weißen Laken. Dass er ihn liebe, beteuert Francisco und antwortet auf Thomás' Frage nach dem Grund:

„Weil du ganz mir gehörst. Wenn du mich ansiehst, fühle ich mich wie ein Held.“ Darauf sein Bruder: „Ich liebe dich, weil ich weiß, dass du jemand anderen lieben könntest, aber trotzdem mich liebst.“

Obwohl sich sein Film mit Homosexualität und Inzest befasse, so Regisseur Aranches, sei seine einzige Absicht gewesen, eine Liebegeschichte zu erzählen. Um den Reiz am Verbotenen geht es weder ihm noch seinen Charakteren; die Reaktion der Gesellschaft, gegen deren Moral, Werte und Normen die beiden Brüder stehen, wird im Grunde genommen völlig ausgeklammert. Was zählt, ist diese ganz behutsame, zarte Weise der Darstellung einer Beziehung. Die Reise, auf die sich die beiden Brüder einlassen, führt sie an die Grenzen dessen, was zwei Menschen füreinander empfinden können, und darüber hinaus. Die Tiefe ihrer Empfindungen ist von solcher Intensität, von solcher körperlicher und seelischer Gier aufeinander, dass uns zuweilen vorkommt, sie würden einander aufsaugen, essen, trinken, atmen. Ob sie schon einmal in ihrem Leben voneinander getrennt gewesen seien, werden die Brüder von Thomás' Schwimmtrainer gefragt. Keinem von ihnen scheint diese Möglichkeit denkbar. Und doch erhält Thomás das Angebot, für die brasilianische Mannschaft an der nächsten Olympiade teilzunehmen. Dazu müsse er bis dahin, und das sind immerhin drei Jahre, aber in Russland trainieren. Eine herzzerreißende Abschiedsszene in Blautönen, ein letztes Herumtoben mit dem Hund am Strand, in ihrer Mitte die tote Mutter als Beistand in der Not, das Tauschen von Ringen, die Hände verschränkt wie zu einem ewigen Schwur, ein Tango, den sie nackt tanzen: nicht schwülstig, nur schön. Dann die Einsamkeit in Rio ebenso wie in Moskau, die unheilbare Sehnsucht, das Skypen, der Cybersex, die Wellen, die über ihnen zusammenzuschlagen drohen.

In ihrer Analyse von Clemens Brentanos Schicksalsnovelle *Die drei Nüsse* (1817) geht Nadine Pensold davon aus, dass der literarische Inzest symbolisch für die zentrale Frage der Suche des Einzelnen nach Selbstbewusstsein stünde. Durch die gesellschaftlichen Regeln beengt und in seiner individuellen Entwicklung eingeschränkt, würde der Inzest für ihn zum Transfer der Befreiung aus der Machtlosigkeit. Diesem Gefühl zu entrinnen, bleibe nur die Flucht in die Geborgenheit der anderen Seelenhälfte.

Dieser gedanklichen Linie folgt auch der japanische Manga *Angel Sanctuary* über die ungewöhnliche Geschichte eines jungen Mannes, der seine Schwester liebt und ihr nach dem Tode, wie einst der antike Orpheus, in die Hölle folgt, um sie zurück ins Leben zu bringen.

So weit muss Francisco nicht gehen, doch er findet heraus, dass er ohne den geliebten Thomás nicht leben kann und folgt ihm nach Russland.

Liebe sei „[...] the star to every wandering bark/Whose worth's unknown, although his height be taken", schreibt Shakespeare in dem Sonett, das Francisco Thomás mailt, als er schon vor seiner Wohnungstür steht. Und weiter: „Love's not Time's fool, though rosy lips and cheeks/Within his bending sickle's compass come;/Love alters not with his brief hours and weeks,/But bears it out even to the edge of doom." Dass er für immer für ihn da sein würde, hat Francisco seinem Bruder als Kind versprochen und nun den Beweis angetreten, dass er es ernst meint. Oder in Shakespeares lyrischem Bild: „If this be error and upon me proved,/I never writ, nor no man ever loved."

From Beginning to End (2009, Drama/Liebesfilm)
Regie: Aluizio Abranches
Darsteller: Gabriel Kaufmann, Lucas Cotrin, Rafael Cardoso, João Gabriel Vasconcellos, Júlia Lemmertz

Schwule Liebe im Thatcherland

Mein wunderbarer Waschsalon (1985) The Fruit Machine (1988)

Irgendwie sind mir, seitdem ich *My Beautiful Laundrette* zum ersten Mal gesehen habe, Waschsalons sympathisch – was in erster Linie an dieser entzückenden Szene liegt, in der bei der Eröffnung der titelgebenden Lokalität Walzer getanzt wird und es zeitgleich dazu im Hinterzimmer schwulen Sex gibt. Beteiligt an Letzterem sind Johnny und Omar, der noch junge Daniel Day-Lewis mit blond gefärbten Haaren und Gordon Warnecke, der auch nicht unsüß anzusehen ist.

Omar stammt aus einer Einwandererfamilie aus Pakistan und soll im von Arbeitslosigkeit gebeutelten England der Thatcher-Jahre für seinen Onkel einen heruntergekommenen und schlecht laufenden Waschsalon auf Vordermann bringen. „In this damn country which I hate and love, you can get anything you want", erklärt der Onkel dem Neffen sein Erfolgsrezept. „That's why I believe in England. You only have to know how to squeeze the tits of the system."

Das erste Zusammentreffen von Omar mit seinem ehemaligen Schulkollegen Johnny spielt sich vor einem sozialen Hintergrund ab, in dessen Bezug es anfangs über Omar einmal heißt, dass er arbeitslos wäre, „like everyone in England." Eine Gang hält auf düsterer Straße Omars Auto auf, doch dieser kümmert sich nicht um die Rowdys, steigt einfach aus und geht auf Johnny zu, der sich etwas abseits hält und in dem er einen ehemaligen Schulkollegen erkannt hat. Omars Strahlen kündet vom Kommenden, und ein paar Worte darauf schlägt Johnny schon vor: „We can do something. Now. Just us." Der blubbernde Sound gibt ihnen den Weg vor: „This could be a Ritz among laundrettes." – „A laundrette as big as the Ritz." Johnny nimmt Omars Kopf in beide Hände und küsst ihn, als wäre alles auf diesen einen Moment hinausgelaufen.

Die beiden machen der Anspielung auf Fitzgeralds Kurzgeschichte alle Ehre und verwandeln den Salon mit viel Arbeit, Farbe und Fantasie in ein echtes Schmuckstück. Die Neonschrift, die Pastellfarben, die gemalten Wellen auf den Wänden, die gepolsterten Sitze in der Mitte – ein echter Waschsalondiamant, und dekomäßig eigentlich doch recht schwul geraten. Am Eröffnungstag dann die eingangs erwähnte wunderhübsche Szene: Der Onkel und seine Geliebte tanzen Walzer durch den Salon, im Hinterzimmer fallen Omar und Johnny übereinander her. Durch eine Scheibe sind beide Paare sichtbar, und während die zwei Burschen miteinander schlafen, meint der Onkel, dass jetzt alles gut sei und er nur noch Omar verheiraten müsse. Der Onkel kommt ins Hinterzimmer, als sie sich gerade anziehen. Sie wären eben erst aufgewacht, meint Omar: „We were shagged out."

Sanfte Ironie wie in dieser Doppeldeutigkeit kennzeichnet Stephen Frears Adaption von Hanif Kureishis Theaterstück, das mit viel Gespür für die gesellschaftlichen Verhältnisse und mit wohltuender Unaufgeregtheit und ganz entspannt das Thema Homosexualität mit der vorherrschenden Intoleranz Einwanderern gegenüber in Zusammenhang stellt. Die ruhige Zärtlichkeit, die die Beziehung zwischen den beiden jungen Männern kennzeichnet, wird ersichtlich, als sich Johnny bei Omar für das Mobbing in der Schule entschuldigt. „Ain't nothing I can say to make it up to you", meint er. „There's only things I can do to show you ... That I am with you."

Nicht das Schwulsein ist das Problem in dieser Geschichte, sondern die rassistischen und gewaltbereiten arbeitslosen Jugendlichen, die in Gangs die Straßen Londons unsicher machen. So sind es Johnnys ehemalige Kumpels, die am Schluss des Films den Salon zerstören. Zurück bleiben ein Scherbenhaufen, Chaos und Verwüstung, darin aber auch der feste Vorsatz, sich nicht unterkriegen zu lassen.

Johnny wird von den Gangmitgliedern auf brutale Weise verprügelt, da sie in ihm einen Verräter ihrer Weltanschauung sehen. Omar rettet und verarztet ihn. „You're dirty", meint er und grinst: „You're beautiful." Wie sie so beisammenstehen, die Hand auf den Schultern und die Küsse auf den Nacken des anderen, bleibt die Hoffnung, die schon fast Gewissheit ist, dass es für sie eine gemeinsame Zukunft gibt. In dem Mikrokosmos, den sie sich geschaffen haben, der kleinen Welt ihres Waschsalons, bestimmen nur sie, was richtig ist und was falsch. Das Leuchten ihrer Augen, wenn sie einander anschauen, sagt alles.

Am Schluss des Films bespritzen sie sich am Waschbecken aus Spaß gegenseitig mit Wasser, sie sind wie Kinder, für die nur der Augenblick zählt – und der Blubbersound lässt sie lachend zurück.

Von solcher Idylle weit entfernt ist Philip Savilles *The Fruit Machine*, der einerseits das romantische Bild einer Bubenfreundschaft zeichnet, dieses andererseits jedoch in das recht harsche Umfeld einer Realität ohne große Möglichkeiten setzt. Eddi und Michael (Emile Charles und Tony Forsyth spielen frisch und unverbraucht) sind sechzehn, schwul und beste Freunde, obwohl ziemlich unterschiedliche Charaktere. Eddie, wie Omar ein Protagonist mit Einwanderungshintergrund, schaut sich gern alte Filme mit seiner Mum an, Michael mag das Leben auf der Straße. Mitunter streiten die beiden wie ein altes Ehepaar. Auch im Liverpool der Thatcher-Ära herrscht angesichts der hohen Arbeitslosenrate Trostlosigkeit. Eddie und Michael geraten in die Fantasiewelt eines Nachtclubs genannt „The Fruit Machine". Dort regiert der dicke Robbie Coltrane als Transvestit Annabelle im Heidilook, und Michael gewinnt mit charmanter Unbeschwertheit einen Tanzwettbewerb, indem er sich das Gewand vom Körper reißt und in Boxers wie auf Speed auf der Bühne herumhüpft. Annabelle kann das Preisgeld gerade noch unter ihrem Strumpfband hervorholen, wird aber alsbald von einem geheimnisvollen Killer mit Samuraischwert ermordet. Dass Eddie und Michael Zeugen dieses Mordes werden, setzt ihre Flucht und den weiteren Verlauf des Films in Gang.

In einer Mischung aus Buddy-Movie und Sozialkrimi zeigt der Film, wie die beiden Burschen buchstäblich um ihr Leben laufen. Manipulation und Täuschung pflastern ihren Weg nach und in Brighton, wo sie bei dem recht tuntigen Vincent (Robert Stephens) unterkommen. Entlarvend das Streitgespräch am Morgen, als Michael im Bett neben Vincent aufwacht und nicht möchte, dass Eddie etwas davon mitkriegt. „What a strange little relationship you have", stellt Vincent über die Freunde fest. „He's me best mate", meint Michael. „He cares about me. I wouldn't have done any of this if it hadn't been for him."

Indes schmiedet Eddie den Plan, die Delfine aus dem „Wonderland"-Aquarium, einer Attraktion der Stadt, zu befreien. Es kommt im nächtlichen Aquarium zum Kampf mit dem Samurai, in dessen Verlauf Eddie schwer verletzt wird, Michael den Killer letztendlich aber besiegen kann. Auf dem verwahrlosten Pier wachen Eddie und Michael am nächsten Morgen Arm in Arm auf. Als Michael loswill, um einen Arzt zu holen, fleht Eddie: „Don't go, please!" Doch Michael macht sich auf, um den Delfin, der für den Tod des Mörders verantwortlich gemacht wird, zu retten. Er entführt den Laster mit dem Tier und fährt ihn ins Meer: „I do it because I owe it to someone."

Michael ertrinkt um ein Haar, und als er zurück zu Eddie kommt, liegt dieser schon im Sterben. Weshalb er sich für den Delfin in Gefahr begeben habe, will Eddie wissen. „'Cause I love you!", ist Michaels Antwort. Um zu verhindern, dass sein Freund das Bewusstsein verliert, beginnt er zu singen, schluchzend und voller Verzweiflung: „Runnin' wild, lost control/Runnin' wild, mighty bold, feelin' gay" – ein berührender Moment. Eddie jedoch hat keine Kraft mehr in sich. Er streicht Michael übers Gesicht, in dieser Geste liegt die Zärtlichkeit eines Menschen, der sich bewusst ist, dass es seine letzte ist. Als Eddie stirbt, ist Michael völlig außer sich: „It's not fair!"

Die Bilder am Schluss des Films: Der Junge und der Delfin im Meer, sie schwimmen im Wasser, sie sind frei, dazu die schwelgerische Musik von Hans Zimmer noch vor seiner großen Hollywoodkarriere. So etwas wie Versöhnlichkeit liegt in diesen Momenten. Die Möglichkeit auf ein gemeinsames Leben, wie es Omar und Johnny trotz aller gesellschaftlichen Zwänge offensteht, ist Eddie und Michael jedoch verwehrt.

Mein wunderbarer Waschsalon (1985, Drama/Dramedy)
Regie: Stephen Frears
Darsteller: Gordon Warnecke, Daniel Day-Lewis, Saeed Jaffrey, Shirley Anne Field, Charu Bala Choksi

The Fruit Machine (1988, Thriller/Kriminalthriller)
Regie: Philip Saville
Darsteller: Emile Charles, Tony Forsyth, Robert Stephens, Bruce Martyn Payne, Robbie Coltrane

Sweet Bird of Youth

Get Real (1998)
Noordzee, Texas (2011)
Sommersturm (2004)

Süßer Vogel Jugend – wir wollen uns erst gar nicht auf die brodelnde Bedeutungsschwangerheit des Theaterstücks von Tennessee Williams aus dem Jahr 1959 einlassen, nicht auf die südstaatendramatische Psychologisierung von Geschlechtskrankheiten, Vergeltung und Kastration: Zu banal erscheint uns aus heutiger Sicht doch zuweilen das, was einst als Provokation und Tabubruch galt. Uns genügt der Titel wegen seiner Poesie und der Melancholie, die darin mitschwingt, wenn es um die Zeit im Leben eines Jungen geht, in der er das schönste aller Gefühle entdeckt und damit klarkommen muss, dass derjenige, an den zu denken er gar nicht mehr aufhören kann, ebenfalls männlichen Geschlechts ist. „Wie sprach man über Liebe?", fragt der deutsche Schriftsteller Bodo Kirchhoff in seinem großartigen Roman *Infanta* (1990). „Über die handfeste, durch Mark und Bein gehende, ein ganzes Leben auf den Kopf stellende Liebe. In höchsten Tönen? In leisen Tönen? Im Plauderton? Andächtig? Oder gar nicht; […]."

In seiner Komödie *Much Ado About Nothing* (1600) meint Shakespeare, der zu diesem Thema so einiges zu sagen hat: „The course of true love never did run smooth." Dazu das Goethewort: „Wie leicht wird's sein, dich zu entzünden, da du so unerfahren bist? Die Liebe sollst du bald empfinden und sollst nicht wissen, daß sie's ist." Schon ist klar, dass der Weg, den die Jungen gehen müssen, kein einfacher sein wird. In seinem wunderbaren Lied „Nature Boy", das David Bowie zu Beginn von Baz Luhrmanns nicht minder wunderbarem Musicalmelodram *Moulin Rouge* (2001) mit gar melancholischem Timbre interpretiert, erzählt uns Eden Ahbez von einem magischen Tag: an dem sich seine Wege mit denen eines ganz besonderen Jungen kreuzen. „And while we spoke of many things/Fools and kings/This he said to me/The greatest thing you'll ever learn/Is just to love and be loved in return."

Das ist es, was den jugendlichen Protagonisten dieser Filme geschieht, Steven in einem englischen Provinzstädtchen, Tobi im bayerischen Ruderclub und Pim im Kaff an der belgischen Nordseeküste: diesen Moment zu erleben, in dem sie für einen anderen Jungen entflammen, und das Brennen der Höhen und Tiefen, die sich daraufhin unweigerlich einstellen, auszukosten, als gäbe es kein Morgen.

Seit sie denken können, sind Tobi und Achim, beide sechzehn, beste Freunde, und seit er sich klar geworden ist, dass er schwul ist, weiß Tobi, dass da von seiner Seite aus noch viel mehr ist. Regisseur Marco Kreuzpaintner zeigt die beiden Jungen zu Beginn von *Sommersturm* beim Training auf einem Fitnessparcours, beim Rudern im Club des Ortes Starnberg, beim Putzdienst im Bootshaus, beim Herumalbern und dann auch beim gemeinsamen Wichsen. Dass Tobi ihn beim Tanzen mit seiner Freundin mit Blicken verzehrt, scheint Achim nicht zu bemerken. Robert Stadlober ist wie gemacht für die Rolle des Tobi, und dass er sich in Achim verguckt hat, kann man ihm angesichts von Kostja Ullmann als dessen Darsteller nicht verdenken.

Das Konstrukt des Drehbuches, die Rudermannschaft auf einem Camp mit jener des „RC Queerschlag“ zusammenzubringen, die ausschließlich aus schwulen Burschen besteht, dreht und wendet Kreuzpaintner mit solcher Leichtigkeit und ungezwungenem Charme, dass das Ganze zum reinsten Vergnügen wird.

„Meinst du, man kann mit denen befreundet sein?“, tastet sich Tobi abends im Zelt vor. „Warum denn nicht?“, ist Achims Antwort, jedoch mit dem Zusatz: „Solange sie nichts wollen von mir.“ Es kommt, wie es kommen muss, nämlich zu allerhand amüsanten Verwicklungen zwischen den beiden Mannschaften und zu dem Moment, als Tobi versucht, den schlafenden Achim auf einem Steg am See zu küssen. Dieser wacht auf und nimmt Reißaus. Dann der Auftritt der Jungen von Queerschlag, ausgelassenes Treiben auf dem Bootssteg und im Wasser. Zum ersten Mal kann Tobi so sein, wie er wirklich ist, zum ersten Mal muss er sich nicht verstellen. Die folgende Sexszene inszeniert Kreuzpaintner mit großem Einfühlungsvermögen, wunderschön gefilmt und ohne musikalisches Brimborium, und er lässt es ziemlich heftig zur Sache gehen: Tobi bleibt allein mit Leo (Marlon Kittel mit Teddybärblick) am See zurück, dieser bietet ihm an, seinen Sonnenbrand einzucremen, und Tobis Zittern hat nicht nur die Schmerzen zum Grund. Er dreht sich Leo zu, es kommt zum Kuss, und Tobis Keuchen ist die Erleichterung von all den Hemmungen und Einschränkungen, die sich in ihm bis zu diesem Augenblick aufgestaut haben. Der erste Sex, die Zärtlichkeit, die Lust und das Stöhnen – der innere Sturm kündigt jenen titelgebenden an, der über dem See aufzieht und der von den Zelten, einem der Boote und dem Steg bis zu den überbordenden Emotionen alles durcheinanderwirbeln wird.

Tobi macht sich große Sorgen um Achim und im nächtlichen Wald auf die Suche nach ihm. Doch derweil ist Achim in Sicherheit und erlebt selbst sein erstes Mal. Es kommt zu einer Rangelei zwischen Tobi und Leo und zu dem klassischen Satz: „Ich bin nicht schwul!" Die Aussage aus dem Film *X-Men First Class* (2011) – „You have no idea what I'd give to feel ... Normal!" würde Tobi in diesem Moment wahrscheinlich liebend gern unterschreiben. Erst später, nachdem beide Mannschaften Unterschlupf in einer nahen Jugendherberge gefunden haben, kann sich Tobi gehen lassen. Schluchzend kauert er in der Dusche, wo ihn Leo findet.

„Wie war's eigentlich bei dir?", will Tobi wissen. „Einfach war's nicht." Und ob es nachher besser gewesen sei? „Wenn du dich ein Leben lang versteckst, findest du dich irgendwann gar nicht mehr", meint Leo darauf.

Als sich am Morgen der Sturm wieder gelegt hat, ist Tobi nicht mehr derselbe. Er nimmt am Frühstückstisch den verwunderten Blicken der anderen den Wind aus den Segeln, als er dem Mädchen, das auf ihn stand, während er Achim anhimmelte, einen Kuss auf die Wange drückt und meint: „Was ist denn los? Darf ich jetzt keine Frau mehr küssen – nur weil ich schwul bin?"

„Das ist das Seligste an der seligen Zeit der ersten Liebe, dass diese Liebe so gar nicht klügelt, daß ihr das Wunderbarste einfach erscheint und das Einfachste als ein Wunder", schreibt der Autor Karl Emil Franzos. Genauso ergeht es Steven, der weiß, dass er schwul ist, seit er elf war, und es dennoch nicht über sich bringen kann, jemand anderem als seiner besten und im wahrsten Sinne des Wortes dicksten Freundin Linda davon zu erzählen. Simon Shores Film *Get Real* entführt uns in die englische Provinz und dort zu einer öffentlichen Toilette im Park, die sich als der Cruising-Spot des Ortes entpuppt. Steven, den Ben Silverstone auf ungemein authentische und ungekünstelte Weise mit sarkastischem

Witz und einer gehörigen Portion Selbstironie verkörpert, ist der Außenseiter der Schule, denn „I don't smoke or play football, and I've got an IQ over 25." Natürlich verschaut sich Steven in den Sportstar der Schule, den Schnösel John (Brad Gorton), und ist von den Socken, als er mit diesem auf dem stillen Örtchen im Park zusammentrifft. „I don't know what came over me", versucht John abzuwiegeln. „It's the question who came over you", lautet einer von Stevens treffenden Sagern.

Dass sich die beiden Jungen flugs ineinander verlieben, John jedoch sein Macho-Image mit allen Mitteln aufrechtzuerhalten versucht, schafft die Probleme, an denen ihre Beziehung letztlich zerbricht. Doch so weit sind wir noch nicht, denn da ist diese Gänsehautszene, in der die beiden einander gefühlsmäßig und dann auch körperlich näherkommen. John ist Steven von einer Party nach Hause gefolgt. Intensive Blicke, ein Kuss, dann Johns Flehen: „Please help me!" John sitzt auf Stevens Bett, dieser schräg hinter ihm, eine lange Einstellung ohne Schnitt und darin ungeheure Nähe, die sich zwischen den zwei Jungen aufbaut. John beginnt, von einer Schulexkursion nach Cornwall zu erzählen, es ist für ihn fast so etwas wie eine Beichte: von einem nächtlichen Lagerfeuer am Meer und viel Alkohol, einem Sprung ins Wasser und vom Wärmen an einem Mitschüler – „so gently". Wie sehr er damals erregt gewesen sei, berichtet John: „Every piece of me". Und dann Stevens Hand auf Johns Schulter, dessen Nachgeben und die Tränen: „What is wrong with me?" Dass es der nach außen hin Starke ist, der in die Arme des vermeintlich Schwächeren sinkt, macht diesen sanften, zärtlichen, intimen Moment so besonders. „I'm so scared!", schluchzt John, bevor es zu dem Kuss kommt, der für die Jungen alles verändert.

Das Versteckspiel in der Schule und mit der Familie sowie reichlich Herzschmerz und die Erkenntnis, die Steven Linda gegenüber bei einer Hochzeitsfeier formuliert: „He's my lover. If he was my girlfriend, he could be here with me." Ein Strahlen, ein Glühen, wenn sich Steven und John sehen. „I wish I could lead my real life!", stößt Steven hervor und geht einen mutigen Schritt: Er verfasst einen Artikel mit dem Titel „Get Real" für die Schülerzeitung, in dem ein nicht namentlich genannter Junge schreibt, was es bedeutet, schwul zu sein.

„All my life, I was never there just a ghost, running scared", singen Thirty Seconds to Mars – als solch ein Geist könnte sich Steven fühlen. Jetzt will er weg vom Zaudern und Verheimlichen, hin zu mehr Selbstbewusstsein.

John schafft diese Offenheit nicht, er schlägt Steven zu Boden und tritt nach ihm, als sie von anderen Jungen im Umkleideraum überrascht werden. Steven aber outet sich vor seinen Eltern und der versammelten Schule bei der Preisverleihung für einen anderen Artikel, in dem er über die Schwierigkeiten des Heranwachsens geschrieben hat. Diese Szene ist wohl ein wenig pädagogisch und dick aufgetragen, kommt aber aufgrund von Silverstones herzzerreißender Darstellung trotzdem nicht unsympathisch rüber. Dass er nur darüber spekulieren könne, wie sich sogenannte „normale" Jugendliche fühlen, meint er, und weiter: „I'm so sick of feeling totally alone. I want to have friends who like me for who I am." Wovor sich denn alle fürchten würden, fragt er. „It's only love."

„I've never loved anyone so much" – doch John bleibt auf Stevens Weg zurück. „Der Zauber der ersten Liebe liegt darin, daß man sich nicht vorzustellen vermag, sie könnte jemals enden", hat Benjamin Disraeli einmal gesagt. Dennoch ist das Ende von *Get Real* der Schlussstrich für die Beziehung zwischen Steven und John. Es ist für Steven aber auch der Beginn für etwas ganz Neues, für ein Leben in Offenheit und ohne Feigheit.

„Freedom" ist die musikalische Hymne, als Steven zusammen mit Linda, die endlich ihre Fahrprüfung bestanden hat, im Cabrio davonbraust und das „Learner"-Schild aus dem Wagen wirft. Steven mag am Anfang seines Lebens als offener Schwuler stehen, gelernt hat er aber schon sehr vieles.

Noordzee, Texas geht noch einen Schritt weiter, denn Bavo Defurnes gefühlvoller, wunderschön fotografierter Film über das Erwachsenwerden gönnt seinen jugendlichen Helden sogar das Glück, zusammenbleiben zu dürfen.

Das sexuelle Erwachen des fünfzehnjährigen Pim (Jelle Florizoone/Ben van den Heuvel) findet in einem kleinen protestantisch-braven Ort an der belgischen Küste statt und konzentriert sich auf den älteren Nachbarsjungen Gino (Mathias Vergels/Nathan Naenen). Pim flüchtet sich in Tagträume und sammelt Andenken an frühere, bessere Tage in einem Schuhkarton. Da hat er sich als Kind ein Häkeltuch seiner Mutter umgehängt und mit der Krone, Halskette und Schärpe geschmückt, die seine Mutter einmal getragen hat, er hat mit Puder, Lippenstift und Parfum ganz auf feine Dame gemacht, ist im Zimmer huldvoll auf- und abgeschritten und hat schließlich das Fenster geöffnet, um den imaginären Untertanen zuzuwinken.

Jetzt ist er kein Kind mehr. Die Nacht vor seinem Geburtstag verbringt er mit Gino im Zelt, und es zeigt sich, dass dieser Pims schüchternen Avancen gar nicht abgeneigt ist. Was folgt, sind Ausflüge mit dem Motorrad und Sex im Schilf an einem See. „Erzähl niemandem davon!", ist Gino aber stets wichtig.

Eifersucht wallt auf, als sich Gino für seine Freundin Francoise entscheidet, aber auch, als Pim für die Zuneigung, die Ginos Schwester für ihn empfindet, nichts übrig zu haben scheint. Am Strand, im Brausen des Windes, dem Rauschen des Meeres und dem Kreischen der Möwen, geraten die beiden Jungen aneinander. „Menschen müssen sich entscheiden", weist Gino Pim zurück. „Wir waren Kinder. Es war ein Spiel. Du glaubst doch nicht, dass ich in dich verliebt war?" Die Reaktion des stets so sanften Pim kommt unerwartet heftig: Er stößt Gino nieder und schlägt auf ihn ein, läuft dann davon.

Die traumhafte Atmosphäre der poetischen Bilder ist auch für die Szene kennzeichnend, in der Pim und Gino wieder zusammentreffen. Es ist am Sterbebett von Ginos Mutter. Die zwei Jungen stehen zu beiden Seiten ihres Bettes. Sie halten ihre Hand, und die Mutter führt ihre Hände zusammen, bis sich die Finger berühren. Dann tut sie ihren letzten Atemzug. Am Strand verbrennt Pim daraufhin den Inhalt seiner Schachtel. Er zieht sich nackt aus, läuft über den Sand hin zum Meer und wälzt sich dort in der Brandung.

An einem Regentag ist Pim allein zu Hause, als Gino durchnässt zur Tür hereinstürmt. Er kommt auf Pim zu, dieser weicht vor ihm zurück und hält ihm ein Handtuch hin. Sie trinken Bier, es fallen Sätze, die das Wesentliche nur hinauszögern, dabei tasten sie einander mit Blicken ab. „Was willst du von mir?", fragt Pim dann auf direkte und herausfordernde Art. Anstelle einer Antwort packt ihn Gino am Kragen und drückt ihn gegen die Wand. Ihr Atmen ist ein Keuchen: „Ich habe auf dich gewartet", stößt Pim hervor. Da gibt ihm Gino das Tuch, mit dem sie sich zu einer Zeit, als sie noch nur Freunde waren, nach dem gemeinsamen Masturbieren abgewischt haben: „Mach einen Knoten rein, damit du mich nicht vergisst." Er küsst Pim auf den Hals. Der Damm ist gebrochen, ihre Umarmung und ihr Kuss sind ungestüm und voller Leidenschaft. „Bleib!“, bittet Pim Gino, und der Film endet mit einem Bild der beiden Jungen, die einander nicht mehr loslassen wollen, während draußen der Regen die Welt wie eine Wand von ihnen abschottet. Über einen Himmel „bright as blue“ wird im Fade-off gesungen. Pim und Gino, denke ich, haben eine wunderbare Zeit vor sich.

Get Real (1998, Drama/Dramedy)
Regie: Simon Shore
Darsteller: Ben Silverstone, Brad Gorton, Charlotte Brittain, Stacy A. Hart

Noordzee, Texas (2001, Drama/Familienfilm)
Regie: Bavo Defurne
Darsteller: Jelle Florizoone, Mathias Vergels, Eva van der Gucht, Nina Marie Kortekaas

Sommersturm (2004, Drama)
Regie: Marco Kreuzpaintner
Darsteller: Robert Stadlober, Kostja Ullmann, Alicja Bachleda-Curus

Ein Sommernachtstraum

Sommer wie Winter (2000)

In Gus Van Sants *Last Days* (2005), dessen fiktive Geschichte durch die letzten Tage Kurt Cobains inspiriert ist, beobachten wir Michael Pitt als Blake, das Alter Ego des Nirwana-Sängers, in dem Gartenhaus, in dem er später den Tod finden wird. Die Kamera umfährt ihn in einem 360-Grad-Schwenk, wir sehen ihn beim Tagebuchschreiben, sein Murmeln bleibt unverständlich, so sind wir ihm ganz nah und gewinnen dennoch keinerlei Wissen über ihn, und dann fällt der Satz: „I lost something on the way to wherever I am today."

Mathieu, der Protagonist von Sébastien Lifshitz' poetischem Filmgedicht *Sommer wie Winter*, ist Blake ein Bruder im Geiste. *Presque rien* ist der Streifen im französischen Original betitelt – unter Umständen ist es beinahe nichts, das das Leben für einen abseits der Sehnsucht nach dem Zusammensein mit einem geliebten Menschen bereithält.

„Should I lie down/Or stand up and walk around again?", fragt sich Michael Pitt gemeinsam mit seiner Band Pagoda in dem Song „Death to Birth" und bezeichnet das Leben zwischen diesen Polen als einsame Reise. Eine solch zerrissene Seele ist eben auch Mathieu. Nach einem Selbstmordversuch fährt er auf Anraten seiner Psychiaterin ans Meer, dorthin, wo er einen Sommer lang die Liebe zu Cédric kennenlernte. Der Film ist nicht chronologisch aufgebaut, er wechselt zwischen den beiden Handlungssträngen im Sommer und dem Winter achtzehn Monate darauf hin und her. Dieser Kontrast, ein Aufbruch des Linearen der Erzählung, illustriert Mathieus Zerrissenheit, seine Geworfenheit zwischen den Zeitebenen wie seinen Gefühlen. Er ist jemand, der für sich noch keine Mitte, keine Kontinuität sowie sich selbst noch nicht gefunden hat.

Die Sommerferien in der Bretagne, im Herbst plant Mathieu den Beginn eines Architekturstudiums. Die Mutter leidet an Depressionen nach dem Krebstod ihres Babys, mit seiner jüngeren Schwester kann er nicht viel anfangen. Die Blicke am Strand finden jene von Cédric, der eines Abends unter Mathieus Fenster wartet. Die Unsicherheiten im Gespräch, ein erstes Kennenlernen, ein Abtasten der Lebenshintergründe, dann ein scheuer Kuss geben den Anstoß zu einer Kette von Augenblicken, die eine Ahnung von Ewigkeit in sich tragen und doch nur allzu bald ein Ende finden werden: die spielerischen Balgereien am Strand, die Sonne und die Wellen, abends das Autoskooterfahren auf dem Rummelplatz, nachts Party und Tanzen, immer wieder ernste, ehrliche Gespräche und Sex zwischen Zärtlichkeit und Wildheit. Den Eltern gegenüber bezeichnen die beiden Jungen einander als Freunde im schwulen Verständnis, der Wunsch, zusammenzubleiben, schwingt dabei mit.

„For the one I love most lay sleeping by me/Under the same cover in the cool night", schreibt Walt Whitman in seinem Gedicht *When I Heard at the Close of the Day* und fährt fort: „[...] his face was inclined toward me,/And his arm lay lightly around my breast – and that night I was happy." – Doch die Sommeridylle ist nicht von Dauer. Wann er zurück nach Paris fahren würde, fragt Cédric Mathieu eines Nachts. Er steht am Fenster, der Freund tritt hinter ihn, umfängt ihn in einer Umarmung. Und dann geht Cédric das Herz über: „Bleib hier! Ich will, dass du bleibst." Als die gewünschte Reaktion ausbleibt, reißt er sich von ihm los, ein Nachsatz voller Enttäuschung: „Ich dachte, dass du anders wärst."

Die Vertrautheit und die Entspanntheit, die zwischen ihnen geherrscht hat, als sie ähnlich wie in Whitmans Gedicht noch kurz zuvor nebeneinander nackt auf dem Bett lagen, sind verflogen und der Traurigkeit gewichen.

„Wir sind einsame Tiere", hat John Steinbeck einmal geschrieben. „Unser ganzes Leben mühen wir uns, weniger einsam zu sein."

Dass die beiden Jungen kurz darauf planen, doch zusammenzuziehen, dass ihnen ein gemeinsames Leben vor Augen steht, ändert nichts an Mathieus Herumstreunen an den Orten ihrer Beziehung im Winter; wir erfahren nicht, weshalb die Beziehung schließlich doch in die Brüche gegangen ist. Die authentische Darstellung von Mathieu und Cédric durch Jérémie Elkaïm und Stéphane

> *„Bleib hier! Ich will, dass du bleibst." ... „Ich dachte, dass du anders wärst."*
>
> *Cédric in: Sommer wie Winter*

Rideau ist eine der Stärken dieses Films, eine andere, sich allen banalen und unter Umständen auch kitschigen Erklärungsversuchen zu widersetzen. Wir bleiben außen vor, können bloß beobachten und uns einen eigenen Reim auf das machen, was wir sehen. Das Sommersonnenmärchen zuvor erscheint uns als Traum, der nur für ganz kurze Zeit Wirklichkeit wurde.

Sommer wie Winter (2000, Drama/Melodram)
Regie: Sébastien Lifshitz
Darsteller: Jérémie Elkaïm, Stéphane Rideau, Marie Matheron, Dominique Reymond, Laetitia Legrix

Liebe in Sandalen

Spartacus (1960/1991)
Spartacus (2010 – 2013)

Als „notwendiges Übel“ bezeichnete Stanley Kubrick, zeitlebens als Kontrollfreak bekannt, einmal die Arbeit an dem Monumentalfilm *Spartacus* wegen des geringen Einflusses auf Drehbuch und Produktionsbedingungen. Andererseits bildete der gewaltige Kassenerfolg des Streifens den Grundstock für die darauffolgende finanzielle Unabhängigkeit des Ausnahmeregisseurs. Dass die vielen Schnittvorgänge, denen das Filmmaterial unterzogen wurde, Kubrick an den Rand des Wahnsinns gebracht haben dürften, erscheint uns durchaus nachvollziehbar. Als Beispiel dafür mag uns die Szene mit Laurence Olivier als Crassus und Tony Curtis als sein Leibsklave Antonius dienen. Die darin enthaltenen Anspielungen an die breite Akzeptanz von Bisexualität in der Antike waren zur damaligen Zeit wohl doch zu deutlich und sind erst in der restaurierten Fassung von 1991 enthalten. Allerdings, so Tony Curtis in einem Interview, sei die Szene ursprünglich ohne Ton gedreht worden, da Kubrick damit rechnete, dass sie der Schere der Zensur zum Opfer fallen würde. Deshalb hören wir heute Anthony Hopkins an Stelle des bereits 1989 verstorbenen Olivier, wenn sich der Dialog zwischen Crassus und Antonius bei einem nächtlichen Bad um Präferenzen bezüglich des Essens und nicht nur dessen dreht.

„Do you eat oysters?“, fragt Crassus den Sklaven. „Do you eat snails?“ Die erste Frage wird bejaht, die zweite verneint, worauf Crassus meint: „It is all a matter of taste, isn't it?“ Ein langer Blick über die Schulter, dann: „My taste includes both snails and oysters.“

Zeitlebens war Laurence Oliviers sexuelle Orientierung Thema diverser Gerüchteküchen; erst nach seinem Tod lüftete seine dritte Ehefrau Joan Plowright, was für viele ohnehin offensichtlich gewesen war – das Geheimnis um Oliviers Bisexualität: was der Badeszene in *Spartacus* natürlich einen reizvollen Aspekt hinzufügt. Zumindest passt er ins Universum jenes Themas, dem wir in Stanley Kubricks Filmen immer wieder begegnen: dem Scheitern der Menschlichkeit, wenn seine Protagonisten mit ihren dunklen Seiten, mit den Triebfedern ihres Handelns und mit der Sehnsucht nach Ehrlichkeit und Authentizität ringen und in diesem inneren Kampf oftmals scheitern.

Darum, wenngleich auf populärere Weise, geht es im Grunde genommen auch in der Fernsehserie *Spartacus*, einer Sandalensoap des amerikanischen Kabelsenders Starz. Unter Einsatz von Fontänen spritzenden Blutes, mit Tränen und Klagegesang, dann auch wieder triumphalen Siegesfanfaren und Superzeitlupe en masse wird auch hier die fiktive Geschichte des thrakischen Gladiators nachgezeichnet, der von 73 bis 71 vor Christus einen nach ihm benannten Sklavenaufstand gegen die römische Republik anführte. Schlaglichtartig auf das frühere Leben des Titelhelden und den Tod seiner geliebten Frau folgen sein Aufstieg zum „Champion von Capua" und die anschließende Revolte. Inmitten dieser „guilty pleasures", all der Softsexakrobatik vollführenden Machomuskelmänner und der brutalen Kämpfe mit klaffenden Wunden und hervorquellenden Gedärmen finden wir eine der liebevollsten schwulen Beziehungen der Fernsehgeschichte.

Die schönen Körper, halb nackt mit ihren Lendentüchern oder gleich ganz nackt im Bad, die latente Homoerotik, die den Freund- und Feindschaften der gestählten Männer innewohnt, ist einer Szenerie wie jener der Gladiatorenschule des machtgierigen Römers Batiatus ohnehin evident. Schon in der ersten Staffel der Serie dürfen wir zudem mit Barca und Pietros, einem männlichen Paar unter den von Testosteron strotzenden Kämpfern, leiden. Durch Verrat, Verleumdung und Mord werden sie getrennt, und im fälschlichen Glauben, Barca habe die Freiheit erlangt und ihn zurückgelassen, erhängt sich Pietros; dass Barca zu diesem Zeitpunkt in Wahrheit selbst nicht mehr lebt, kann er nicht wissen.

Im Gegensatz zu ihnen ist Agron und Nasir sogar eine gemeinsame Zukunft vergönnt. In der Rolle des aufmüpfigen Deutschen Agron präsentiert Daniel Feuerriegel modische Gelfrisuren in antikem Gewande, Pana Hema Taylor als charmanter Syrer Nasir wirkt mit seinen langen dunklen Haaren da schon authentischer. In neunzehn Folgen der zweiten und dritten Staffel der Serie werden sie sich ihrer Liebe füreinander gewiss – wofür in den zahlreichen Internetforen, die sich mit den beiden beschäftigen, sogar ein eigener Begriff kreiert wurde:

„Nagron“ werden sie in einem Namen genannt. Agron, der ja bereits in der Gladiatorenschule zu Spartacus' Truppe stieß, ist bei der Befreiung der Sklaven eines römischen Landhaushaltes wie so oft nicht der Meinung des Anführers: Sie würden Krieger brauchen, die an ihrer Seite zu kämpfen gewillt sind, keine ehemaligen Sklaven, die mit dem Schwert nicht umgehen können.

„Never believed in love at first sight, but now I think I might", singt Jay Brannan, Darsteller in John Cameron Mitchells *Shortbus* (2006), in seinem Lied „At First Sight“. Liebe auf den ersten Blick kann man im Falle von Agron und Nasir nicht behaupten. Anfangs sträubt sich Nasir gegen die Befreiung und unternimmt sogar den Versuch, Spartacus beim Liebesspiel mit seiner Gefährtin zu erdolchen. Im Haushalt seines Dominus habe er eine gewisse Position innegehabt, erklärt der ertappte Nasir, jetzt sei er ein Niemand. Er sieht der erwarteten Bestrafung trotzig entgegen: „You've already killed me once.“ Agron stellt Spartacus' Entscheidung, Nasir am Leben zu lassen, infrage: „And how do you propose we train this wild little dog?“

In Alan Hollinghursts Gesellschaftsroman *The Stranger's Child* (2011) gibt es die Beschreibung des Zusammentreffens zwischen dem jungen Lehrer Peter und dem noch jüngeren und in sexuellen Dingen unerfahrenen Bankangestellten Paul. Es ist die Zeit nach dem Zweiten Weltkrieg, eine Party mit Privatkonzert in einem Herrenhaus der britischen „Upperclass“ der Rahmen. „Es war irgendwie märchenhaft und gleichzeitig völlig unkompliziert, so dicht vor ihm zu stehen“, heißt es in dem Text, und ein Stück weiter: „[...] der angedeutete Spott löste sich in seinem rehäugigen Blick auf, als spürte auch er die flirrende Erregung und ihre Verheißungen. So hatte Paul noch nie ein Mann angeschaut [...].“

Ein völlig anderes Setting, ganz andere Umstände – und doch treffen die Sätze in ihrer poetischen Direktheit genau das Gefühl, das die Szenen zwischen Agron und Nasir auszeichnet. Den steigenden Druck im Herzen und das Glühen im Gesicht, um nochmals Alan Hollinghursts Worte zu gebrauchen: Nasirs wilde Blicke, diese wunderschönen großen dunklen Augen – damit fängt er Agron bald schon ein. Im römischen Haus wurde er Tiberius genannt, nun spricht er erstmals seinen wahren Namen aus und schaut dabei an Spartacus vorbei und Agron an. Als Nasir in einer späteren Szene Agron vor dem Tode rettet, indem er seinen Gegner von hinten tötet, bemerkt Agron knapp, ob das seine neue Strategie sei: „Fuck the men from behind.“ Und noch ein Beispiel für den Humor und die Leichtigkeit, die zwischen ihnen von Anfang an bestehen: „The Gods favour me, little man“, meint Agron einmal. „Call me that again, and they shall turn from you”, ist Nasirs Antwort, und dazu wie immer dieses unwiderstehliche Grinsen. Zu diesem Zeitpunkt haben die ehemaligen Gladiatoren die Arena von Capua in Brand gesteckt, doch selbst im Triumph haben Agron und Nasir nur Augen füreinander: dieses Lächeln, dieses Strahlen, wenn sie aufeinander zugehen, den Kopf des anderen in die Hände nehmen und sich vor allen anderen küssen.

Für mich ist dies die schönste Qualität der Szenen: dass hier eine schwule Beziehung gezeigt wird, die sich ganz offen und nicht im Verborgenen abspielt, ohne dass darum auch nur ein Wort des Aufhebens gemacht wird. Keiner in Spartacus' Gruppe mokiert sich über Agron und Nasir, die beiden sind akzeptiert in ihrem Einsatz für das gemeinsame Ziel. Dass es sich bei ihnen um zwei Männer handelt, die Zelt und Lager teilen, ist von keiner Bedeutung. In solcher Selbstverständlichkeit und Gleichwertigkeit zur Heterosexualität wurde Homosexualität meines Wissens nach noch nie im Fernsehen gezeigt – abgesehen von *Queer as Folk* natürlich, doch diese Serie richtete sich an eine dezitiert schwul-lesbische Zielgruppe. So ist die erzähltechnische Linie inmitten all der Dramatik dieser Saga aus Blut und Tränen durchzogen von einer Kette besonders inniger Momente schwuler Liebe. Etwa, als sich Nasir trotz einer Verwundung anschickt, gemeinsam mit Agron zum Kampf aufzubrechen: „Where do we go? Give me a sword. I will join you.“ – „This time you stay and I go“, meint Agron darauf. Nasir solle sich noch ausruhen, und als er sich zu ihm zum zärtlichen Kuss hinunterbeugt, ist ihm die Liebe in die Augen geschrieben.

Wobei Liebe wie so oft auch in dieser Geschichte mit Eifersucht verbunden ist. Castus, ein schwarzer Pirat mit perfektem Körper, macht Nasir Avancen, was Agron in ziemliche Wut versetzt. Er stürzt sich auf ihn, beginnt sich mit ihm zu prügeln und verwüstet in seinem Rasen dann auch gleich noch das Zimmer, das er mit Nasir teilt. „Jupiter himself would find cause to tremble if he laid hand upon you“, brummelt Agron. Nasir lacht: „You would battle a God for me?“ Er würde alle niedermetzeln, die den Versuch wagten, ihn aus seinen Armen zu reißen, erwidert Agron. Und Nasir versichert ihm, dass ihm allein sein Herz gehöre. Worauf sie anfangen, einander die Waffengürtel zu lösen und sich zu liebkosen, als gäbe es kein Morgen.

Abermals ist mir, als würde Alan Hollinghurst in seinem Roman die Gefühle der beiden beschreiben, wenn Peter und Paul sich im dunklen Garten einander zum ersten Mal körperlich näherkommen: „Jetzt lag Peters Hand um seinen Nacken, ihre Gesichter dicht an dicht in dem durch die Sträucher dringenden, spinnwebenartigen Licht, ihre Augen undurchdringlich, Gewirr aus Lächeln und Seufzen, und dann küssten sie sich, Rauch und Metall, ein sonderbares gegenseitiges Schmecken, dem sich Paul mit ungläubigem Schauder hingab."

Klarerweise spitzt sich die Dramaturgie der Serie immer mehr zu und treibt auf die finale Auseinandersetzung zwischen Spartacus und seinen Recken auf der einen Seite und dem reichen Römer Crassus und seiner Armee auf der anderen zu. Die Beziehung zwischen Agron und Nasir wird dadurch auf immer neue Bewährungsproben gestellt. „To hear such words lifts spirit", meint Agron, als Nasir ihm anbietet, gemeinsam mit ihm und den anderen gegen Rom zu ziehen. Doch er wolle ihn nicht ins Verderben führen, ahnt Agron den möglichen Untergang voraus. „My place is forever with you", protestiert Nasir unter Tränen. „Not in this", antwortet Agron. „[...] now you fucking cast me aside", braust Nasir auf: „Do not ask me to turn from you." Worauf Agron feststellt: „I ask only that you live."

Ihre Umarmung soll um ein Haar zum Abschied für immer werden. Durch falsche Berichte vom Ausgang der Schlacht muss Nasir daran glauben, dass Agron umgekommen ist; indessen wird Agron von Crassus und Caesar ans Kreuz genagelt. Wahrlich zu Herzen gehend ist die Szene des folgenden Gefangenenaustausches, als Nasir Agrons ansichtig wird und sich durch die Menge zu ihm drängt. Dann die in einschlägigen Blogs fast legendären Worte: „The Gods return you to my arms." Agrons Antwort: „I was fool to ever leave them." So bleiben sie auch in der Entscheidungsschlacht gegen Crassus unzertrennlich: „My place is forever by your side."

Welch ein Unterschied zu den zensurierten Andeutungen in Kubricks Film – es ist allein die schwule Beziehung zwischen Agron und Nasir, die in dieser Serie Bestand hat. Der Großteil der Armee der ehemaligen Sklaven wird auf dem Schlachtfeld fallen, Castus wird in

Nasirs Armen sterben und Spartacus, von drei Speeren durchbohrt, in den blutgetränkten Sand sinken. Agron und Nasir knien bei dem tödlich Verwundeten, sie schließen ihm im Tode die Augen – und sie geleiten die Überlebenden in eine ungewisse Zukunft; immerhin ist es eine Zukunft als freie Menschen. Dieser Weg aus der Unterdrückung hin zur Gleichberechtigung – eine Metaebene, die die Serie wohl nicht von ungefähr für den dafür sensiblen Zuschauer bereithält.

Spartacus (1960/1991, Drama/Thriller)
Regie: Stanley Kubrick
Darsteller: Kirk Douglas, Laurence Olivier, Jean Simmons, Tony Curtis, Peter Ustinov

Spartacus (2010 – 2013, Fernsehserie)
Darsteller: Manu Bennett, Daniel Feuerriegel, Peter Mensah, Lucy Lawless, Nick E. Tarabay, Viva Bianca, Liam McIntyre, Pana Hema Taylor

Das Abtasten des Möglichen

Weekend (2011)

„I wanna go to Marz" – einen Ort, an dem grüne Flüsse fließen und jemand auf ihn warten würde, der süße sechzehn sei, beschwört John Grant in seinem bittersüßen gleichnamigen Lied herauf und sinniert im Refrain: „We'll meet the gold dust twins tonight/You'll get your heart's desire, I will meet you under the lights." Eine Wunschvorstellung, eine Utopie, wie sie auch die beiden sehr unterschiedlichen Charaktere im wunderbar authentischen, zuweilen fast dokumentarisch anmutenden, absolut herzerwärmenden und dabei auch noch wirklich klugen Film des britischen Regisseurs Andrew Haigh erträumen, für dessen Abspann diese Melodie den stimmigen und stimmungsvollen Rahmen bildet.

Der eher introvertierte Russell trifft in einer Bar mit dem offen schwul lebenden Glen zusammen und findet ihn am nächsten Morgen in seinem Bett. Dass sie nur dieses eine Wochenende haben, ist Russell zu diesem Zeitpunkt noch nicht klar. Glen drängt Russell dazu, seine Eindrücke der letzten Nacht auf Band zu sprechen, er wolle sie für ein Kunstprojekt verwenden, dies ist der Anstoß für ihre Gespräche.

Der Film wählt die Perspektive fast neutraler Beobachtung dessen, was sich dabei zwischen seinen Protagonisten entwickelt, und wurde in seiner Konsequenz zu Recht mit Richard Linklaters *Before Sunrise* (1995) verglichen. Die beiden Männer lernen sich kennen, sie öffnen sich einander, sie schlafen miteinander. Ihre gegenseitige Entdeckungsreise geht mit fast beiläufiger Gelassenheit vor sich, und daraus entwickeln sich anrührende Momente, in denen die Fassade, die sie an den Tag zu legen gelernt haben, brüchig wird und ihre Unsicherheit und Verletzlichkeit auftauchen. Diese Ehrlichkeit und – im Bewusstsein, ein großes Wort zu strapazieren – Wahrhaftigkeit geben dem Film seine stärksten Augenblicke. Wenn sich Russell und Glen etwa nach ihrem zweiten Treffen voneinander verabschieden und die Tür bereits ins Schloss gefallen ist, kommt Glen nochmals zurück. Die Freude darüber steht Russell ins Gesicht geschrieben, gleich darauf gerinnt sie jedoch zur Enttäuschung, denn Glen erzählt ihm von einem zweijährigen Kunstkurs in den USA und dass sein Flug am kommenden Abend gehen würde. Russells Versicherungen, dass dies schon in Ordnung wäre, widerspricht dem Ausdruck in seinem Blick, und auch Glens plötzlicher Redefluss geht in diese Richtung. Dass sie es nicht über sich bringen können, auseinanderzugehen, bevor nicht ein neuerliches Treffen für den nächsten Tag ausgemacht ist, offenbart, dass sich zwischen ihnen so viel mehr entwickelt hat als bei einem One-Night-Stand üblich. Sie haben in ihrer Beziehung den Punkt erreicht, an dem die Reflexion über die eigene Identität zu nichts mehr führt und vor dem sie bislang zurückgescheut sind: an dem es gilt, sich trotz aller Risiken, verletzt zu werden, das Wagnis der Liebe einzugehen.

„I fall in love too easily/I fall in love too fast/I fall in love too terribly hard/ For love to ever last“, hat Frank Sinatra 1945 in dem Film *Anchors Aweigh* gesungen. Der Klassiker von Jule Styne und Sammy Cahn gelangt zu dem Schluss: „My heart should be well schooled/ 'Cause I've been fooled in the past.“ Wahrscheinlich sind auch Russell und Glen in der Vergangenheit schon allzu oft enttäuscht worden, hat die Oberflächlichkeit früherer Begegnungen Wunden gerissen, wohl ist ihre Angst, sich tiefer auf einen anderen Mann einzulassen, deshalb so groß.

Bei ihren zuweilen liebenswert unbeholfenen Versuchen auszuprobieren, was zwischen ihnen möglich ist, dürfen wir sie dieses eine Wochenende lang beobachten. „I think you would make an amazing boyfriend“, meint Glen einmal zu Russel und stellt gleich für sich selbst klar: „I don't want one.” Darauf Russell: „I don't believe you.”

Diese Entwürfe sind nicht nur von großer Empathie, sondern von mindestens ebensolcher Intelligenz getragen. Dabei bleibt Andrew Haighs Inszenierung zurückhaltend und von unaufdringlicher Leichtigkeit, die den beiden exzellenten Darstellern Tom Cullen und Chris New viel Freiraum lässt. Ihr Spiel ist ganz und gar ungekünstelt und von einer Art sinnlicher Ernsthaftigkeit, die doch die Sexyness ihrer Charaktere und ihren Humor nicht unterschlägt, etwa in der amüsanten Szene, in der sich eine Art Rollenspiel zwischen ihnen entwickelt. Glen tut so, als würde er seinem Vater „beichten“, schwul zu sein, worauf Russell an dessen Stelle das Klischee herumreißt und seinem „Sohn“ versichert: „... I couldn't be more proud of you than if you were the first man on the moon.“

Der Schluss ist sehr melancholisch: Russell hat all seinen Mut zusammengenommen und ist Glen zum Bahnhof gefolgt: ein casablancawürdiger Abschied. Zuerst ist die Kamera so weit von ihnen entfernt, dass wir nicht verstehen können, was sie sagen, doch allmählich nähert sie sich ihnen: ein Entwurf der großen Ruhe, fast der Entrücktheit von dem Trubel am Gleis und den anzüglichen Pfiffen und Kommentaren aus dem Off, und darin die Emotionalität von zwei Menschen, denen bewusst ist, dass sie nicht mehr viel Zeit zusammen haben. Ein „Notting-Hill-Moment“ ist dann der Kuss, der sich nicht um die Öffentlichkeit um sie herum schert, sich ihrer wahrscheinlich gar nicht bewusst ist.

Ob es sich um das Ende ihrer kurzen Beziehung handelt oder um den Anfang von mehr – wir wissen es ebenso wenig wie Russell und Glen. Der Zug fährt mit Glen davon, und abends schaut Russell allein aus dem Fenster – hinunter auf den Platz unter dem Hochhaus, von dem aus Glen einst zu ihm hochgeblickt hat. Was darüber hinaus vielleicht noch möglich ist, was reine Utopie bleiben wird oder doch Realität werden könnte, lässt der Film so offen wie das Leben selbst.

Weekend (2011, Drama/Liebesfilm)
Regie: Andrew Haigh
Darsteller: Tom Cullen, Chris New, Jonathan Race

Stolz und Vorurteil

Pride

Camp rules

Singen von der Liebe

Let's talk about sex

Killer Queens

Die Dekonstruktion der Zeichen

A cock in a frock

Pride

Ben Hur (1959)
Parada (2011)

In *The Celluloid Closet* (1995), einer Dokumentation über das queere Hollywood, gibt es ein erhellendes Interview mit dem Romancier und Drehbuchautor Gore Vidal über seine Zusammenarbeit mit dem Regisseur William Wyler. Es geht um den Historienschinken *Ben Hur* und die Beziehung zwischen dem von Charlton Heston verkörperten Titelhelden und seinem Jugendfreund Messala (Stephen Boyd). Weshalb die beiden zu Rivalen werden, erschien dem Regisseur nicht nachvollziehbar. Auf seine Anregung ersann Vidal deshalb für die zwei Charaktere den mittlerweile legendären schwulen Subtext: eine jugendliche Liebesgeschichte mit Eifersucht, Ächtung und anschließenden Schmähungen, in die jedoch nur Boyd, nicht aber der konservative Heston eingeweiht wurde. Boyd spielt die schwule Seite seines Charakters in solch eindeutiger Weise aus, dass wir heute Hestons Ignoranz kaum nachvollziehen können. Der dunkle Gang, die flackernden Fackeln, das Speerschießen, die leuchtenden Augen, die Umarmungen – und dazu dieser Dialog: „After all these years. Still close." – „In every way." Worauf ein laaanges gegenseitiges Halten an den Unterarmen folgt, Ben Hur und Messala mit verschränkten Armen aus ihren Bechern trinken und einander schier endlos in die Augen schauen. Die Blicke, die sie einander zuwerfen, stellt Vidal in dem Interview fest, seien eigentlich eindeutig.

Zweimal werden in Srđan Dragojević' Tragikomödie *Parada* diese Ausschnitte aus *Ben Hur* im Fernsehen gespielt. Dazwischen liegt eine Phase der Erkenntnis, man könnte sagen des Aufwachens und des Wandels eines anfangs homophoben Heteros. Limun (Nikola Kojo) heißt dieser Macho-Prolo, wie er im Buche steht, ein neureicher Kriegsveteran mit besten Kontakten zur Unterwelt, dem nur zwei Dinge im Leben heilig sind: seine Verlobte Pearl, eine ehemalige Stripperin, und seine Englische Bulldogge Sugar. Herrlich, die Szene, wenn er in Trainingsanzug, Unterhemd und einem goldenen Kreuz über den hervorquellenden Brusthaaren vor dem Fernseher sitzt und, während *Ben Hur* läuft, sein hässliches Hündchen mit dem Löffel füttert: „Das waren noch Filme," meint Limun zufrieden und zu dem Hund: „Freunde wie du und ich."

Eine Filmstunde später hat sich eine ganze Gruppe auf diesem Sofa versammelt: Serben, Kroaten, Bosnier, Mazedonier, allesamt zumindest nach außen hin toughe Typen, und dazu ein Haufen Schwule der eher femininen Sorte. „Das ist wahre Liebe!", geht ein schmachtendes Seufzen angesichts von Ben Hur und Messala durch die Runde – und Limun ein Licht auf.

Zwischen diesen beiden Polen breitet *Parada* sein Szenario als wilde Mischung aus Road- und Buddy-Movie, Balkan-Klamauk, Slapstick, Screwball und wahrlich liebenswerter Komödie über Menschen und allzu Menschliches aus. Regisseur Dragojević gibt an, seinen Film bewusst nicht als Arthouse-Drama inszeniert zu haben, da er sich nicht an liberale Menschen richte, sondern an den homophoben Durchschnittsbürger, welchen man seiner Auffassung nach nur mit Unterhaltung erreichen könne. Auf sehr lustige, derbe, überspitzte und temporeiche Weise wirbt der Film deshalb für Respekt Schwulen gegenüber, aber auch für die Verständigung zwischen den Balkanvölkern. In seinem schwarzhumorigen Culture Clash gelingt es Dragojević, „[...] mit Hilfe dieser Stereotypen über die Ebene des Stereotypischen hinaus zu kommen" (Stephan Langer). Genial, dass wir sein Figurenpersonal aus extremen Karikaturen im Laufe der verrückten Handlung ernst zu nehmen beginnen.

Dies ist auch deshalb unabdingbar, weil der Film gegen Schluss ins Tragische kippt. Der reale Hintergrund sorgt für die Balance zwischen Komödie und Drama, die *Parada* erst wirklich bemerkenswert macht. Durch den Kontakt mit ihrem Hochzeitsplaner Mirko (Goran Jevtić) stößt Limuns Verlobte auf die Erniedrigungen und Diskriminierungen, die Schwule auf dem Balkan immer noch ausgesetzt sind, und in einer Art liebevoller Erpressung drängt sie Limun in die Rolle von deren Beschützer. Auf einer Fahrt im rosa Mini Cooper klappert Limun gemeinsam mit Mirkos Partner, dem Tierarzt Radmilo (Miloš Samolov), auf der Suche nach seinen ehemaligen Kriegsgefährten, die Länder des ehemaligen Jugoslawien ab. Mit ihnen gilt es, eine Schutztruppe für die Gay Pride-Parade in Belgrad aufzustellen, so lautet die Vorgabe seiner Verlobten und Voraussetzung für eine Hochzeit.

> *„Diese Schläge sind besser als die verdammten Erniedrigungen, die wir unser ganzes Leben lang ertragen."*
>
> *Mirko in: Parada*

Die Drohungen von Hooligans und Neonazis sind vehement, von der Polizei ist aber kaum Schutz zu erwarten, und die Gruppe der schwulen Aktivisten am Tag der Parade ist denkbar klein.

Über Mirkos und Radmilos Bett hängt ein Plakat des Westerns *Die glorreichen Sieben* (1960). Auf ebensolch verlorenem Posten, doch ohne Glanz und Glorie, stehen sie nun den Glatzen mit ihren Schlagriemen und Prügeln, Fahnen und religiösen Bildern wie in einem Duell gegenüber.

„Ihr seid tot, ihr Schweine!", lauten die Rufe der Rechtsradikalen. Dass es genau diese Menschen seien, die die Schwulen jeden Tag zwingen würden, jemand anderes und nicht sie selbst zu sein, setzt Mirko in einer bewegenden Rede an: Und dass sie alle ständig Rollen für andere ausfüllen würden, für Eltern, Freunde, die Straße, die Arbeit. „Diese Schläge", ruft er der kleinen Gruppe Mut zu, „sind besser als die verdammten Erniedrigungen, die wir unser ganzes Leben lang ertragen."

Im folgenden Kampf wird Mirko eine Treppe hinuntergestoßen. Mit einer blutenden Wunde am Hinterkopf bleibt er auf der Kante einer Stufe liegen. Die spät, aber doch heranrückenden Polizisten haben die Neonazis in die Flucht geschlagen, für Mirko aber kommt jede Hilfe zu spät. Radmilo kauert über ihm; die Hand auf seiner Wange, nimmt er still Abschied von ihm. Beim Begräbnis ergreift Radmilo das Wort: Mirko habe bis zum Schluss eine Vision gehabt, dass es möglich sein müsse, frei und erhobenen Hauptes durch die Stadt zu gehen, ohne Angst, von jemandem erniedrigt zu werden, nur weil er anders sei. „Am Ende hat er bewiesen: Er ist auf die Straße gegangen und niemand hat ihn erniedrigt."

Als Geste des ungebeugten Widerstandes verstreut Radmilo auf der Parade des darauffolgenden Jahres die Asche seines Freundes.

Diese Szene wurde 2010 auf der Belgrader Gay Pride gefilmt – eine Parade, bei der einige wenige hundert Aktivisten von 5600 Polizisten vor 6000 Gewalttätigen geschützt werden mussten. Der durchschlagende Erfolg von *Parada* auf dem gesamten Balkan schien Grund zur

Hoffnung auf eine gewisse Liberalisierung der Gesetzgebung Homosexuellen gegenüber zu geben. Dass die Paraden der darauffolgenden Jahre wegen der massiven Drohungen rechtsradikaler Kreise abgesagt wurden, leider weniger.

Ben Hur (1959, Action/Liebesfilm)
Regie: William Wyler
Darsteller: Charlton Heston, Stephen Boyd, Jack Hawkins, Haya Harareet, Hugh Griffith

Parada (2011, Drama/Komödie)
Regie: Srđan Dragojević
Darsteller: Milos Samolov, Nikola Kojo, Hristina Popovic, Goran Jevtic, Goran Navojec, Dejan Acimovic

Camp rules

Can't Stop the Music (1980)
Liberace (2013)
The Producers (2005)
The Rocky Horror Picture Show (1975)

In ihrem legendären Essay von 1964 kodifizierte Susan Sontag den Begriff „Camp" für jene Art von Kitsch, für den Schwule offenbar ziemlich empfänglich seien. Diese Art der Wahrnehmung von kulturellen Produkten, ob wir nun von Film, Musik, Literatur, Bildender Kunst oder Mode sprechen, sei, so kann man nachlesen, am Künstlichen und der Übertreibung orientiert, was Werken der Trivial- und Populärkultur eine ästhetische Aufwertung erfahren lasse. Nicht von ungefähr gelten Oscar Wildes Dandytum und seine Überlegungen zum Ästhetizismus als Vorläufer dieses Konzepts. „Es ist nicht wahr, dass Camp-Geschmack homosexueller Geschmack ist", schreibt Sontag, „aber es gibt zweifellos eine gewisse Nähe." Kein Wunder, dass die schwule Subkultur bis heute ein reiches Reservoir an Vorbildern und Anregungen auch für Künstler des Mainstreams darstellt.

Was unseren Blick auf die Rolle von Musik im queeren Kino lenkt, im Speziellen auf solche, die Pathos nicht nur nicht scheut, sondern mit großem Gusto geradezu zelebriert: Camp regiert die schwule Welt. In diesem Sinne treten auf: eine Riege von Turnern in einem Sportclub, ein berühmter Pianist im Glitzerkostüm, ein Hakenkreuzballett und der schlichtweg geilste Transvestit der Filmgeschichte.

Spots an, Musik ab – hier sind die Village People, ihres Zeichens die erste für eine schwule Zielgruppe gecastete Boyband der Geschichte. In der Verkörperung queerer Stereotypen galt ihre Kostümierung als Markenzeichen: der Polizist, der Indianer, der Bauarbeiter, der Rocker, der Cowboy und der Matrose. Themen, die mit männlicher Homosexualität assoziiert werden, fanden sich subtil in die Titel und Texte ihrer Songs eingewoben: „In the Navy", „Macho Man" und natürlich „YMCA".

Legendär erscheint mir die Szene aus dem Film *Can't Stop the Music*, wenn die

Village People letzteren Song an eben diesem Ort anstimmen. Halb nackt in knappsten Glitzerhöschen oder ähnlichem Outfit betreiben knackige Männer allerlei Sport, von Squash, Barren- und Ringturnen, Trampolinspringen über Klettern und Seilschwingen bis hin zu Synchronspringen, Hürdenlauf und Boxen. Auch Basketball wird gespielt, der Schweiß rinnt beim Bankdrücken, einhändigen Liegestützen, Bauchcrunches und Aerobicübungen, und gewagte Salti versetzen uns in Erstaunen. Dies alles immer wieder in Zeitlupe fürs Betrachten der beteiligten Körper. Im Umkleideraum und unter der Dusche fallen dann die letzten Hüllen, Muskelmänner albern im Seifenschaum herum und relaxen im Sprudelbad. Dazwischen Tanz in einer musicalartigen Choreografie, und am Schluss sinken alle erschöpft auf- und übereinander. Vor diesem Hintergrund der Text des Liedes: Ein junger Mann, neu in der Stadt und auf sich allein gestellt, und die Aufforderung, sich nicht dem Trübsal zu überlassen, denn da gebe es diesen magischen Ort und Typen wie ihn: „You can stay there and I'm sure you will find/Many ways to have a good time.“ Noch deutlicher: „They have everything for young men to enjoy/You can hang out with all the boys."

Der Film kam 1980 unter dem alternativen deutschen Titel *Supersound und flotte Sprüche* heraus und verfehlte die erhoffte Prolongation des Erfolgs der Musicaladaption *Grease* (1978) vom selben Produzenten, Allan Carr. Die Feigheit vor dem eigenen Mut ist heute evident: Die Village People werden in einer Art erfundener Biografie für den breiten Geschmack zurechtgestutzt: als skurrile Discoband in durchgehend heterosexuellem Kontext und unter Vermeidung von offen schwulen Konnotationen. Vielleicht begründete sich der finanzielle Misserfolg des Films auf der banalen Storyline und den Dialogen zum Fremdschämen oder, wie oft propagiert, darauf, dass er erst herauskam, als Disco schon an Popularität verloren hatte. Vielleicht aber liegt der wahre Grund dafür in seiner Unentschlossenheit, die keinen Raum für jene Spekulationen lässt, die den Erfolg der Band begründeten. Was für uns jedoch bleibt, ist diese herrliche Szene in YMCA. „Put your pride on the shelf" heißt es im Lied dazu, und in diesem Sinne erscheinen mir die turnenden Männer wie ein letztes Zelebrieren eines zu dieser Zeit gerade erst erstarkten schwulen Selbstbewusstseins – kurz bevor die ersten besorgniserregenden Nachrichten von einer neuen Krankheit namens AIDS diesem einen unerhörten Dämpfer versetzen sollten.

Ein Thema auch in Steven Soderberghs Biopic *Liberace*. Dass der erfolgsgewöhnte Regisseur der *Ocean*'s-Trilogie (2001 – 2007) trotz der Starbesetzung mit Michael Douglas und Matt Damon für sein Filmprojekt in Hollywood keine Finanzierung aufzustellen in der Lage war und der Bezahlsender HBO einspringen musste, lässt tief blicken. Herausgekommen ist jedenfalls eine brillant gespielte und szenenweise bitterböse Satire um die Höhen und Tiefen einer schwulen Beziehung und die Ignoranz der Mehrheitsgesellschaft, die oft nicht sehen will, was doch so offensichtlich ist.

Der Tierpfleger Scott und der gefeierte Showpianist Liberace lernen sich 1977 kennen, ihre Beziehung jedoch muss vor der Öffentlichkeit geheim bleiben. Homosexuelle haben in den Siebzigern noch einen schweren Stand, erst recht, wenn sie im Rampenlicht stehen. Liberace beschäftigt Scott auf dem Papier als seinen persönlichen Assistenten, die Kontrolle über ihn wird aber immer mehr zur Obsession. Damit er ihm ähnlicher sieht, verlangt er von ihm sogar eine Gesichtsoperation – Rob Lowe in der Rolle eines selbst zur Maske operierten Arztes ist eines der sarkastischen Gustostücke in einem an solchen nicht armen Film. Berührend hingegen ist Soderbergh die Schlussszene geraten: Liberaces Begräbnis wird zu einer Huldigung an den Glitzerkünstler, die Szenerie zur Las Vegas-Bühne mit Scott als einzigem Zuschauer: Das Stück ihres gemeinsamen Lebens wird nur für ihn dargeboten. Sternenglanz, weiße Kostüme, Federboas, ein Rolls Royce in Leichenwagendesign fährt ein, Tänzerinnen und Tänzer heben den Sarg heraus, da steht Liberace auf einmal wieder in jugendlicher Kraft und mit seiner charakteristischen Föhnfrisur und Kostümierung da. Er schwebt durch die Luft zu seinem Piano und beginnt zu spielen und mehr zu sprechen als zu singen: das Lied vom Ritter in der in dieser Version gar nicht so traurigen Gestalt, der den Windmühlen des Lebens zu trotzen weiß. „To dream the impossible dream", heißt es im Song aus dem Musical *Der Mann von La Mancha* (1972), und der Text erscheint uns für den Anlass sehr angemessen: „To fight the unbeatable foe/To bear with unbearable sorrow/To run where the brave dare not go." Scott stehen die Tränen in den Augen, wenn sich ihm in Bezug auf die Krankheit seines Geliebten der tiefere Sinn der Worte erschließt: „To try when your arms are too weary/To reach the unreachable star." Und dann im Hinblick auf den Tod: „And I know if I'll only be true/To this glorious quest/That my heart will lie peaceful and calm/When I'm laid to my rest." Als würde er zu seinem Publikum sprechen, tritt Liberace an den Rand der Bühne: „Thank you. You have made me the happiest piano player [...]."

Das sind die stärksten Momente des Films: jene vom zuweilen hilflosen Versuch, die Zeit anzuhalten, und die Wunden, die sie schlägt, zu heilen – den unmöglichen Traum von der Liebe doch möglich zu machen.

Szenenwechsel, ab jetzt ist es vorbei mit all der Traurigkeit. Die Frage, ob man über Hitler lachen dürfe, stellte sich schon, als 1940 Charlie Chaplins *Der große Diktator* herauskam. Die Antwort, die uns der geniale Komiker in seiner berühmten Verwechslungsgeschichte rund um einen jüdischen Friseur und den Diktator Adenoid Hynkel gibt, erscheint mir auch heute noch gültig. In legendären Szenen wie der Rede im Schnitzel- und Sauerkraut-Kauderwelsch und dem Tanz mit dem Globus stößt er Hitler vom Sockel und demaskiert ihn als lächerliches Monstrum.

Im Zweiten Weltkrieg, so der tschechischstämmige Regisseur Miloš Forman (*Amadeus*, 1984) in einem Interview, wären die besetzten Länder von den Alliierten befreit worden – die Seele der geknechteten Menschen aber von Chaplin. *The Producers*, Susan Stromans Filmversion der Musicaladaption von Mel Brooks' Filmkomödie *Frühling für Hitler* (1968), zerbricht sich über die Frage, wie weit Satire gehen darf, erst gar nicht den Kopf. Es geht um einen totalen Flop am Broadway, der in einem kruden Spiel der Produzenten (Matthew Broderick und Nathan Lane) mit den Investoren nicht vermieden, sondern geradezu mit allen Mitteln herbeigeführt werden soll. Deshalb das für ein Musical an den Haaren herbeigezogene Thema, und dann, bei der Aufführung, diese einmalige Szene, bei der einem als Zuschauer nicht weniger der Mund offen stehen bleibt als dem Theaterpublikum im Film. Ein Klischee jagt das andere, in einer Überhöhung, die kein Körnchen guten Geschmack übrig lässt. Ein blonder Nazi (John Barrowman), wie er im Arierlehrbuch steht, gibt die Linie vor, singt von „Springtime for Hitler and Germany" und setzt gleich nach: „Deutschland is happy and gay". Währenddessen treten leicht bekleidete Tänzerinnen in wunderlichen Kostümen auf: Ihre Hüte und

Hüften sind dekoriert mit überdimensionalen Bierkrügen, Brezeln, Bratwürsten und Walkürenhörnern. Kurzbehöste Burschen und Mädel in braunen Hemden beginnen zu steppen, Leute aus dem Publikum treten die Flucht an. Und dann wird mit betont deutsch ausgesprochenem „th“ der Höhepunkt des Ganzen angekündigt: „The Führer is coming!”

Der Hitler, der nun auftritt, ist nicht der gecastete Darsteller, der nach einem Unfall außer Gefecht gesetzt ist, sondern der schwule Regisseur (Gary Beach) als dessen Ersatz. Geknickte Gelenke und schwingende Hüften: Trotz Uniform ist nicht viel Militärisches an diesem Diktator. „Heil myself, Heil to me”, singt er mit Inbrunst: „I'm the Kraut who's about to change our history.” – „He's so cute/ Let's give a salute and Heil“, ist die Reaktion des Chores. Auf dem Bühnenrand sitzend, mit übereinandergeschlagenen Beinen singt Hitler alsdann über seine traurige Vergangenheit: „Germany was blue/Oh, what, oh, what, to do?“ Das Drama einer typischen Musicalarie mit viel Schmalz und Herz und Schmerz, dann das wiederentdeckte Selbstvertrauen: „The new world order is here/[...] Wonderful me.“

Brooks zelebriert die Klischees so gnadenlos, bis sie brechen und dahinter die Fratze des Psychopathischen zutage tritt. Soldaten in schwarzer Uniform marschieren mit Hitlergruß auf die Bühne und formen ein zackiges Hakenkreuzballett mit Hitler im Zentrum, das wir sogar aus der Vogelperspektive sehen können. Das Publikum im Theater ist auf die Sitze zurückgeströmt, hält das alles für eine Parodie, eine Farce, und rast vor Begeisterung.

Kommen wir nun zum Auftritt von jemandem, der sich nicht nur für unwiderstehlich hält, sondern es tatsächlich ist: Frank N'Furter, seines Zeichens coolster Transvestit der Filmgeschichte. In Jim Sharmans Kinofassung des Musicals *The Rocky Horror Show* von Richard O'Brien, der im Titel ein „Picture“ hinzugefügt wurde, verkörpert Tim Curry die für manche provozierende Gestalt auf unnachahmliche Weise. Janet und Brad, die beiden Unschuldslämmer, denen noch Hören und Sehen vergehen wird, werden von einer nächtlichen Autopanne im strömenden Regen im Schloss angespült und wollen angesichts all der seltsamen Gestalten, die sich dort herumtun, schon das Weite suchen. Da fährt der Aufzug heran und Curry steht in seinem legendären Fummel vor ihnen: in High Heels, Netzstrümpfen und spitzenbesetzten Strumpfbändern, angetan mit engem schwarzen Mieder, Perlenkette und einem roten Herztattoo, mit übergreller Schminke und Lidschatten, den man heute „smokey eyes“ nennen würde.

„Don't judge a book by its cover“, legt er Janet und Brad sogleich nahe und versichert ihnen, dass er ein „hell of a lover“ sei. Den Refrain „Sweet Transvestite from transsexual Transylvania“ kennt inzwischen jeder, im Film ist er noch dazu angetan, die Gäste aufs Unangenehmste zu verstören. Oder ist da nicht auch ein Hauch an prickelnder Erwartung? Jedenfalls bietet Frank ihnen an, seine liebsten Obsessionen mit ihnen zu teilen, und schwärmt ihnen von seinem neuesten Steckenpferd vor, einem „man with blonde hair and a tan“. Nach lasziv geschwungenen Hüften und seinem Rundgang durch die Schar der als Chor fungierenden Schlossgesellschaft gelangt Frank wieder zum Lift zurück. „I see you shiver with ...“, und jetzt dieses extrem hinausgezögerte Wort, das nicht nur Janet und Brad, sondern auch uns Schauer wohliger Vorfreude über den Rücken jagt: „Anticipation.“ Was man guten Gewissens als Camp in Reinkultur bezeichnen könnte.

Can't Stop the Music (1980, Kultfilm/Filmbiografie)
Regie: Nancy Walker
Darsteller: Alex Briley, David Hodo, Glenn Hughes, Randy Jones

Liberace (2013, Musical Comedy/Drama)
Regie: Steven Soderbergh
Darsteller: Michael Douglas, Matt Damon, Rob Lowe, Dan Aykroyd

The Producers (2005, Musical Comedy/Musicalfilm)
Regie: Susan Stroman
Darsteller: Nathan Lane, Matthew Broderick, Uma Thurman, Will Ferrell

The Rocky Horror Show (1975, Musical Comedy/Horror)
Regie: Jim Sharman
Darsteller: Tim Curry, Susan Sarandon, Barry Bostwick, Meat Loaf, Richard O'Brien

Singen über die Liebe

Chanson der Liebe (2007)
Meeresfrüchte (2005)
Rent (2005)

„If music be the food of love, play on!" Graf Orsinos Aufforderung in Shakespeares *Twelfth Night* (verfasst 1601/02, erstmals gedruckt in der Folioausgabe von 1623) gibt die atmosphärische Klammer von ganz besonders gefühlvollen Momenten der Liebesbezeugungen in musikalischer Form vor. Wir beobachten ein bis über beide Ohren verliebtes Paar in New York City, ein anderes, das in Pariser Nächten schmachtet, und zuletzt eine ausgelassene Sommergesellschaft, die sich in der Unbeschwertheit ihres Lebens ergeht.

„I'll cover you" ist das hinreißende Liebesduett von Tom und Angel betitelt. Ihre Beziehung wird durch AIDS ein jähes und allzu frühes Ende finden, doch das wissen sie in diesem Augenblick noch nicht, wenn sie durch die Straßen New Yorks tanzen und singen und sich ihres Lebens freuen.

Jesse L. Martin als Tom und Wilson Jermaine Heredia als Transvestit Angel sind nur zwei jener Bewohner der Avenue A, die Bauspekulationen zum Opfer fallen soll. In dem Moment, in dem sie die Liebe trifft, scheren sie sich aber keinen Deut darum.

Ebenso wie das Broadway-Musical *Rent* von Jonathan Larson basiert Chris Columbus' gleichnamige Verfilmung auf Puccinis *La Bohème* (1896) und erweist sich im Sinne von Tragik dem Vorbild als ebenbürtig. Wie sich Tom und Angel umeinander kümmern, wie sie als Außenseiter der Gesellschaft aufeinander schauen, bringt ihr wunderschöner Song zum Ausdruck. „Live in my house, I'll be your shelter", schlägt Angel Tom vor, und alsbald gestehen sie einander ihre Liebe: „A new lease you are my love. On life, be my life."

Im geblümten Röckchen, mit High Heels und Mireille Mathieu-Gedächtnishaarschnitt wirkt Angel neben dem doch eher männlichen Tom mit seinem dunklen Ledermantel wie der Gegensatz, der zur Ergänzung wird. Ihre Liebe zueinander ist offensichtlich, wenn sich die beiden umeinander drehen und durch ihre kleine Welt tanzen, die ihnen zumindest in diesem Augenblick als Paradies erscheint. Sie strahlen sich an, dass schier die Sonne aufgeht: „Just slip me on, I'll be your blanket/Wherever, whatever, I'll be your coat." Sie versichern einander: „You'll be my King, and I'll be your castle." – „No, you'll be my Queen, and I'll be your moat." Wann immer der andere sich erschöpft und am Ende fühle, allein sei oder friere: „So with a thousand sweet kisses, I'll cover you." Dann laufen Tom und Angel Hand in Hand los, ihre Atemwölkchen vermischen sich, als sie sich einander zuneigen, in einem liebevollen Kuss, der keine Ahnung hat von dem Leid, das das Schicksal schon bald für sie bereithalten wird.

Eine andere Stadt, ein anderes Lied, ein Schmachten, ein Sehnen, und dann die Erfüllung. Auch in Christophe Honorés *Chanson der Liebe* spielt der Tod eine Rolle, doch hier ist er der Auslöser für Neues und bislang Unbekanntes.

Ismaël (französisch, wie es im Buche steht: Louis Garrel aus Bertoluccis *Die Träumer*, 2003) lebt in einer Ménage-à-trois mit seiner Freundin Julie und Alice und versinkt nach Julies überraschendem Tod in einem Sumpf aus Trauer und

> *„You'll be my King, and I'll be your castle."*
>
> *„No, you'll be my Queen, and I'll be your moat."*
>
> *Tom und Angel in: Rent*

Traurigkeit. Bezaubernd sind die Lieder des Komponisten Alex Beaupain, mit denen Honoré seine Geschichte erzählt: wie Isméal durch die Bekanntschaft zu dem viel jüngeren Erwann (sehr süß in seiner Unschuld und Verliebtheit: Grégoire Leprince-Ringuet) wieder Freude am Leben findet, es Erwann gelingt, die Mauern zu durchbrechen, die Ismaël um sich herum aufgebaut hat, und daraus sogar Liebe entsteht.

Gleich zwei Lieder illustrieren diese Entwicklung: „Liebe im Vorübergehen ist ein nichtig Streben", meint Ismaël, und doch verbringen Erwann und er eine Nacht zusammen. „Das Herz verdorrt, es sucht mit verquollenen Augen. Also brenne!", singt er, und dann, als die beiden schon nackt beisammen liegen: „Nichts ist mehr traurig, nichts mehr schwer."

Das Streicheln, die Küsse, die Empfindungen der Haut – einen wahren „Sturzbach aus Lava“ fühlt Ismaël in seinem Körper: Sex beim Singen, das ist mal etwas Neues.

Am nächsten Morgen werden die zwei von einer Freundin überrascht, daraufhin irrt Ismaël einen Tag lang durch Paris. Er steht an Julies Grab und streunt abends durch die dunkle Stadt. Eine Neonschrift, „Cry me a river“ in Regenbogenfarben, irritiert ihn, er läuft davon wie in einer Art Flucht vor etwas, dem er im Grunde genommen schon nachgegeben hat. Schließlich kehrt er zu Erwann zurück.

Dass er herumgehangen sei und seit der Früh getrunken habe, lässt er ihn wissen: „Einen Körper ich nur wollte/ Schmiegen mich in einen Arm.“ Ismaël betont, nicht mehr von Erwann zu wollen als Sex, bekommt von diesem aber zurück, dass er glaube „zu hören ich liebe dich.“

Das Spiel des Umgarnens, das auf diese Zeilen folgt, ist hübsch anzusehen: die kurzen Berührungen, Ismaëls Zurückzucken und wie er sich in eine Ecke flüchtet. Er öffnet ein Fenster, beugt sich hinaus und hält sich die Ohren zu, um Erwanns werbende Worte nicht mehr hören zu müssen. Doch Erwann tut es ihm nach, öffnet das Fenster daneben, klettert sogar auf den Sims hinaus und turnt hoch über der Straße vor Ismaël herum. Dieser bezeichnet sich als langweiligen alten Witwer, Erwann sich selbst als jungen hübschen Bretonen; dazwischen steht der Satz von der Liebe, und Erwann rückt davon nicht mehr ab: „Mein Bett, das ist auf unsere Flecken ganz erpicht.“ In Wahrheit hat Erwann längst gewonnen und Ismaëls Herz Feuer gefangen.

„Mein Bett ist willig“, singt Erwann und davon, gemeinsam mit dem Geliebten in den warmen Laken zu liegen. Da macht Ismaël dem Ganzen ein Ende und setzt einen Anfang. Er nimmt Erwann in die Arme und verschließt seinen Mund mit einem Kuss, dazu die poetischen Worte: „Love me less but love me a long time.“

> *„Love me less but love me a long time.“*
>
> *Isméal in: Chanson der Liebe*

Wir bleiben in Frankreich, es geht ans Mittelmeer, und dort erleben wir einen veritablen Sommernachtstraum voll der Leichtigkeit des Seins.

Den Versuch, die beiden im Grunde genommen ja nicht wirklich notwendigen Pole der Hetereo- und Homosexualität zu vereinen, unternehmen die französischen Regisseure Olivier Ducastel und Jacques Martineau – und zwar mit höchst vergnüglichem Esprit. *Meeresfrüchte* heißt ihre überaus nette Filmkomödie, ein Spiel um Irrungen und Verwirrungen, um Liebe und Triebe und sexuelle Identitäten.

Ein Sommer in einer Villa am Meer, das Licht und die Farben der Côte d'Azur, das alles bringt die Gefühle in Schwung. Marc, der hier vor vielen Jahren für längere Zeit gelebt hat, seine Frau Béatrix und die beiden Kinder Laura und Charly – nicht nur die letzteren beiden beginnen, ihre Sexualität zu erkunden. Charlys bester Freund Martin ist schwul, doch Charly steht auf Mädchen, wenngleich die Mutter in den beiden Jungs ein Liebespaar sieht und ihrem Sohn bei den vermuteten Schwierigkeiten bezüglich seines Coming-out beistehen möchte. Zu allem Überfluss tauchen auch noch Béatrix' Liebhaber Mathieu und der schwule Installateur Didier auf, zu dem Marc eine ganz eigene Verbindung hat ...

Die finale Szene des Films führt uns ins Jahr nach diesem Sommer, der für alle Beteiligten das Leben auf den Kopf gestellt hat. Sie sind wieder da und schauen aus den Fenstern, die Konstellationen jedoch sind neue. Der Vater mit seinem Freund, die Mutter mit ihrem Lover, die Kinder mit Anhang und auch der schwule Martin ist nicht allein. Ein Suchspiel läuft an: was sich im Haus verändert habe. Türen werden geöffnet, kalt – warm – heiß; in Wahrheit sind es sie alle, die nicht mehr dieselben sind.

Am Abend kommen alle auf den Platz vor dem Haus und fangen unter Lichtergirlanden an zu singen und zu tanzen. Der Text dreht sich um die verschiedensten Meerestiere, die die Strömung angeschwemmt hat, und die nun in Harmonie zusammenleben. Eigentlich singen sie über sich selbst: „Die Liebe tat das ihre."

Es ist keine strenge Choreografie, die uns hier vorgesetzt wird, es ist einfach ein Ausdruck von Lebensfreude. Sie umtanzen einander, sie nehmen sich in die Arme, sie drehen Pirouetten: die Alten und die Jungen, die Männer und die Frauen, die Heteros und Homos, es macht keinen Unterschied. Denn letztlich geht es in dieser schrill-überdrehten Boulevard-Komödie darum, wie weit die sexuelle Toleranz innerhalb eines Kreises von Familie und Freunden und zwischen den Generationen gehen kann.

Liebevoll in der Beschreibung der Beziehungen und überaus sympathisch im Eintreten gegen einengende Konventionen, ist es das „Leben-und-leben-lassen“ im Rhythmus einer Musik, die die Menschen miteinander verbindet und nicht trennt.

Chanson der Liebe (2007, Drama/Liebesfilm)
Regie: Christophe Honoré
Darsteller: Louis Garrel, Grégoire Leprince-Ringuet, Clotilde Hesme, Ludivine Sagnier

Meeresfrüchte (2005, Drama/Liebesfilm)
Regie: Olivier Ducastel, Jacques Martineau
Darsteller: Valeria Bruni Tedeschi, Gilbert Melki, Jean-Marc Barr

Rent (2005, Drama/Liebesfilm, Musical)
Regie: Chris Columbus
Darsteller: Jesse L. Martin, Wilson Jermaine Heredia, Taye Diggs, Rosario Dawson

Let's talk about sex

De-Lovely – Die Cole Porter Story (2004) Shortbus (2006) Watercolors (2008)

Wie von Sex erzählen, fragt man sich mitunter, wenn sich solche Szenen in Filmen oft zwischen plattem Voyeurismus, banaler Langweile und der Peinlichkeit oberflächlichen Kitsches ergehen?

Da wäre einmal die Möglichkeit, den Sex gar nicht erst zu zeigen und stattdessen darüber zu singen. Cole Porter gab schon 1930 eine Idee davon, wie dies ablaufen könnte. „Love for sale" heißt das Lied, das aus der Sicht einer Prostituierten die verschiedenen Arten der käuflichen Liebe anbietet: „Old love, new love, every love but true love."

Vivian Green interpretiert das Lied, das zur Zeit seiner Entstehung zum veritablen Skandal wurde, in Irwin Winklers Biopic *De-Lovely* auf verrucht gehauchte Weise, der Film liefert dazu die passenden Bilder in einem schummerigen schwulen Nachtclub. Kevin Kline betritt denselben in der Rolle des begnadeten und lebenslang skandalumwitterten Komponisten Porter, er bewegt sich durch das verschwenderische Dekor wie jemand, der weiß, was er will, im Hintergrund die vielsagenden Zeilen: „Who would like to sample my supply?/Who's prepared to pay the price for a trip to paradise?" Blicke werden getauscht, die Codes des Verhaltens sind klar gesteckt, Geldscheine wechseln den Besitzer, dann verschwindet Porter in einem Hinterzimmer. Was dort geschieht, kriegen wir nicht mit, doch später kommt es zu einer Erpressung mit Fotos aus eben diesen Räumlichkeiten. Auf die darauffolgende Aufforderung um Diskretion pariert Porter: „I've never been discreet. What's discretion but dishonesty wrapped up in a little good breeding?"

Winklers Film trägt uns wie auf einem Teppich aus messerscharfen Dialogen und Cole Porters wunderbaren Melodien durch die Höhen und Tiefen eines Musikerlebens, in dem es zwischen dem Komponisten und seiner Frau Linda (Ashley Judd) keine Lügen gibt. Selbst in Zeiten größter persönlicher Krisen versuchen

> *„I wish you could see how beautiful you look right now."*
>
> *Danny in: Watercolors*

die beiden, Würde zu bewahren. An Lindas Sterbebett fallen die folgenden großartigen Sätze über eine ganz besondere Rose, in Wahrheit über einen Mann, der seine Ehefrau über alles liebt und dennoch auch andere Männer begehrt: „A whole new flower. [...] It's a hybrid of two varieties of rose thought to be completely incompatible, yet look at it. It's perfect."

Aus Deutlicherem hält sich der Streifen heraus, was wir angesichts der vielen spannenden Neuinterpretationen von Cole Porters Songs durch Elvis Costello, Diana Krall oder Sheryl Crow, um nur einige zu nennen, gern verschmerzen.

In dem Roman *Die Geschichte der Nacht* (1996) gelingt dem Autor Colm Tóibín in der Schilderung einer Sexszene zwischen dem jungen Protagonisten Richard Garay und seinem Freund Pablo auf eine ganz wunderbare Weise eine zauberhafte Direktheit zwischen Zartheit und großer Intensität. „Ich berührte ihn und hielt ihn fest, als würde ich nie wieder Gelegenheit dazu haben", heißt es, und weiter: „Ich war so erregt, dass ich außer mich geriet, in einen Raum trat, in dem es nur noch seinen Körper gab, die Härte seiner Muskeln, die seidige Schönheit seiner Haut, die Weichheit seiner Zunge, sein rasendes Atmen in meinem, und alles an ihm unfassbare Vollkommenheit war." Beim Lesen sieht man Richard und Pablo geradezu nach Luft schnappen in ihrer Umarmung, in der es kein Morgen zu geben scheint.

In diese Richtung weist die Sexszene in David Oliveras' *Watercolors*, einem kleinen und sehr seltsamen Film. Seltsam deshalb, weil die Geschichte um die Liebe zwischen dem künstlerisch begabten Nerd Danny (Tye Olson) und Carter (Kyle Clare), einem Schwimmstar mit Drogenproblemen, zuweilen arg hölzern und gestelzt wirkt, es in manchen Szenen Hintergrundgeräusche gibt, die ganz und gar nicht in einen fertigen Film gehören, und Karen Black in der Rolle einer Kunstlehrerin erschreckendes schauspielerisches Unvermögen offenbart. Am Ende hat das Drehbuch auch noch Carters Tod vorgesehen – der dramaturgische Hintergrund dafür hat sich mir nicht erschlossen. Doch die beiden jungen Hauptdarsteller machen das alles mit ihrem unverfälschten Spiel wett, ihr Schluchzen ist tatsächlich herzzerreißend, und wenn Danny Carter seine Liebe gesteht, dann glauben wir ihm das. Seien wir uns ehrlich: Als Danny bei einer Porträtsitzung meint „I wish you could see how beautiful you look right now“ können auch wir die Augen nicht von Carters makellosem Gesicht und Körper abwenden.

Und dann gibt es da diese wahrlich einzigartige Szene, in der sich Regisseur Oliveras getraut hat, einmal etwas ganz und gar anderes zu wagen – und ja, es ist ihm gelungen. Als Danny, der Aquallerist, und Carter, der Schwimmer, miteinander ihren ersten Sex haben, lässt es Oliveras auf einmal in Dannys Zimmer zu regnen beginnen. In bläuliches Licht getaucht, ergießt sich der Regen über die Möbel, die Lampen, über brennende Kerzen, ohne sie zu löschen, über Papier und Pinsel und dann über die nackten Körper der Jungen, die wir meist in Großaufnahme sehen, ihre Hände, ihre Haut, die Lippen, und dazu eine fast karge Untermalung durch Violine und Klavier. Der erste Sex als Märchen, als Augenblicke, in denen die Wirklichkeit hinter das zurücktritt, was eigentlich zählt. Das ist wahnsinnig romantisch und dabei sonderbarerweise völlig unkitschig und eine schlichtweg einmalige Darstellung. Dem Film ist ein Zitat des chilenischen Literaturnobelpreisträgers Pablo Neruda vorangestellt: „Love is so short ... and [sic!] forgetting is so long.“ Diesen kurzen Moment der Liebe, hier eben der körperlichen, gelingt *Watercolors* darzustellen wie einen, den man tatsächlich nicht so leicht vergisst.

> *„Love is so short ... and forgetting is so long.“*
>
> *Pablo Neruda*

Was man über den extrem entspannten Dreier und einige weitere Sexszenen in John Cameron Mitchells *Shortbus* ebenfalls mit Fug und Recht behaupten kann. Der Titel bezieht sich auf einen Club in Brooklyn, in dem verschiedene Paare zusammentreffen, denen wir zuvor bei ihren diversen Problemen persönlicher und auch sexueller Art total ungefiltert zusehen. Zu Beginn fliegt die Kamera durch ein animiertes Panorama von New York und dann, als wäre der alte Voyeur Hitchcock am Werk, direkt hinein in Wohnungen, wo wir Zeugen der wahrhaft gliederverrenkenden Kopulationsakrobatik eines Pärchens, einer peitschenhiebbedingten Ejakulation auf ein Gemälde von Jackson Pollock und einem authentischen Self-Blowjob werden.

STOLZ UND VORURTEIL

Der Sex, den die Laiendarsteller in Mitchells Film haben, ist echt. Der Regisseur geht damit den Weg weiter, den Larry Clark einst mit *Ken Park* (2002) eingeschlagen hat, und zelebriert seine Tabubrüche mit entwaffnender Ehrlichkeit. Wobei ich eben den schon genannten Dreier am amüsantesten finde. Jamie, der ehemalige Kinderstar, (PJ DeBoy) und sein Partner James, der ehemalige Callboy (Paul Dawson), nehmen sich einen Dritten zur Brust und auch anderswohin, den angehenden Sänger Ceth (Jay Brannan). Ein nettes Stück auf der Gitarre stellt den Einstieg zu ihrem Treiben dar, das durchaus an- und erregend, dabei aber auch wirklich witzig anzusehen ist. Ceth bläst James' Penis und kriegt seinerseits von ihm seinen gewichst, was ihn zu der Bitte führt, dafür doch die andere Hand zu verwenden: Er sei nämlich diesen Winkel gewöhnt. Gleichzeitig befindet sich Jamies Gesicht zwischen Ceths Hinterbacken. Dass Jamie dabei auch redet, gefällt Ceth ziemlich gut und gleich darauf ganz außerordentlich, als es zum Gesang an dieser Stelle kommt. Dieser steigert sich zu einer Trioversion der amerikanischen Hymne: Stars and banners, trompetet in Ceths Hintern und mit James' Ständer als Mikrofon. Bis alle drei lachend übereinander fallen. Herrlich, diese entspannte Fröhlichkeit, aber auch die Zuneigung zu den Figuren, die jeden Gedanken daran, dass es sich bei dem Gezeigten um Pornografie handeln könnte, gar nicht erst aufkommen lässt.

Wie vom Sex erzählen? Durch die Musik, als Märchen oder Hardcore? Wie auch immer, sobald es auf eine noch nicht zu Tode fotografierte Art und Weise ist, können wir alle diese Spielarten genießen.

De-Lovely – Die Cole Porter Story (2004, Drama/Musical Drama)
Regie: Irwin Winkler
Darsteller: Kevin Kline, Ashley Judd, Jonathan Pryce, Kevin R. McNally, Sandra Nelson

Shortbus (2006, Drama/Independent-Film)
Regie: John Cameron Mitchell
Darsteller: PJ DeBoy, Jay Brannan, Paul Dawson

Watercolors (2008, Independent-Film/Drama)
Regie: David Oliveras
Darsteller: Tye Olson, Kyle Clare, Ellie Araiza

Killer Queens

James Bond 007 – Diamantenfieber (1971) James Bond 007 – Skyfall (2012) Pocahontas (1995)

Ein Killerpärchen, das einander sarkastische Oneliner zuwirft, ein blondierter Cyberterrorist mit Mutterkomplex und ein Eroberer mit Schoßhündchen – Auftritt der vielleicht schillerndsten aller schwulen Bösewichte.

Einige der herrlichsten Schurken des Kinos finden sich in einem Pool von Streifen, wo man sie gar nicht erwarten würde – ich rede von den allenthalben doch stets als familienfreundlich qualifizierten Zeichentrickfilmen aus dem Hause Disney. Der Reigen der bösen Ladys reicht von der eifersüchtigen Königin aus *Schneewittchen und die sieben Zwerge*, dem ersten abendfüllenden Zeichentrickfilm aus 1937, der Stiefmutter aus *Cinderella* (1950) und der bösen Fee Malefiz aus *Dornröschen* (1959) bis hin zu der verrückten Cruella De Vil aus *101 Dalmatiner* (1961) und der drallen Hexe Ursula aus *Arielle, die Meerjungfrau* (1989), für die die amerikanische Dragqueen Divine Pate gestanden haben soll und die man sich als Domina von korsettsprengender Üppigkeit perfekt in einer strengen Kammer vorstellen kann. Um zu den männlichen Vertretern dieser Gattung an Charakteren vorzustoßen: Da sind der Tiger Shir Khan aus dem *Dschungelbuch* (1967), der Zauberer Jafar aus *Aladdin* (1992), Hades, der Herrscher der Unterwelt, aus *Hercules* (1997), Onkel Scar mit seiner schergenhaften Hyänenarmee aus *Der König der Löwen* (1994) und der bigotte Richter Frollo in *Der Glöckner von Notre Dame* (1996), der das heimlich geliebte Zigeunermädchen Esmeralda eher auf dem Scheiterhaufen sehen würde als in den Armen von Phoebus, dem jungen Hauptmann der Stadtwache von Paris.

Diese stechenden Augen, diese eiskalten Blicke, diese Heimtücke und Hinterlist haben wohl auf ganze Generationen von jungen Kinobesuchern gehörigen Eindruck gemacht, sie um Leib und Leben der Heldinnen und Helden dieser Geschichten bangen lassen und ihnen so manchen schlimmen Traum beschert. Disneys „very bad villains" sind zwar „bloß" gezeichnet, sorgen aber für unvergessliche Filmszenen. Sie waren immer schon die interessanteren Charaktere, sie boten weit mehr Funkenflug und Reibungsfläche als die zuweilen allzu lieblichen „Guten". So sind bis heute die stärksten Szenen in Disney-Filmen diese kleinen, subversiven Überraschungsmomente, die uns auch bei unserer Suche Richtung schwulen Subtexts fündig werden lassen: und zwar in der Figur von John Ratcliffe in *Pocahontas*, seines Zeichens selbst ernannter Gouverneur von Virginia. Fett, in purpurnem Gewand, einem lila Hut mit hellblauer Feder, Zöpfchen, die von roten Maschen geschmückt sind, und einem kecken Bärtchen: So tänzelt er auf seinen im Gegensatz zum gewaltigen Körper recht dünnen Beinen durch die neue Kolonie, wo er das zu finden hofft, was Eroberer schon immer in Ekstase zu versetzen wusste: „lovely pebbles that sparkle and shine" – also Gold. Unterstützt von einem Mops auf einem Pölsterchen und einem auch nicht gerade sehr männlichen Kammerdiener, fordert er die Matrosen auf, nach dem edlen Metall zu graben, und spornt sie dabei mit immer kühneren Visionen der Auswirkungen reicher Funde an. Er pickt sich einen feschen Jungen aus der Reihe der Männer, um ihm beim Graben kurz unter die Arme zu greifen, dann fantasiert er von sich selbst in goldenem Gewand auf einer Treppe, links und rechts ein Spalier von Dienern mit Federfächern. Unten warten die Ladys auf ihn – unsere Vermutung, dass er sich unter ihnen beim Tratsch über Kleidung und Schmuck recht wohl fühlen würde, trifft wohl nicht weit daneben. Seine Rivalen zu Hause, singt er jedenfalls, würden ihn grenzenlos beneiden: „But think how they squirm/When they see how I glitter."

Ein solch grenzenloser Egoist hält natürlich nichts vom gegenseitigen Respekt und dem Verständnis zwischen den Kulturen und steht letztlich auch zwischen der Liebe des Abenteurers John Smith und der Häuptlingstochter Pocahontas. Hier wird nichts ausgesprochen, doch die Signale Richtung Homosexualität des Charakters sind eindeutig. Als Karikatur des gar nicht so edlen Edelmannes mit femininen Zügen gibt Ratcliffe jedenfalls einen herrlich überzeichneten Schurken ab, und steht darin in einer Kategorie mit Mr Wint und Mr Kidd, dem schwulen Killerpärchen im James-Bond-Film *Diamantenfieber*.

In der Darstellung von Bruce Glover

STOLZ UND VORURTEIL

„If God had wanted man to fly ...“

„... he would have given him wings.“

Mr Wint und Mr Kidd in: 007 – Diamantenfieber

und Putter Smith lernen wir die beiden in einer Szene in der südafrikanischen Wüste kennen. Sie bestaunen einen schwarzen Skorpion zwischen den Steinen: „Mother nature's finest killer, Mr Wint.“ – „One is never too old to learn from a master, Mr Kidd.“

Der eine ist wie ein verwirrter Professor gewandet, trägt eine gegürtete Safarijacke zu seiner Halbglatze mit schütteren, im Wind fliegenden Haarsträhnen und dem Seehundbart, der andere wirkt in Anzug und Krawatte eher wie ein biederer Bankangestellter: dickliche Männer, denen man die todbringende Gefährlichkeit wahrlich nicht ansieht. Bei der Übergabe von wertvollem Schmuggelgut beseitigen sie ihr erstes Opfer mittels des erwähnten Skorpions, den alsbald heranfliegenden Hubschrauber bringen sie mit Hilfe einer Bombe im übergebenen Diamantenkästchen zur Explosion. Diese wird durch einen legendären Sager kommentiert: „If God had wanted man to fly ...“, beginnt der eine, und der andere führt zu Ende: „... he would have given him wings.“ Worauf sie Hand in Hand durch die Wüste davonschlendern.

Vielleicht hat man sich damals die leicht tuntigen Killer als Gegenpol zu Sean Connery ausgedacht. Nachdem George Lazenby als James Bond mit *Im Geheimdienst Ihrer Majestät* (1969) zumindest in den Augen eines Großteils des Publikums gescheitert war, holte man Connery für einen allerletzten Auftritt in der Rolle des 007 vor die Kamera zurück. Connery wirkt in *Diamonds are Forever* etwas müde und lustlos, er ist füllig und weich geworden – ich kann mir vorstellen, dass der Kontrast zu Mr Wint und Mr Kidd seine Männlichkeit unterstreichen sollte. Deshalb wohl auch die ständige Betonung ihres „Andersseins“, die aus heutiger Sicht auch als übertrieben empfunden werden kann. Erhellenderweise erkennt Bond seine Widersacher am Schluss des Films an ihrem aufdringlichen Aftershave. Den ersten Killer fackelt er ab, den zweiten schickt er mitsamt der „bombe surprise“, die Wint und Kidd in der Verkleidung von Kellnern dem Geheimagenten und seiner Geliebten in der Schiffskabine servieren wollten, über die Reling: „Well, he certainly left with his tails between his legs."

Einen solchen Sager hat James Bond über vierzig Jahre später nicht mehr nötig. In *Skyfall* kontert er seiner Nemesis mit subtileren Mitteln.

Daniel Craig ist als 007 an einen Stuhl gefesselt, was uns nicht von ungefähr an die schmerzhafte Folter in *Casino Royale* (2006) erinnert. Er befindet sich an einem Ende einer riesigen Serverhalle auf der Insel, die der Bösewicht Silva (Javier Bardem) als Versteck benutzt. Am anderen öffnet sich die Tür eines Aufzugs, Silva tritt heraus: blonde Haare, ein dandyhafter Anzug, ein gemustertes Hemd – wenn jemand in einem Mainstream-Thriller so aussieht, ist er entweder schwul oder das, was die Leute eben allenthalben als „exzentrisch" bezeichnen.

In einer langen Einstellung schreitet Silva auf seinen Gefangenen zu und erzählt von einer grausamen Rattenvernichtungsaktion in seiner Kindheit. Bald aber geht es um M, für die auch Silva einmal als Agent gearbeitet hat und von der er sich verraten fühlt: Wer von ihnen beiden ihr wohl näher gestanden sei?

> *„How you're trying to remember your training now? What's the regulation to cover this? Well, first time for everything. Yes?"*
>
> *„What makes you think this is my first time?"*
>
> *Silva und J. Bond in: 007 – Skyfall*

Diese Tirade der Eifersucht um die Liebe einer Ersatzmutter ließe sich sicherlich wunderbar im Sinne Freuds interpretieren, doch es geht noch weiter. Silva zieht einen Stuhl heran und setzt sich Bond gegenüber. Er beginnt, ihm das Hemd aufzuknöpfen, dabei kommt immer wieder dieses schäkernde Grinsen, dieses kokette Lächeln – Bardem zelebriert diese Momente geradezu. Silva betrachtet Bonds Narben, er streicht über seine Haut, seinen Hals, seinen Adamsapfel. Seine Finger zittern dabei unmerklich, sein Knie befindet sich zwischen Bonds gespreizten Beinen wie einst Goldfingers Laserstrahl, und so fährt er mit den Händen über Bonds Oberschenkel.

„How you're trying to remember your training now?", meint er provokant: „What's the regulation to cover this? Well, first time for everything. Yes?" Darauf Bond, knochentrocken: „What makes you think this is my first time?" Und Silvas in der Stimme und dem Ausdruck doch recht tuntige Reaktion: „Oh, Mr Bond."

Ein bereits jetzt klassischer Kinomoment, an dem zweifellos auch Ratcliffe und das Duo Wint/Kidd ihre helle Freude gehabt hätten.

James Bond 007 – Diamantenfieber (1971, Action/Thriller)
Regie: Guy Hamilton
Darsteller: Sean Connery, Bruce Glover, Putter Smith, Charles Gray, Jill St.John, Jimmy Dean

James Bond 007 – Skyfall (2012, Thriller/Action)
Regie: Sam Mendes
Darsteller: Daniel Craig, Judi Dench, Javier Bardem

Pocahontas (1995, Drama/Liebesfilm/Zeichentrickfilm)
Regie: Eric Goldberg, Mike Gabriel
Sprecher: Irene Bedard, John Kassir, Mel Gibson, Linda Hunt

Die Dekonstruktion der Zeichen

Elephant (2003)

Die Burschen und Mädchen sitzen im Kreis, die Kamera befindet sich in ihrer Mitte. Sie bewegt sich langsam an ihnen entlang, derweil die Mitglieder der Gay-Straight-Alliance mit einem Lehrer über die Frage diskutieren, ob und falls ja an welchen äußeren Zeichen und Verhaltensweisen jemand denn als homo- oder heterosexuell zu identifizieren wäre. Offenbare das Tragen von rosa Kleidung oder eines Regenbogenzeichens die sexuelle Identität?

In das Spiel der Deutung solch vermeintlicher Hinweise sind wir selbst involviert; wir betrachten die Gesichter, die Körperhaltung, die Kleidung der Jugendlichen in diesem langen Kameraschwenk, als säßen wir mitten unter ihnen und suchten selbst nach Anzeichen der sexuellen Orientierung unseres Gegenübers. Unsere Verunsicherung wird dadurch verstärkt, dass zumeist nicht jene Mädchen und Jungen im Bildausschnitt zu sehen sind, die gerade sprechen – unwillkürlich messen wir unsere spontanen Reaktionen an denen der anderen Gruppenmitglieder.

Die Jugendlichen kommen in Gus Van Sants Film *Elephant* schließlich zu dem Schluss, dass die simple Zuweisung von Kategorien in sich widersinnig ist – und genau darum dreht sich alles in dem brillanten Cannes-Gewinner: um das Setzen von Zeichen und deren Dekonstruktion als nicht geeignet für schlüssige Erklärungsmodelle unserer Welt, wenn es um die Handlungen von Individuen geht.

Alex und Eric, die beiden Jungen, die Mitschüler und einen Lehrer niedermetzeln – sind sie schwul, weil sie sich am Morgen ihrer Tat in der Dusche küssen? Sind sie Rechtsradikale, weil im Fernsehen eine Dokumentation über Hitlers Propagandamaschinerie läuft? Trägt die Waffenlobby Mitverantwortung für den dem Columbine-Massaker von 1999 nachempfunden Hergang der Ereignisse, weil es in den USA leicht ist, an Waffen heranzukommen? Sind es die familiären Verhältnisse, das unverantwortliche oder empathielose Verhalten mancher Erwachsener oder Mobbing in der Schule, die die beiden Jungen in die Enge treiben?

Elephant ist der mittlere Teil von Van Sants sogenannter Todes-Trilogie. Zusammen mit *Gerry* (2002) und *Last Days* (2005) stellt der Streifen ein Abbild einer verlorenen Jugend dar, die aus den Irrungen und Verwirrungen der Realität ebenso wie aus jenen ihrer Psyche nicht mehr herauszufinden vermag. Eine Spezialität in diesen Filmen sind lange Szenen ohne Schnitte, in denen die Kamera Charakteren durch eine Momentaufnahme ihres Lebens folgt. Wie in der Art eines Third-Person-Shooter-Spiels betrachten wir den Verlauf des Films aus einer Perspektive, die meist hinter, zuweilen auch neben oder vor der agierenden Figur positioniert ist. Es entsteht eine latente Atmosphäre der Verunsicherung, des Unbehagens, des Drohenden, die durch das eigenwillige Sounddesign des Films noch verstärkt wird. Die Vermischung von realen und imaginären Tönen, also von diegetischen und extradiegetischen Elementen der Erzählung, löst die Charaktere aus ihrer gewohnt-bekannten Umgebung und löscht dadurch alles, was ihnen darin Sicherheit gewähren könnte. In diesem Verlust der innerbildlichen Kommunikation finden sie keinen Ausweg aus der Situation der Lebensausschnitte, in denen wir ihnen in fast voyeuristischer Weise als Teil ihrer ständigen Überwachung folgen. Bruchstücke der Handlung werden nacheinander aus der Sicht dieser Personen gezeigt, dabei gibt es bewusste Redundanzen und Überschneidungen. Dieses zuweilen willkürlich erscheinende Aufnehmen und Fallenlassen von Erzählsträngen und deren Wiederholung lässt allmählich ein komplexes Bild der Abläufe und Räumlichkeiten jener High School entstehen, an der die zwei Jungen ein Blutbad anrichten werden.

Die Bedeutung der einzelnen Szenen erschließt sich uns oftmals erst im Nachhinein. Dabei ergeht es uns ähnlich wie den Figuren, die sich durch die Gänge der Schule, die Cafeteria, die Bibliothek, das Fotolabor und den Sportplatz bewegen und immer nur einen Ausschnitt des Ganzen sehen: die Zeichen, die sie nicht zu deuten vermögen – denn die Relevanz dessen, was sich eigentlich direkt vor ihren Augen ereignet, erfassen sie nicht. Auf diese Weise ist die Schule, in der sich die beteiligten Charaktere täglich aufhalten, für sie nichts anderes als ein virtueller Ort, und das Massaker, das sich doch eigentlich in ihrer Wirklichkeit abspielt, nicht realer als ein Computerspiel. „So foul and fair a day I have not seen", zitiert einer der beiden Attentäter aus Shakespeares *Macbeth* – das Blutbad, das er sich soeben anzurichten anschickt, befindet sich für ihn im Rang der Fiktion, er selbst ist einer der Akteure in dieser Welt, die doch nur Bühne ist.

Der Verhandlung der Gründe für die Gewaltakte verweigert sich *Elephant* freilich. Der Film entwickelt keine platten Psychologisierungsversuche und gängigen Erklärungsmuster, die nach unfassbaren Vorkommnissen wie diesem immer wieder zur allgemeinen Beruhigung hervorgekramt werden. Es gibt eine Reihe von möglichen Erläuterung zum Titel des Films, angefangen vom Elefanten als Symbol der republikanischen Partei über die buddhistische Parabel, in der fünf Blinde einen Elefanten untersuchen und dabei zu fünf unterschiedlichen Ergebnissen kommen, bis hin zur Redensart vom „Elephant in the Living Room", die von der Verdrängung tief gehender sozialer Probleme spricht. Die Versuche der Dechiffrierung vermeintlicher Anzeichen von Homosexualität, so die Diskussionsrunde im Film, führen ins Leere. Dass der Film darüber hinaus das Thema von virulenter Gewalt in unserer Gesellschaft verhandelt, ohne mehr als Andeutungen möglicher Ursachen und schon gar keine Lösungsansätze anzubieten, ist seine verunsicherndste Qualität.

Elephant (2003, Kriminalfilm/Drama)
Regie: Gus Van Sant
Darsteller: Alex Frost, Eric Deulen, John Robinson, Elias McConnell

A cock in a frock

Priscilla – Königin der Wüste (1994)

Manche Filme verblüffen beim Wiedersehen nach Jahrzehnten, weil sie immer noch so gut wie damals funktionieren: Jüngst stellte das Blu-Ray-Release von Spielbergs *Der weiße Hai* (1975) klar, dass Spannungskino auch heute nicht effektiver choreografiert werden kann. Andere Streifen, das zeigt sich immer wieder, altern nicht in Würde. Édouard Molinaros *Ein Käfig voller Narren* ging Ende der Siebzigerjahre als gesellschaftskritische und wohl sogar provokante Komödie durch, heute bleibt davon eine Klamottenkiste auf *Charleys Tante*-Niveau mit schlechtem Timing und argen Längen. Die Geschichte vom schwulen Pärchen in St. Tropez (Michel Serrault als Dragdiva, Ugo Tognazzi als Chef des Nachtclubs La Cage aux Folles) ist bekannt; dass der Sohn des „männlichen“ Parts der beiden die Tochter eines konservativen Politikers heiraten will und das Pärchen bei einem Abendessen diverse Versuche unternimmt, möglichst „normal“ zu erscheinen, bietet Möglichkeiten für allerlei Amüsement, das sich jedoch aus heutiger Sicht als ärgerliche Anhäufung von Klischees entpuppt. Geknickte Handgelenke und Fistelstimmchen werden mit Pointen verwechselt, die Witzchen meist auf Kosten jener gerissen, für deren Akzeptanz sich der Film vordergründig einzusetzen scheint.

Ganz anders funktioniert die Darstellung der drei Travestiekünstler in Stephen Elliotts *Priscilla*. Wir begleiten sie von Sydney aus quer durch den australischen Kontinent zu einem Engagement in einem Hotel in Alice Springs, und dabei gibt es keinen falschen Ton. Da sind die alternde und eben verwitwete Bernadette (herrlich: Terence Stamp zwischen Griesgrämigkeit und Feinfühligkeit), die schrille Felicia (Guy Pearce am Anfang seiner Karriere) und Mitzi (Hugo Weaving vor seinem *Matrix*- und *Herr-der-Ringe*-Ruhm), die, was keiner weiß, eigentlich verheiratet ist. Als Transportmittel dient ihnen ein ausgemusterter Bus, den sie auf den filmtitelgebenden Namen taufen, und bald stranden sie in der Wüste und finden sich am Lagerfeuer von Aborigines wieder. Ihr grandioser Auftritt im Fummel zu „I will survive" und die begeisterte Reaktion der Ureinwohner darauf stellt einen Gegensatz zur Homophobie von weniger toleranten Bewohnern des Outback dar, die sich durch die drei Grazien sogar zu Gewalttaten provoziert fühlen. Aber dazu meint Bernadette nur lakonisch: „That's just what this country needs: a cock in a frock on a rock."

Die Leiterin des Hotels entpuppt sich schließlich als Mitzis Frau, dazu kommt noch heraus, dass er einen Sohn namens Benji hat. Die Angst ist groß, dass sich der Junge vom Lebensstil seines Vaters abgestoßen fühlen würde, sie erweist sich aber als völlig unbegründet.

„Does he have a boyfriend at the moment?", fragt Benji Felicia und setzt auf die verneinende Antwort nach: „Neither does mum. She used to have a girlfriend but she got over her." Wie es ihm denn gefalle, einen Vater zu haben, will Mitzi von seinem Sohn bei einem späteren Ausflug in den Busch wissen, und beeilt sich hinzuzufügen, dass er nicht immer in Frauenkleidern herumlaufen würde: „[...] don't get the wrong idea." Er fragt nach: „You know what I am, don't you?" Benjis entwaffnende Antwort: „[...] the best in the business."

Die Fahrt der drei Drag Queens durch den australischen Busch erscheint mir als eine der berührendsten Schilderungen jener Art von Identitätssuche, wie sie filmische und literarische Charaktere oftmals durchmachen müssen: Die Fahrt der *Easy Rider* auf ihren Harleys ist die Entsprechung der Sixties zur Glückssuche von Charlie Chaplin, dem ewigen Tramp, Jahrzehnte früher. Jack Kerouac beschrieb sie in *On the Road*, der Bibel der Beat Generation, der polnische Seemann Joseph Conrad im Rahmen einer Flussfahrt auf dem Kongo ins sprichwörtliche *Herz der Finsternis,* das Coppola in *Apocalypse Now* in den vietnamesischen Dschungel verlegte, und E. M. Forster siedelte die Entdeckung des weiten Landes der Seele *Auf der Suche nach Indien* an, die David Lean in den Bildern seines letzten Films *Reise nach Indien* festhielt. Die Charaktere machen sich auf den Weg, nicht nur, um zu einem geografischen Ziel zu gelangen, sondern vielmehr zur Ausforschung des eigenen Ichs. So auch Bernadette, Felicia und Mitzi im Outback.

In Glitzerkostümen und hohen Federhüten stolpern sie über Stock und Stein, um vom höchsten Felsen aus bis zum Horizont sehen zu können. Was sie sich dort erträumen, ist ein Leben frei von jedem gesellschaftlichen Zwang, sich zu verstellen und verstecken zu müssen, eine Botschaft nach mehr Akzeptanz, die nicht aufdringlich verhandelt wird, sondern locker in den Fluss der rotzfrechen Erzählung, der beschwingten Musiknummern und der damit verbundenen exzentrischen Modeschauen eingebettet ist. Ganz anders als in *Ein Käfig voller Narren* gibt es in *Priscilla* abgesehen von den Hutkreationen nichts Aufgesetztes und neben dem Gang mit High Heels über Felsen nichts Gestelztes. Die Figuren wachsen einem ans Herz, und ich wage die Behauptung, dass es sich auch in fünfzig Jahren noch so verhalten wird. Denn in all ihrem Glitter und Glimmer lassen sie uns hinter die Schminke direkt in ihre großen Herzen schauen.

Priscilla – Königin der Wüste (1994, Drama/Dramedy)
Regie: Stephan Elliott
Darsteller: Guy Pearce, Terence Stamp, Hugo Weaving

Zeit zu leben, Zeit zu sterben

Ziel des Zählwerks

Die Liebe zu den Zeiten der Seuche

Die Rache der enttäuschten Liebe

Sühnekuss

Chronik eines angekündigten Todes

Sturz in den Wahnsinn

Untot

Der Filmerzähler

Moon River

Nachtschattengewächse

Nie geboren

Leben, um zu sterben

Ziel des Zählwerks

Alles über meine Mutter (1999)

„A pretty plot/well chosen to build upon" – die Worte von York zu Buckingham in Shakespeares Königsdrama *Henry VI*, als ob der spanische Ausnahmeregisseur Pedro Almadóvar sie für die Versuchsanordnung der Geschichte erwählt hätte, die er in *Todo sobre mi madre* vor uns ausbreitet. Das Spielbrett liegt bereit, die Dominosteine sind aufgestellt, nicht in gerader Linie, nicht in vorhersehbarer Ordnung; kunstvoll und verschlungen ist der Weg, den sie nehmen sollen. Dann tippt Almadóvar den ersten an und betrachtet gemeinsam mit uns, wie sie fallen. Mit ihnen straucheln seine Figuren, sie müssen mit oft unergründlichen Fallen des Schicksals zurande kommen, ob sie nun wollen oder nicht. Einem stetigen Zählwerk gleich funktioniert dieses grausame Spiel des Schicksals in seinem melodramatischen Inszenierungsaufbau, darin ist Raum für große Emotionen sowie stille Gänsehautmomente, wenn die Kamera in den Gesichtern der Darstellerinnen und auch jenen der Männer schwelgt, die sich als solche fühlen.

Weshalb sie denn den Text gekonnt habe, fragt die Schauspielerin Huma Rojo die Krankenschwester Manuela, nachdem diese bei einer Aufführung von Tennessee Williams' *Endstation Sehnsucht* in einem Theater in Barcelona für die drogensüchtige Nina eingesprungen ist. „Mit Endstation Sehnsucht hat mein ganzes Leben zu tun", meint Manuela. Als sie zwanzig Jahre zuvor in dem Stück auftrat, habe sie ihren Mann kennengelernt, nach einer Vorstellung an einem regennassen Abend in Madrid dann ihr Absturz ins Bodenlose. Unter Tränen erzählt sie vom Unfalltod ihres geliebten siebzehnjährigen Sohnes Esteban, der nach der Aufführung wegen eines Autogramms auf Huma wartet; vergeblich klopft er an die Scheibe des Taxis, und als er ihm nachläuft, wird er von einem Auto aus einer Querstraße erfasst.

In *Endstation Sehnsucht* (1947) werden Frauen von Männern in ihrem gedankenlosen Egoismus gequält und missbraucht, ähnlich ergeht es den Frauen in Almadóvars Film. Für die Suche nach Estebans Vater, dem Transvestiten Lola, hat sich Manuela nach Barcelona aufgemacht. In der Fürsorge für Schwester Rosa, die ebenfalls von Lola geschwängert und mit HIV infiziert wurde, findet sie eine neue Aufgabe. „Caged birds accept each other, but flight is what they long for", hat Tennessee Williams einmal geschrieben – solch ein Käfig ist das Leben für Frauen wie Manuela und Rosa, es bleibt ihnen gar nichts anderes übrig, als sich aneinander festzuhalten in dem Versuch, ihr Leben allen Widrigkeiten zum Trotz in den Griff zu bekommen.

„Have you no human consideration?", wird Margo Channing, der gefeierte Bühnenstar in der brillanten Verkörperung durch Bette Davis, in Joseph L. Mankiewicz' Klassiker *All About Eve* (1950) gefragt. Ihre zynische Antwort: „Show me a human, and I might have!"

So wie diese Diva wähnt sich Huma Rojo auf dem absteigenden Ast der Popularität, und Almadóvar flicht immer wieder Anspielungen auf das große Hollywoodvorbild ein. Indem sich Huma Manuela und ihrer Hilfsbereitschaft anschließt, entwirft der Regisseur die Vision der Solidarität der Frauen gegen Gewalt, Aggressivität und Unterdrückung, die von Männern ausgeht – selbst wenn es Männer sind, die eigentlich Frauen sein wollen. Getragen wird dieses Motiv durch das ausdrucksstarke Spiel von Cecilia Roth, Marisa Paredes und Penélope Cruż auf der einen Seite und Eloy Azorín und Toni Cantó in den Rollen von Esteban und Lola auf der anderen. Dass Almadóvars Film dieses Ideal des Gemeinsamen wahr werden lässt und letztlich in Bildern der Versöhnung mündet, macht ihn zu einem wunderbaren modernen Märchen.

Auf Rosas Begräbnis trifft Manuela wieder auf Lola; diese ist selbst bereits sterbenskrank und erfährt jetzt erst von ihrem toten Sohn. In einer schönen, für Almadóvar ungewohnt leisen und zurückhaltend gestalteten Szene legt Manuela Rosas Baby, das auch Lolas Sohn ist, in ihre Arme. „Es tut mir leid, dir ein solches Erbe mitgegeben zu haben", entschuldigt sich Lola bei dem Kind. Manuela hat ihr auch ein Foto von Esteban, dem sie Lolas Männernamen gegeben hat, und sein Tagebuch mitgebracht. Lola liest die Zeilen, die Esteban in dem Café gegenüber dem Theater kurz vor seinem Tod geschrieben hat: Dass er Fotos gefunden habe, auf dem seine Mutter zu sehen sei, eine Hälfte aber fehlen würde – und er sich nichts so sehr wünschen würde, wie seinen Vater kennenzulernen, egal, wer oder wie er sei oder was er der Mutter angetan habe. Langsam fährt die Kamera auf Estebans Foto zu, und das Bild verschwimmt, so wie die Fehler der Vergangenheit, die nun die Möglichkeiten des Zukünftigen nicht länger verstellen. Die Dominosteine, die in diese Richtung weisen, werden Manuela und der kleine Junge, den sie als ihren Sohn angenommen hat, gemeinsam setzen.

Alles über meine Mutter (1999, Drama/Dramedy)
Regie: Pedro Almodóvar
Darsteller: Cecilia Roth, Eloy Azorín, Marisa Paredes, Penélope Cruz

Die Liebe zu den Zeiten der Seuche

Angels in America (2003)
Mein Bruder Leo (2002)
Philadelphia (1993)

Wenn sich Leo (Pierre Mignard) am Bahnsteig von seinem jüngeren Bruder Marcel (Yaniss Lespert) verabschiedet, ahnt dieser wohl, dass er ihn nicht mehr lebend sehen wird. Marcel sitzt bereits im Zug in die Bretagne, wo seine Familie lebt, da springt er auf und läuft zu Leo zurück und fällt ihm in die Arme. Dass er gehen müsse und er auf ihn zählen würde, dringt Leo unter Tränen in ihn: „Beruhige sie. Lass sie normal weitermachen."

Wovon Leo spricht, sind seine Eltern und die beiden anderen Brüder, die mit der furchtbaren Nachricht, dass er an HIV erkrankt sei, schlichtweg überfordert waren. Ihr bemühtes, dabei aber gezwungenes Verhalten konnte Leo nicht aushalten, deshalb die Reise mit Marcel nach Paris. Dabei hat dieser die Wahrheit über seinen Bruder erfahren, die der Rest der Familie vor ihm geheim zu halten versuchte, er hat seine erste Zigarette geraucht, den Bruder durch eine verzweifelte Tat gezwungen, seine Medikamente zu nehmen, und am Place de la Bastille herrschte trotz des Verkehrs um die beiden Brüder auf einmal jene Art von Stille, wie sie nur zwischen Menschen entsteht, die einander sehr nahestehen. Zu einem Zeitpunkt, als es ihm noch möglich war, hat ihm Leo einen Blick in die ihm bislang fremde Welt eines schwulen Mannes und damit in sein wahres Selbst gewährt – das letzte Geschenk, das er ihm auf seinem Weg zum Erwachsenwerden mitgeben konnte.

Die Entwicklung des Protagonisten in Christophe Honorés *Mein Bruder Leo* steckt jene Eckpunkte ab, die für Filme, die sich mit dem Thema AIDS beschäftigen, kennzeichnend sind – das Aufbegehren gegen die niederschmetternde Diagnose, die Angst, die mit der Vorstellung des vielleicht nahen Todes, besonders aber auch des Alleinseins und der Einsamkeit im Sterben einhergeht.

Meister Eckhart, der spätmittelalterliche Theologe und Philosoph, schreibt über den Leib und die Seele: „... dass eine

Kraft in der Seele ist, die nicht Zeit noch Fleisch berührt, sie fließt aus dem Geiste und bleibt in dem Geiste und ist ganz geistig." Diese immense Kraft wird spürbar, wenn die Akzeptanz des Unabänderlichen die Charaktere ruhiger werden lässt, wenn die Hoffnung auf einen selbstbestimmten, einen würdigen Umgang mit der Krankheit Gefühle wie Traurigkeit zulässt und sie Trost schöpfen aus dem Wissen, mit geliebten Menschen im Einklang zu sein.

In ihrem Chanson „Mon Dieu" aus dem Jahr 1960 ist sich Édith Piaf ihrer Endlichkeit nur allzu schmerzlich bewusst. „Laissez-le-moi/Encore un peu/Mon amoureux!/Un jour, deux jours, huit jours." – Es ist ein verzweifeltes, ein eindringliches Bitten und Beschwören im Bewusstsein des nahen Endes, ja, ein Beten, wenn sie mit Gott höchstpersönlich ihr Schicksal zu verhandeln beginnt: ihrem Geliebten und ihr doch noch ein wenig Lebenszeit zu gewähren – „Le temps de commencer/Ou de finir/Le temps d'illuminer/Ou de souffrir."

Da lässt sich jemand nicht einfach in sein Schicksal fallen, stattdessen setzt Piaf ein wütendes, schluchzendes, flehendes Aufbegehren nach Zeit für die Liebe und um sich Erinnerungen zu schaffen, ein Vermächtnis oder nennen wir es ein Testament der eigenen Existenz.

Um nichts weniger geht es auch Prior (Justin Kirk) in *Angels in America*, der TV-Miniserie nach dem siebenstündigen, mit dem Pulitzerpreis ausgezeichneten Theaterstück von Tony Kushner. Priors Kampf um die Aufrechterhaltung eines sozialen Netzes in Mike Nichols' Adaption kann man mit Fug und Recht als Meilenstein des Fernsehens bezeichnen. Kunstvoll verwebt der Regisseur die einzelnen Handlungsstränge, die sich jeweils mit einer Figur im Angesicht der Krankheit und des Todes beschäftigen. Zwischenmenschliche Verhaltensmuster, Diskriminierung unterschiedlichster Art und religiöser Fanatismus, homosexuelle Identität und nicht zuletzt der tonnenschwere Schritt „out of the closet" liegen unter Kushners scharfem Messer, mit dem er den inneren Zustand der Nation seziert.

Trauer und Zorn sind die Emotionen, von denen Prior heimgesucht wird. Sein langjähriger Partner Louis (Ben Shenkman) hat ihn verlassen, stattdessen erhält er Besuche von Geistern und Engeln. Dann die gewaltige Szene, auf die sich Priors Existenz zuzuspitzen scheint. Er hört Geräusche „like a really big bird" und versucht gegen seine Angst anzukämpfen: „I am tough and strong [...]!“ Da stürzt über ihm die Decke seines A-partments ein, Bücher fallen aus den Schränken, das Bett kippt. Das ganze Zimmer ist in Schutt, als durch das Loch ein Engel in der Gestalt von Emma Thompson herniederschwebt. Prior lehnt sich gegen sein Schicksal auf: Er sei noch nicht bereit, dem Engel zu folgen, er habe noch viel zu tun, das alles sei doch nur ein Traum. Der Engel schleudert Prior durch die Luft und Blitze zucken auf. „What makes the engine of nature run?“, herrscht ihn der Engel an, und dann schweben Prior und der Engel wie übereinander liegend in der Luft, nackt und umlodert von Flammen – ein kosmischer sexueller Akt, dem die Worte des Engels folgen: dass in Priors Blut das Ende eingeschrieben sei.

„The body is the garden of the soul“, hat der Engel auch noch gerufen. Dieser Körper wird immer schwächer, im Falle Priors, aber auch in jenem des Staranwalts Roy (Al Pacino), eines korrupten, skrupellosen Rechten, wie er im Buche der Reaganomics steht. Lange Zeit negiert Roy die Krankheit und dichtet sich Leberkrebs an. In einer Regennacht glaubt er an seinem Sterbebett Ethel Rosenberg (Meryl Streep) zu sehen, an deren Spionageprozess und Exekution in den 1950ern er beteiligt war. Der Moment, in dem er vorgibt, Ethel für seine Mutter zu halten und sie durch diesen Trick dazu bringt, für ihn, der einst ihre Hinrichtung auf dem elektrischen Stuhl mitverantwortete, ein Wiegenlied zu singen, gehört zu den berührendsten der an herzzerreißenden Bildern nicht armen Serie.

Ein anderes Lied, ein anderer Film: ein Opernarie, für mich die stärkste Szene in Jonathan Demmes *Philadelphia*. Es ist die Nacht, nachdem sich Andrew, verdient oscargekrönt verkörpert von Tom Hanks, geweigert hat, seine Medikamente zu nehmen. Stattdessen hat er mit seinem Partner Miguel (Antonio Banderas) in weißer Kapitänsuniform auf einer Party getanzt und für kurze Zeit den nahen Tod vergessen können. Nun sitzt er noch mit seinem Anwalt Joe (Denzel Washington) beisammen, um die Befragung im Rahmen des Prozesses durchzugehen, den er gegen seinen ehemaligen Arbeitgeber angestrengt hat. Andrew wäre wegen seiner sexuellen Orientierung für die anderen Angestellten der Kanzlei untragbar geworden, der Grund für seine Entlassung. Doch nun, an Stelle der Fragen zum Prozess, Maria Callas, die die Arie „La mamma morta“ aus der

Oper *Andrea Chénier* (1896) von Giordano singt. Als würde er mit seinem Infusionsständer tanzen, bewegt sich Andrew im Raum umher, er hat die Augen geschlossen, er lauscht der Musik, die ihn mit Hoffnung erfüllt, und übersetzt für Joe den Text, der sich um Einsamkeit dreht, um Liebe und den Tod: „A voice filled with harmony. It said ‚Live still.' I am life. Heaven is in your eyes."

Im Gerichtssaal wird Andrew dann in die Enge getrieben. „[...] every now and again, not often, but occasionally, you get to be a part of justice being done", erklärt Andrew seine Motivation, den Anwaltsberuf ergriffen zu haben. „It really is quite a thrill when that happens." Doch die Anwältin der Gegenseite versucht, ihn unglaubwürdig zu machen, indem sie ihn ein paar Jahre zurück und in ein Sexkino führt, als er bereits mit Miguel zusammen war: „So you could have infected him [...]." Ein Blick in einen Taschenspiegel soll verdeutlichen, dass den Mitarbeitern in der Anwaltsfirma die Melanome in Andrews Gesicht nicht unbedingt auffallen mussten. Damals seien sie aber größer gewesen, reagiert Andrew, so wie die Wunden auf seinem Oberkörper heute sind. Joe bittet ihn, sein Hemd auszuziehen. Die Reaktion der Jury wird uns verständlich, wenn wir Andrews melanomübersäte Brust im Spiegel sehen.

Philadelphia war der erste große Hollywoodfilm, der sich mit dem Thema AIDS auseinandersetzte. Das doch recht publikumsfreundliche Konzept, das sich um Denzel Washingtons Bilderbuchfamilie mehr kümmert, als sich auf die Beziehung des schwulen Paares einzulassen und offene Intimität auszusparen scheint, wurde schon damals kritisiert und wirkt aus heutiger Sicht besonders bieder und fast ein wenig feige. Dass der Film seine Geschichte aus dem Blickwinkel eines homosexuellen Protagonisten entwickelt, dass er sich sozusagen auf dessen Seite stellt, kann man ihm aber nicht hoch genug anrechnen. Andrews und Miguels Liebe wird von Glaubwürdigkeit getragen, nicht zuletzt in der Sterbeszene, in der Andrew im Krankenbett von der für ihn positiven Entscheidung der Geschworenen erfährt und dann einer nach dem anderen seiner Freunde und Familienmitglieder Abschied von ihm nehmen. „See you tomorrow", fällt hier oft, obwohl keiner wirklich daran glaubt.

„... and I swear sometimes/when I put my head to his chest/I can hear the virus humming/like a refrigerator", schreibt der amerikanische Autor Mark Doty in seinem Gedicht *Atlantis* aus der gleichnamigen Sammlung von 1995 über das langsame Sterben seines Freundes Wally Roberts. Die schockierenden Auswirkungen der Erkrankung registriert der französische Schriftsteller und Fotograf Hervé Guibert in dem Roman *Mitleidsprotokoll* (1991) am eigenen Leib: „[...] der Körper eines Greises hatte Besitz von meinem Körper, dem eines Fünfunddreißigjährigen, ergriffen [...]."

Als Andrew und Miguel in *Philadelphia* schließlich allein sind, schweben für mich die Verse aus Shakespeares Königsdrama *Henry IV.* im Raum. Percy hat darin am Ende seines Zweikampfes mit dem Prinzen Heinrich eine Ahnung von der Endlichkeit der Zeit: „ [...] des Wettlaufs Zeugin,/Muß enden. Oh, ich könnte prophezein,/Nur daß die erd'ge, kalte Hand des Todes/Den Mund mir schließt."

Unter Tränen hält Miguel Andrews Hand, er küsst seine Finger, und dann fallen Andrews Worte, die gleichzeitig Todesurteil und Erlösung sind: „I'm ready."

Auch Priors größter Wunsch in *Angels in America* ist es, nicht allein zu sein. In einem wunderbaren Traum taucht auf einmal Louis wieder auf. „Are you a ghost?", fragt er ihn. „Just [...] lost to myself", erwidert dieser: „Sitting all day on cold park benches wishing I could be with you." Dann die ersehnten Worte: „Dance with me, babe." – „Moon River", das Lied über unerfüllte und unerfüllbare Wünsche und Hoffnungen, dazu bewegen sich Prior und Louis auf einer Bühne, umgeben von farbigen Lichtern und Kerzen, die Arme um die Schultern des Geliebten gelegt, den Kopf an dem des anderen: „[...] dream maker [...] heart breaker [...]" Danach ist Louis auf einmal wieder verschwunden und Prior versagen die Beine den Dienst, er fällt zu Boden und schleppt sich zurück zu seinem Krankenbett.

Gabriel García Márquez hat einst über *Die Liebe in den Zeiten der Cholera* (1985) geschrieben, über emotionale Nähe, die die Wirren eines ganzen Menschenlebens überdauert. In den Zeiten der Seuche AIDS ist es der Moment, der zählt. Prior und Louis sind im Epilog wieder Freunde, und eine neue Medikation hat Prior bereits seit fünf Jahren das Überleben gesichert. „An angel is a belief, with wings, and arms that can carry you", war Prior schon früher überzeugt: „It's not to be afraid of [...]." Nun erlebt er an einem Wintertag mit klarem Licht an einem Brunnen mit einer Engelsstatue im Central Park die Schönheit der

Welt. Er spricht die Hoffnung aus, auch im Sommer noch am Leben zu sein: „This disease will be the end of many of us, but not nearly all […].“ Er verspricht: „We won’t die secret deaths anymore.“

Angels in America (2003, Fernsehserie)
Regie: Mike Nichols
Darsteller: Al Pacino, Meryl Streep, Emma Thompson, Justin Kirk, Ben Shenkman

Mein Bruder Leo (2002, Drama/Kunstfilm)
Regie: Christophe Honoré
Darsteller: Yaniss Lespert, Pierre Mignard, Marie Bunel, Rodolphe Pauly, Jérémie Lippmann

Philadelphia (1993, Drama/Gerichtsfilm)
Regie: Jonathan Demme
Darsteller: Tom Hanks, Denzel Washington, Jason Robards, Mary Steenburgen, Antonio Banderas

Die Rache der enttäuschten Liebe

Die Ermordung des Jesse James durch den Feigling Robert Ford (2007)

Man muss natürlich nicht meiner Meinung sein, es wundert mich aber, dass der schwule Subtext dieses Films in seiner Rezeption gänzlich unter den Tisch fiel. Für mich ist es offensichtlich, dass das Verbrechen, das im Titel so schön beschrieben wird, aus keinem anderen Grund als enttäuschter Liebe geschieht.

In dem eleganten, besinnlich-elegischen Kunstwestern des Neuseeländers Andrew Dominik geht es um die Geschichte einer menschlichen Enttäuschung, eines Gefühls, das als Erniedrigung empfunden wird, einer Verletzung, die schließlich zum Mord führt. Mehr noch als Brad Pitt in der Rolle des Outlaws Jesse James steht dabei Casey Affleck als Robert Ford im Mittelpunkt, der in einer darstellerischen Performance, die ihresgleichen sucht, auf subtile Weise, mit fahrigen Blicken und unsicherem Lächeln, den Schmerz einer zurückgestoßenen Seele spürbar macht.

Der Film spielt im späten neunzehnten Jahrhundert. Jesse James ist Anführer einer Räuberbande im Mittleren Westen der USA und hat sich durch Überfälle auf Banken, Eisenbahnen und Postkutschen einen legendären Ruf erworben. Robert Ford bewundert, ja, verehrt ihn seit seiner Kindheit. Er möchte in Jesses Gang aufgenommen werden und buhlt um seine Anerkennung, erntet jedoch meist nur Spott und Hohn. Dies gipfelt in einer brillanten, sehr reduzierten und vielleicht gerade deshalb so ungemein intensiven Szene am Esstisch der Fords. Jesse ist zu Besuch, Roberts Brüder fürchten seine Unberechenbarkeit und versuchen, ihn mit Anekdoten bei Laune zu halten. Die Atmosphäre ist alles andere als entspannt. Robert sitzt Jesse gegenüber, stochert in seinem Essen herum und traut sich kaum, die Augen zu heben, als zur Sprache kommt, wie sehr er den Gast verehren würde. „It was ‚Jesse this‘ and ‚Jesse that‘ and ‚Jesse this‘ from sunrise to sunset“, erzählt sein Bruder über die Zeit, als Robert zwölf Jahre alt war: „You were by far his most admired personage."

Robert ist das alles extrem peinlich, doch Jesse will mehr hören: „Give me some more conversations, Bob." Er zündet sich eine Zigarre an, lehnt sich in seinem Stuhl zurück und mustert Robert auf provokante Weise. Schmallippig meint dieser, dass er gar nicht wisse, worüber seine Brüder reden würden. „About how and Jesse have so much in common", ist die Antwort. Was folgt, ist ein Abtasten mit Blicken quer über den Tisch, ein Abschätzen des anderen, dem Robert wieder auszuweichen versucht. Er windet sich mit schief gelegtem Kopf, seine Augen fliegen hin und her, aber dann beginnt er zu sprechen – und auf einmal fixiert er Jesse wie den Gegner in einem Duell. „Well, if you'll pardon my saying so, I guess ... it is interesting the many ways you and I overlap and what not." Ein scheues Grinsen, dann fängt Robert mit seiner Aufzählung an: Beginnend mit ihren Vätern – Pastoren. Sie seien die Jüngsten in der Reihe ihrer Geschwister, der Name des jeweils nächstälteren Bruders habe sechs Buchstaben, sie hätten beide blaue Augen und die gleiche Größe. Das Reden fällt Robert nun immer leichter, es ist ihm anzumerken, wie oft er über dieses Thema schon nachgedacht hat. Es scheint ihn glücklich zu machen, die Parallelen aufzuzählen: „I must have had a list as long as your nightshirt when I was twelve [...]."

Interessant erscheint mir sein Vergleich mit dem Nachthemd. Doch mittlerweile verzehrt er Jesse mit Blicken, jederzeit auf der Hut vor einer Abweisung, jederzeit bereit, sich wieder zurückzuziehen. Es herrscht eine lange Stille, da ist ein Band zwischen Robert und Jesse, das die anderen Menschen am Tisch zur Staffage degradiert: der Versuch einer Verführung, nicht mehr und nicht weniger als eine Liebeserklärung.

Als Jesse nichts sagt, nimmt die Unbehaglichkeit in Roberts Augen und in seiner Körperhaltung aufs Neue zu, seine Unsicherheit wird wieder spürbar und gleichzeitig sein Aufbegehren dagegen, sein Gesicht liegt bloß wie seine Seele, die er Jesse soeben geöffnet hat. Darin ist so etwas wie Hoffnung und Erwartung zu lesen, aber auch totale Verletzlichkeit. Ein magischer Moment der völligen Entschleunigung, gefilmt wie im Licht eines Rembrandt-Gemäldes. Jesse bricht ihn, indem er sich vorbeugt: „Ain't he something?" Es dauert ein paar Sekunden, bis Robert versteht, dass sich Jesse über ihn lustig macht. Im Gelächter rund um den Tisch werden seine Lippen wieder schmal, in seinen Augen glitzern die Tränen. „Well, it's not very flattering", ist das Einzige, das er herausbringt. Kurz darauf wird er ausrasten, die verschmähte Liebe wird sich in Hass und Wut artikulieren. „You've been acting sort of testy", wird Jesse Roberts Gefühle abtun, und wir verstehen, dass er mit „leicht reizbar" meint, dass sich ein echter Mann so nicht benehmen würde.

Der Robert, der gleich darauf mit eingezogenen Schultern die Treppe hinaufgeht, mit Schritten, die eher zu einem alten Mann passen würden, trägt schon die Saat der Rache in sich. Gegen Ende des Films erschießt er Jesse, als dieser unbewaffnet ein Bild abstaubt und ihm den Rücken zukehrt. Er hatte zuvor demonstrativ seine Waffen abgelegt und ohne Reaktion das Spiegelbild des auf ihn zielenden Robert im Glas des Bildes beobachtet. Der Mann, der diesen Schuss abgibt, ist nicht der schwächliche Jüngling, der mit einer überstarken und gefühlskalten Ersatzvaterfigur kämpft, als den ihn zahlreiche Rezensionen gezeichnet haben. Vielmehr ist er der verschmähte Liebhaber in einer Geschichte ohne Happy End, die sich der Forderung nach dem romantischen Ideal verschließt, dass es für jeden Menschen jemanden gibt, der ihn lieben kann.

Casey Afflecks sensationelle Darstellung dieses todtraurigen Herzens, dieser vom Geliebten zutiefst enttäuschten Seele, die mit einem Nichts an Gestik und nur mit den Augen und den minimalen Regungen in der sonst versteinerten Mimik arbeitet, lässt uns Emotionen der Sehnsucht eines Mannes nach der Liebe zu einem anderen Mann erahnen. Wer das anders interpretieren möchte, mag es tun, hat aus meiner Sicht aber nichts verstanden.

Die Ermordung des Jesse James durch den Feigling Robert Ford (2007, Drama/Action)

Regie: Andrew Dominik

Darsteller: Brad Pitt, Casey Affleck, Sam Shepard

Sühnekuss

Furyo – Merry Christmas, Mr. Lawrence (1983)

Ein Kuss, und dann das Bild des sterbenden David Bowie, bis zum Hals im Erdreich eingegraben. Zwei Männer und ihr stilles Ringen um etwas, das sie wahrscheinlich gar nicht benennen können, um die (Nicht-)Erreichbarkeit einer Wunschidentität und etwas, das wohl Begehren und Liebe ist. Sie sind die Protagonisten in Nagisa Ôshimas Adaption von Laurens van der Posts Roman *The Seed and the Sower* (1963). Das Setting ist streng abgesteckt: ein japanisches Kriegsgefangenenlager auf Java; die flirrende Hitze reflektiert die Emotionen zwischen den Unterdrückern und den Unterdrückten in brutalen Szenen der direkten Konfrontation, in denen ihre wohl unvereinbaren Vorstellungen über den Wert des Menschen und der Menschlichkeit aufeinanderprallen. Das Ideal der Unterordnung der eigenen Persönlichkeit in ein Kollektiv steht dem westlichen Individualismus diametral gegenüber, die einen scheinen jederzeit bereit, ihr Leben hinzugeben, die anderen gehen Kompromisse ein, um am Leben zu bleiben.

Einer aber, der britische Major Celliers, fügt sich nicht in dieses Raster und bringt dadurch das fragile soziale Konstrukt im Lager zum Einsturz. In diesem Sinne gelingt dem Film der Transfer von der Darstellung der Gewalt des Krieges im großen Maßstab zu jener als Interaktion von Einzelpersonen von Angesicht zu Angesicht. Bei einer Verhandlung vor dem Militärgericht treffen der Lagerführer Hauptmann Yonoi und Celliers (der japanische Popstar Ryūichi Sakamoto und sein westliches Pendant David Bowie) erstmals aufeinander. Sofort ist Yonoi fasziniert von der stoisch-selbstbewussten Haltung und dem rebellischen Stolz des Gefangenen. Celliers ist angeklagt, einheimische Guerillakämpfer angeführt zu haben, doch selbst mit einer Scheinexekution gelingt es den Japanern nicht, seinen Willen zu brechen und ihn zum Reden zu bringen.

Hingegen ahnt Celliers die Art von Yonois unterdrückter Zuneigung und drängt diesen mit einer Kette offener

Provokationen immer mehr in die Enge des Gesichtsverlusts.

„Hassen und lieben zugleich muss ich. – Wie das? – Wenn ich's wüsste! Aber ich fühl's, und das Herz möchte zerreißen in mir." So Catulls Dichterwort in der Übersetzung von Eduard Mörike von 1840, als wäre es für diese beiden Männer geschrieben: Yonoi ist Celliers verfallen, muss seine Neigung als Angehöriger der japanischen Armee aber verbergen – zu Beginn des Films hat eine Hinrichtung aufgrund der Anschuldigung homosexueller Handlungen stattgefunden. Yonois Leidenschaft schimmert nur durch das eine oder andere Zugeständnis durch, der Psycho-Kampf der beiden Protagonisten macht die Faszination des Films aus, die Anziehung zwischen ihnen, der präsente erotische Unterton in ihrem Verhältnis, gleichzeitig Yonois Angst, die nach und nach seine Seele auffrisst.

Celliers bricht ein traditionelles Fasten, an dem sich auch die Japaner beteiligen, indem er Maisbrot ins Lager schmuggelt. Als die Aktion auffliegt, isst er auf provokante Weise Blüten und starrt Yonoi dabei direkt ins Gesicht. In der Nacht schleicht sich ein Soldat in seine Zelle, um ihn zu töten, doch Celliers kann ihn überwältigen. Kurz darauf stehen sich Celliers und Yonoi mit gezückten Schwertern gegenüber. „Why don't you fight me?", herrscht der Lagerkommandant sein Gegenüber an. „If you defeat me, you will be free." Celliers lächelt nur und lässt seine Waffe sinken. Zur Rettung seiner Ehre begeht der unglückliche Attentäter darauf Harakiri; von Yonoi zuvor um seine Motivation für den Anschlag befragt, bezeichnet er Celliers als „devil, trying to seduce you."

In seinen streng komponierten Bildern zelebriert Regisseur Ôshima genau jene Männlichkeitsrituale, die er an anderer Stelle wieder infrage stellt – in eben diesem Zwiespalt sieht sich Yonoi gefangen; ihm bleibt nichts anderes übrig, als offene Vergehen hart zu bestrafen. In der Haft vertraut sich Celliers dem Mithäftling Leutnant Lawrence an, Tom Conti spielt ihn mit großer Beherrschtheit. Celliers offenbart ihm die Dämonen, die ihn treiben und nicht zur Ruhe kommen lassen: Auf dem Internat hat er seinen kleinen Bruder in einer delikaten Situation im Stich gelassen, gemartert von Schuld und ohne Aussicht auf echte Sühne, setzt er sich deshalb immer wieder für wehrlose Gefangene ein. Ôshima, dem der Welterfolg seines oft als Skandalfilm bezeichneten *Im Reich der Sinne* (1976) die Finanzierung von *Furyo* ermöglichte, erzählt seine Geschichte eher aus dem Blickwinkel der Briten, ohne dabei aber in den aus heutiger Sicht recht deutlichen Patriotismus von David Leans thematisch verwandtem *Die Brücke am Kwai* (1957) zu verfallen. Grausamkeiten, so Ôshimas Kernaussage, gibt es auf beiden Seiten, dem berühmten Marschlied mit Pfeifen und Trommeln, das sich durch Leans Monumentalepos zieht, steht hier die ästhetische Reduktion von Ryūichi Sakamotos hypnotischem Score gegenüber.

Die Figur des Lawrence ist an der Bruchstelle zwischen den beiden so unterschiedlichen Kulturen angesiedelt. Der Leutnant ist des Japanischen mächtig und damit eine Art Vermittler zwischen Westen und Osten, er sucht den Ausgleich, steckt selbst Misshandlungen ein, ohne dagegen aufzubegehren, und ist letztlich unter den wesentlichen Charakteren der Geschichte der einzige Überlebende in diesem Krieg der Blicke und Gesten, der Worte, der Schläge und der Gewalt. Zu Weihnachten scheint sich die Situation zu entspannen, deshalb der Titel des Films, doch die Ruhe ist trügerisch. Yonoi lässt alle Gefangenen, einschließlich der Kranken und Verwundeten aus dem Lazarett, auf dem Versammlungsplatz im Lager antreten, um an Informationen über Waffenexperten unter den Inhaftierten zu gelangen. Als sich der Kommandant der Briten wiederholt weigert, diese preiszugeben, droht Yonoi mit seiner Enthauptung. Da tritt Celliers hervor, langsam geht er auf Yonoi zu, diesem ist die Panik ins Gesicht geschrieben, doch Celliers wirkt ganz ruhig. Er steht vor dem Hauptmann, dieser stößt ihn von sich, Celliers rappelt sich aus dem Staub auf, und dann ereignet sich das Unerhörte: Wie in einer letzten Form des Widerstands, einer heiligen Handlung, küsst er ihn einmal und ein zweites Mal – wir sehen das in Slow Motion, und die Zeit scheint in diesem Moment den Atem anzuhalten.

Der sogenannte Furyo-Modus, so lehrt mich ein passionierter Spieler, ist ein spezieller Zustand, in dem ein Pokémon ganz besondere Attacken zu verwenden in der Lage ist; dadurch wird die Aura des Pokémons rot. Eine solche Aura der kochenden Gefühle könnte man sich während der Sekunden des Kusses und danach auch um Celliers und Yonoi vorstellen. Yonoi reißt sein Schwert aus der Klinge und hebt es zum Schlag, doch gegen Celliers unsichtbare Waffen vermag er nichts auszurichten, er wankt zurück und fällt in Ohnmacht. Sylvester Stallone und Dolph Lundgren haben in

Rocky IV die Quintessenz einer direkten Konfrontation ausgehandelt: „ ... to beat me he's gonna have to kill me, and to kill me, he's gotta have to have the guts to stand in front of me", sagt Rocky Balboa über seinen sowjetischen Gegner Ivan Drago.

Doch Yonoi ist allzu sehr zerrissen zwischen Liebe und Hass, als dass er den tödlichen Hieb zu setzen vermag, zu sehr ist die Schmach, die seinen Untergang besiegelt, für alle sichtbar; er ist gleichzeitig vor sich selbst in der Ergründung seines Selbst gescheitert.

An Yonois Stelle wird ein neuer Lagerleiter eingesetzt, der Celliers bis auf den Kopf im Sand eingraben lässt. „The Lord is my shepherd", singen die Gefangenen rund um den Platz, auf dem Celliers in der brütenden Sonne dahinsiecht. Seine aufgerissenen Lippen bewegen sich unmerklich zu den Worten des Liedes, und wir können verfolgen, dass er in Gedanken mit seinem Bruder und damit auch mit seinem eigenen Schicksal Frieden schließt.

Nachts schleicht sich Yonoi schließlich zu Celliers und schneidet eine Locke von seinem Haar ab, das im bleichen Mondlicht die Farbe des Sandes rund um den Kopf hat. Dann steht er vor ihm, vor diesem Menschen, dem alle Möglichkeiten genommen sind, und salutiert – ein Abschied, eine Geste der Hilflosigkeit, der rührende Versuch, einen Rest dessen aufrechtzuerhalten, das man als Ehre oder Ehrenhaftigkeit bezeichnen könnte. Die Locke, so erfahren wir später, wird Yonoi vor seiner Hinrichtung nach Ende des Krieges zur Aufbewahrung im Familienschrein in sein Heimatdorf schicken lassen. Es scheint, als hätte er zumindest kurz vor dem Tode Frieden mit seinem wahren Ich geschlossen.

Furyo – Merry Christmas, Mr. Lawrence (1983, Drama/Kriegsfilm)
Regie: Nagisa Ōshima
Darsteller: David Bowie, Ryūichi Sakamoto, Tom Conti, Takeshi Kitano

Chronik eines angekündigten Todes

Gods and Monsters (1998)

Dem Mann, der das Monster erschaffen hat, lassen die Bilder in seinem Kopf keine Ruhe: jene seiner Arbeit als Filmregisseur und der Szenerien seiner Leinwanderzählungen, jene aus den Schützengräben des Ersten Weltkriegs, jene seiner Liebesbeziehungen. Das Älterwerden, die Einsamkeit und die Depressionen lasten ihm auf der Seele. Nur in einzelnen Momenten sprüht sein sarkastischer Humor Funken: Als er auf einer Party Prinzessin Margaret vorgestellt wird und diese ihn nicht erkennt, pariert er: „I've never met a princess, only queens."

Wir befinden uns im Hollywood des Jahres 1957. James Whale, Regisseur der *Frankenstein*-Klassiker, hat auch den Look erfunden, mit dem Boris Karloff als unglückliche Kreatur Weltruhm erlangte. Auf der erwähnten Party bringt man ihn für ein Foto mit Karloff und Elsa Lanchester zusammen, den Stars aus *Frankensteins Braut* (1935), doch in Wahrheit will schon lange niemand mehr etwas von ihm wissen. Beruflich ist er seit Jahren auf dem Abstellgleis, in Hollywoods System der Scheinheiligkeiten hat er seine Homosexualität allzu offen gelebt. Nach einer Reihe kleiner Schlaganfälle machen nun auch Körper und Geist nicht mehr mit; aus dem Krankenhaus entlassen, weiß er in seiner Villa, wo er von seiner Haushälterin Hanna versorgt wird, nichts mit sich anzufangen. Lynn Redgrave gibt diese Hanna als berührende Studie unterdrückter Zuneigung, ja, Liebe, sie verhält sich Whale gegenüber loyal, steht seiner Neigung aber kritisch gegenüber. Ian McKellen, als Gandalf in den *Herr der Ringe*-Filmen und Magneto in der *X-Men*-Serie mittlerweile zum markanten Blockbustergesicht geworden, verleiht dem Regisseur seine große Präsenz: eine Darstellung zum Niederknien. Sein Whale ist ein zutiefst unglücklicher, am Leben verzweifelnder und verzweifelter alter Mann, der sich nur noch den Tod herbeiwünscht und, ganz in der Art des Filmemachers, ein Szenario entwirft, wie er diesen herbeiführen könnte. Selbst Brendan Fraser als junger Gärtner namens Clayton wächst über sich hinaus. Basierend auf Christopher Brams semi-fiktionalem Roman *Father of Frankenstein* (1995) und seinem eigenen kunstvoll verschachtelten, mit einem Oscar prämierten Drehbuch, entwirft Regisseur Bill Condon den Ablauf der letzten Tage Whales; die sich anfangs nur zögerlich entwickelnde Freundschaft mit Clayton, die Annäherung der beiden so unterschiedlichen Charaktere, dient ihm dabei als Leitfaden. Whale ist fasziniert von Claytons jungenhaftem Gesicht und seinem wie gemeißelten Körper, der Gärtner wiederum ist beeindruckt von Whales Ruhm, seiner Eloquenz und dem Zauber, der immer noch von seinen Filmen ausgeht. Im Laufe von Sitzungen, in denen Clayton Whale Modell für seine Zeichnungen steht, baut sich zwischen ihnen Vertrauen auf. Und dann die Party, die in einem plötzlichen Regenguss endet. „Certainly you have better things to do than babysit an old man“, meint Whale, als sie bis auf die Haut durchnässt bei seinem Haus anlangen. Doch Clayton verspricht, zum Essen zu bleiben. Whale macht sich fein, und während er sich die Masche bindet, sieht er in den halben Schatten im Schlafzimmer seinen Geliebten vor sich, „a schoolboy from Harrow“, der im Krieg sein Leben lassen musste. Später tobt draußen ein Gewitter, es ist, als versuchte der Sturm das Haus aus dem Boden zu reißen wie einst jenes von Dorothy auf dem Weg ins Land von Oz. Ob der schrecklichen Einsicht in die Beschränktheit seiner Existenz verliert Whale die mühsam aufrechterhaltene Contenance: Sein Leben sei leer, er habe nichts zu tun, könne sich beim Lesen nicht mehr konzentrieren, sogar das Zeichnen gelinge ihm nicht mehr – er zeigt Clayton die Blätter all ihrer Sitzungen, ein wirres Gekritzel.

In der Szene, die sich aus diesem Moment entspinnt, brechen aus den beiden Männern Gefühle großer Intensität. In der Reflexion im Fensterglas, hinter den Schlieren des Regens, sieht Whale, wie sich Clayton langsam auszieht: „You said you want to draw me like a statue.” Zärtlich berührt Whale die Scheibe, berührt in der Vorstellung auch Claytons Körper. Dann holt er aus einem Nebenzimmer die Gasmaske aus dem Krieg: Er möchte, dass Clayton sich diese überzieht: ein menschlicher Körper, eine unmenschliche Maske. Dass er nicht atmen könne, ruft Clayton fast panisch. Whale umfängt ihn von hinten, massiert seinen Nacken, er küsst seinen Hals und klammert sich an Clayton, der sich seiner Umarmung zu entziehen versucht. Clayton stößt Whale von sich, er schlägt ihn zu Boden, er liegt auf ihm, die Hände um seinen Hals. Darauf Whale wie in Ekstase: „You undressed for me. I've been kissing you. I even touched your prick. How will you be able to live with yourself?“ Claytons Erwiderung: „What do you want from me?” Und endlich, wie eine Erlösung, das Schluchzen: „I want you to kill me!”

„I am not your monster!“, schreit Clayton in seinem Aufbegehren, dann nimmt er die Hände von Whales Kehle. Das Atmen des alten Mannes ist ein Röcheln, als ob in diesem Augenblick seine Seele den Körper verließe. Ob er ihm verzeihen könne?, fragt er ernüchtert. Clayton bringt Whale zu Bett, zwischen ihnen herrscht die Ruhe von Menschen, zwischen denen alles gesagt ist. Beim Einschlafen sieht Whale zwei Scherenschnittfiguren über eine Szenerie wie aus einem seiner Filme wanken, das Monster und sein Schöpfer; gleich darauf entpuppt sich daraus er selbst an der Hand von Clayton – in der Nähe ein Schützengraben mit leblosen Soldatenkörpern, unter ihnen befindet sich Whales Geliebter. Zu ihm steigt er hinab und legt sich an seine Seite.

Am nächsten Morgen ist der Sturm abgeflaut; Hanna und Clayton finden Whale im Pool, der Tote treibt im Wasser, als würde er zur Musik des blinden Geigenspielers tanzen, der Frankensteins Monster in sein Haus bittet – weil er die Kreatur nicht sehen kann und ihr deshalb nicht misstraut.

„The future is just old age and illness and pain ... I must have peace and this is the only way“, schrieb der reale James Whale in seiner Abschiedsnotiz. „The only monsters are here“, hat Whale im Film einmal gemeint und sich an die Stirn getippt. Er hat mit ihnen seinen Frieden geschlossen.

Gods and Monsters (1998, Drama/Independent-Film)
Regie: Bill Condon
Darsteller: Ian McKellen, Brendan Fraser, Lynn Redgrave, Lolita Davidovich, Kevin J. O'Connor

Sturz in den Wahnsinn

Im Glaskäfig (1986)

Hitchcock hat uns mit *Psycho* (1960) das Duschen vergällt, Spielberg mit *Der weiße Hai* (1975) das Schwimmen im Meer, John Schlesingers Thriller *Der Marathon-Mann* (1976) muss sich wohl dafür verantworten, den Gedanken an einen entspannten Zahnarztbesuch, sollte ein solcher überhaupt möglich sein, im Keim zu ersticken. Wenn Laurence Olivier als ehemaliger KZ-Arzt Szell dem armen Dustin Hoffman mit einem Bohrer zu Leibe rückt, wird die Gewalt nicht explizit gezeigt: Geräusche und Schreie genügen, um die Bilder der Folter in unserem Kopf aufs Anschaulichste zu erzeugen und uns in Schaudern zu versetzen.

Der Spanier Agustí Villaronga geht in seinem Film *Im Glaskäfig* mehrere Schritte weiter. Sein kontroversiell-verstörendes Meisterwerk ist thematisch mit Pasolinis *Die 120 Tage von Sodom* (1975) verwandt und rief bei seiner Berlinale-Vorführung einst einen Eklat hervor, als ein Besucher den Regisseur aus Entrüstung niederschlug. Villaronga selbst bezeichnet sein Werk provokant als Liebesfilm zwischen Täter und Opfer, was für mich der erschreckendste Aspekt an der ganzen Sache ist. Das kammerspielhaft inszenierte Psychodrama eröffnet Abgründe, die sich mit Sexualität, Sadismus, Machtmissbrauch und Faschismus befassen. „Solche Kulturschocker werden heute nicht mehr gedreht“, war die Reaktion des amerikanischen Trash-Regisseurs John Waters.

„Die Vorschriften des Rechts sind diese: ehrenhaft leben, den anderen nicht verletzen, jedem das Seine gewähren“, heißt es im *Corpus Iuris Civilis* (528–534), der Rechtssammlung des römischen Kaisers Justinian. Diesen Grundsatz hat der SS-Mann Klaus (Günter Meisner) gebrochen. Ähnlich wie Szell in *Der Marathon-Mann* hat er im Konzentrationslager grausame Versuche an Kindern durchgeführt, wobei hier seine pädophilen Neigungen hinzukommen. Von sogenannten „medizinischen“ Experimenten ist die Rede, von Misshandlungen jeglicher Art, von Benzinspritzen ins

Herz und dem langsamen Verenden der Kinder.

Villarongas Film kümmert sich um die Frage, inwiefern angesichts solch unvorstellbarer Grausamkeiten durch Rache so etwas wie Gerechtigkeit entstehen kann.

Nach einem Sturz vom Dach seines Hauses ist Klaus gelähmt und kann nur in einer Eisernen Lunge überleben. Dieser Sturz folgt der Einstiegssequenz des Films, der Folter eines nackten Opfers; als Klaus dessen blutende Wunden küsst, wird er beobachtet, und ein Tagebuch mit Aufzeichnungen der Geschehnisse im KZ wird entwendet, man weiß zu diesem Zeitpunkt noch nicht, von wem. Dieses Tagebuch befindet sich später im Besitz von Angelo (David Sust), einem Engel, der keiner ist. Er tritt die Stelle als Klaus' Krankenpfleger an, dessen Ehefrau Griselda (Almadóvar-Muse Marisa Paredes mit blond gefärbten Haaren) gleich misstrauisch ist; und sie soll recht behalten.

In zutiefst beunruhigenden Bildern, deren geradezu hypnotischer Kraft man sich aber schwer entziehen kann, entwickelt Villaronga Angelos Rache. Schon in der ersten Nacht öffnet Angelo die Maschine, die Klaus am Leben erhält. Er setzt sich auf seinen Körper, Klaus röchelt nach Luft und droht zu ersticken. Schon weiß man nicht mehr, wer Täter und wer Opfer ist, diese Ambivalenz ist extrem verunsichernd, und ohne es zu wollen, hat man Mitleid mit dem ehemaligen Folterer in seiner völligen Hilflosigkeit. Angelo lässt ihn nicht sterben, er massiert seinen Brustkorb und beatmet ihn Mund zu Mund, weinend, schluchzend knöpft er ihm die Pyjamajacke und dann auch die Hose auf und vergräbt sein Gesicht in seinem Geschlecht.

Kants praktische Vernunft beinhaltet ein allgemeingültiges Motiv für moralisches Handeln. In der Vorstellung der autonomen Selbstgesetzgebung würde ein Vertreter dieser Position stets berücksichtigen, was universell und somit auch für den anderen gerecht ist. Angelo handelt gegen dieses Prinzip. Er nimmt für sich das Postulat des Politikers Kallikles in Platons Dialog *Gorgias* in Anspruch, nämlich die Auffassung, dass Gesetze vor allem den Schwachen dienen, für die Stärksten und Besten jedoch Privilegien bestehen.

Angelos Privileg liegt im Vollzug seiner Rache, bei der sich das Bild einer Verschmelzung implementiert. Das ehemalige Opfer, das Kind Angelo auf einem Foto Hand in Hand mit Klaus in seinem schweren Soldatenmantel, wird zum Täter. Eine Rückblende zeigt uns den Missbrauch, den Klaus an dem kleinen Jungen zu verantworten hat, Angelo wiederholt die Szene, indem er über Klaus' Gesicht onaniert.

„Würdest du es wieder tun?", drang Angelo schon früher in Klaus. „Ich könnte es für dich tun. Ich möchte lernen. Ich möchte so sein wie du. Mir gefällt, was du warst."

Die Morde an Griselda, die er im Stiegenhaus erhängt, und an einem Chorknaben, den er zwingt, für den Gelähmten zu singen, bevor er ihm die Kehle durchschneidet, sind in einem solchen Gedankengebäude die fast selbstverständliche Konsequenz.

Angelo lockt einen Straßenjungen ins Haus, gibt ihm einen Apfel zu essen und Milch zu trinken, fesselt ihn dann in Klaus' Blickfeld und verabreicht ihm eine Spritze mit Benzin ins Herz. Das Kind stirbt nach Luft ringend, wie es das Schicksal von Klaus ohne die Maschine wäre, dazu die pumpenden Geräusche der Beatmung.

Am Schluss des Films, Klaus ist längst tot, legt sich Angelo selbst in die Maschine, das Gefängnis aus Glas. Täter und Opfer sind eins, Angelos perverse Version eines Ausgleichs zwischen den beiden Seiten ist Realität geworden.

In *Der Marathon-Mann* genügt es, den KZ-Arzt zusammen mit seinen Diamanten in einem Wasserwerk in die Tiefe fallen zu sehen, um der Gerechtigkeit, dem Wunsch nach Sühne, Genüge zu tun. In *Der Glaskäfig* fungiert ein solcher Sturz nur als Ausgangspunkt für Schlimmeres, für eine Abfolge von filmischen Gänsehautmomenten der wahrhaft grauenvollen Art.

Im Glaskäfig (1986, Drama/Horror)
Regie: Agustí Villaronga
Darsteller: Günter Meisner, David Sust, Marisa Paredes, Gisèle Echevarría, Imma Colomer

Untot

In the Flesh (2013/2014) Tanz der Vampire (1967) X-Men: Der letzte Widerstand (2006)

Ich habe die Handlungsstränge der Superheldenreihe um die *X-Men* ja immer schon als Allegorie auf Probleme gesehen, die Menschen in der Gesellschaft haben, die allenthalben als „anders“ gelten. Setzen wir statt der speziellen Fähigkeiten, die diese Charaktere vom Verhaltensmainstream unterscheiden, „schwul“ ein, funktionieren die Geschichten nicht weniger plausibel. Nehmen wir, zum Beispiel, den geflügelten Angel. Eine Rückblende am Anfang von Brett Ratners *X-Men: Der letzte Widerstand* zeigt ihn uns als blond gelockten Jungen in totaler Verzweiflung. Im Badezimmer versucht er mit Hilfe von Messern und allerlei anderen scharfen Werkzeugen die Flügel, die aus seinen Schulterblättern sprießen, loszuwerden. Sein Vater klopft an die Tür und nennt ihn bei seinem Namen: Warren sei schon seit einer Stunde im Bad, ob denn alles in Ordnung sei? Der Junge gerät vollends in Panik und steht als schluchzendes Häufchen Elend vor seinem Vater, als sich dieser gewaltsam Zutritt verschafft. „Oh God!“, ist die entsetzte Reaktion des Vaters ob der Federn auf dem Boden und der Wunden, die sich sein Sohn selbst zugefügt hat: „Not you.“ Der Vater macht keinen Hehl aus seinem Abscheu. In Warrens tränenverschmiertem Gesicht brennt die Scham: „I'm sorry!“ Die Metapher der Flügel – ein Junge auf der Schwelle zum Teenager, der beginnt, sich selbst zu entdecken, und der glaubt, sich für den Menschen, den er dabei entdeckt, schämen zu müssen.

Zehn Jahre später ist Warren zu Ben Foster herangewachsen. In einer oberen Etage eines Hochhauses wird er sich einer medizinischen Prozedur unterziehen, die ihn zu einem „normalen“ Menschen machen soll. Als er sein Hemd auszieht, sehen wir, dass die Flügel an seinen Körper gefesselt sind. Auch sein Vater ist zugegen und betont, wie stolz er auf seinen Sohn sei. Warren wird auf einem OP-Tisch fixiert, dann nähert sich die Ärztin mit einer bedrohlichen Injektionspistole. Warren wird unruhig. Dass er nochmals über die ganze Sache reden wolle, bittet er den Vater, aber dieser wehrt ab: „It'll all be over soon." Warren begehrt auf: „I can't do this." Ein Hin und Her entsteht, immer heftiger und lauter wird die Auseinandersetzung. „It's a better life", versichert der Vater seinem Sohn: „It's what we all want." Doch Warren widerspricht: „No. It's what you want." Und dann der Moment der Selbstbehauptung. Warren sprengt die ledernen Gurte und steht da mit seinen mächtigen schneeweißen Schwingen. Zum ersten Mal ist er er selbst. Er rennt los und hechtet einfach durch die Fensterfront des Raumes, und in einem gläsernen Regen fliegt er davon und zieht seine Kreise über der Stadt: in Eleganz, in Ruhe, in so etwas wie Frieden, der nach all der Dramatik mit einem Mal über der gesamtem Szenerie liegt.

Diese Stadt ist San Francisco – wo sonst sollte eine solche Szene der Selbstbehauptung denn auch spielen? Wenn es jedoch um untote Figuren geht, die im fantastischen Genre ja ebenfalls eine tragende Rolle spielen, schweben uns andere Settings vor: Sprechen wir von Transsilvanien, ist klar, dass es um Vampire geht. Schwule – oder meist bisexuelle – Vampire gibt es in Filmen ja nicht wenige, der lustigste von ihnen ist jedoch zweifellos Herbert, der Sohn des Grafen von Krolock, in Roman Polańskis herrlicher Satire *Tanz der Vampire*.

Die Geschichte ist bekannt, vielleicht auch von der Musical-Version. Professor Abronsius und der von Polański selbst verkörperte Gehilfe Alfred befinden sich auf dem düsteren Schloss, als sich Herbert (Iain Quarrier) an Alfred heranzumachen beginnt. Dieser hört ein Singen aus seinem Badezimmer und ist bei dem Anblick, der sich ihm bietet, höchst erstaunt: der blonde Herbert mit seiner süßen Nase, gewandet nur in einem weiten hellblauen Rüschenhemd, in dem seine strammen Beine gut zur Geltung kommen, und gerade dabei, Wasser in die Wanne zu pumpen.

„You are as white as a sheet", meint Herbert und schlägt seinem Gegenüber vor, sich doch ein wenig auszuruhen. Alfred steht der Sinn nach Flucht und findet sich doch gleich darauf neben Herbert auf dem Bett wieder, wo der schöne Vampir Alfreds Wimpern preist: „They look like golden threads." Die Sprache kommt auf den bevorstehenden Ball, was Herbert Gelegenheit gibt, dem schüchternen Alfred ein paar Tanzschritte vorzuführen, aber dann geht es ans Eingemachte. Den Tipps in Alfreds Liebesratgeber folgend, umgarnt Herbert das Objekt seiner Begierde aufs Heftigste, legt ihm den Arm um die Schultern, bleckt schließlich die spitzen Zähne und beugt sich Alfreds Hals entgegen. Der Biss in das Büchlein, das ihm Alfred zwischen die Zähne schiebt, die darauffolgende Rangelei, in deren Verlauf Alfred zubeißt, nämlich in Herberts Ohr, die Verfolgungsjagd auf einer Balustrade, die den flüchtenden Alfred nur wieder zum wartenden Herbert zurückführt, das Schlittern direkt in ein Himmelbett, das unter dem schwulen Vampir zusammenkracht – bestes Amüsement, perfekt getimter Slapstick, der auch nach fast fünfzig Jahren seine Wirkung nicht verloren hat.

Von den Vampiren zur zweiten Kategorie von Untoten, die das Horrorgenre für uns bereithält: den Zombies – und jetzt ist Schluss mit lustig. Die von Dominic Mitchell erdachte BBC-Dramaserie *In the Flesh*, die sich ebenfalls um das Thema der Selbstfindung im Gewand einer Genregeschichte kümmert, führt uns in eine englische Kleinstadt. Dort fristen Menschen, die nach ihrem Tod und der darauffolgenden „Auferstehung" unter dem sogenannten „Partially Deceased Syndrome" leiden, ein Dasein als Außenseiter. Fernab politischer Korrektheit bevorzugt der böse Volksmund die Bezeichnung „rotters", also Verwesende. Die kriegerischen Auseinandersetzungen mit diesen „PDS sufferers", die in Wahrheit Zombies sind, liegen vor dem Ansatz der Serienhandlung; durch medikamentöse Einstellung in eigens dafür errichteten Rehabilitationszentren sollen sie allmählich wieder in die Gesellschaft eingegliedert werden. Dass nicht jeder davon begeistert ist, liegt auf der Hand.

Der Teenager Kieren Walker steht im Zentrum der Folgen. Luke Newberry spielt ihn mit großen erstaunten Augen, er blickt in die Welt, die sich seit seinem Selbstmord verändert hat, wie Grimmelshausens Simplicissimus auf die Schlachtfelder des Dreißigjährigen Krieges. Kieren würde Angel aus *X-Men* verstehen, keine Frage. Die Rückkehr zu seiner Familie und der Community der Kleinstadt gestaltet sich aber als schwierig. Trotz Make-up und Kontaktlinsen, die Kierens Aussehen zu normalisieren helfen sollen, hat er mit Vorurteilen zu kämpfen: abschätzige Blicke, geflüsterte Kommentare, sogar tätliche Angriffe – das tägliche Brot des gesellschaftlichen Außenseiters. Einmal beschließt Kieren sogar, nach Paris zu reisen: „People in Europe are more tolerant of people like me." Wenn er in einem Reiseführer Unterkünfte markiert, die als „PDS friendly" gekennzeichnet sind, denken schwule Zuschauer bereits in die richtige Richtung. Denn auf genau diese Weise ist die Handlung von *In the Flesh* lesbar und wird noch deutlicher, wenn Kierens Jugendfreund Rick auftritt.

„If you must die, sweetheart/Die knowing your life/Was my life's best part", heißt es in Keaton Hensons Song „You", der einmal zu hören ist. Rick kommt aus dem Krieg zurück, auch er ist gestorben und wieder auferstanden: Sein narbenübersätes Gesicht und dass er kein Essen und nichts zu trinken verträgt, spricht Bände. Sein Vater aber schiebt die Wahrheit von sich und bricht eines Nachts zusammen mit Rick zur Jagd auf „rotters" auf. Auch Kieren sitzt im Wagen, unter einem Vorwand bleiben die beiden zurück. Rick will wissen, wie es zu Kierens Selbstmord gekommen sei.

> *„When you died, everything turned to shit.*
>
> *Life didn't mean anything any more."*
>
> *Kieren in: In the Flesh*

„When you died, everything turned to shit", ist die Erklärung: „Life didn't mean anything any more."

Damit gibt sich Rick nicht zufrieden, er drängt weiter in Kieren nach dem Grund für seine Tat: „You shouldn't have done that." Die Traurigkeit, der tiefe Schmerz, die spürbare persönliche Verletzung – spätestens jetzt wird klar, dass da mehr zwischen ihnen gewesen sein muss als reine Freundschaft. Rick schlägt wütend auf das Lenkrad: Wie er das denn tun konnte, wo ihm doch die Welt zu Füßen gelegen sei? Er meint Kierens Stipendium für eine Kunsthochschule: „You were out of here, mate. Flying high." Kierens Antwort ist eindeutig: „It didn't matter much without you." Rick sei in einer Nacht-und-Nebel-Aktion und ohne Abschied zum Militär verschwunden. „I wanted to make it easier on you." Kieren sind die Enttäuschung und der Kummer von damals ins bleiche Gesicht geschrieben: „Easier on yourself, you mean. I wrote thousands of letters. Why didn't you reply to me?" Dass er diese Briefe nie erhalten habe, erwidert Rick, und wir wissen, dass sein Vater dafür verantwortlich war. Er habe gedacht, Kieren hätte ihn vergessen. „How could I forget about you?" – „Well, you were going away. New place. New people." – „I kept us going. In my head, I ... I kept us alive.“

Eine herzzerreißende Szene, doch wir können die Taschentücher noch nicht weglegen. Eine Folge später findet Kieren Rick tot vor seinem Haus. Auf dem Garagentor dahinter sind die Buchstaben „PDS“ gesprayt, ein Messer steckt Rick im Hinterkopf. Kieren sinkt neben ihm auf die Knie, er streichelt seinen Kopf mit all den Narben, er flüstert ihm Worte ins Ohr, die wir nicht hören können, und weinend schließt er ihm die Augen.

Ricks Vater sitzt mit einem Bier vor dem Fernseher, als ihn Kieren mit dem Mord an Rick konfrontiert. Er nennt Kieren „bloody animal“, sein Sohn würde in einer zweiten Welle der Auferstehung wiederkommen: dann aber „the proper Rick“, keiner, der sich mit solchen wie Kieren abgebe. Dieser schluchzt und schreit seinen Schmerz heraus: „He came back and he showed you his real self and you killed him for it. [...] Because he stuck up for me?“

„Beware rotters“ – der Slogan neben dem Eingang zur Höhle, die Kieren kurz darauf zögernd betritt. Der flackernde Schein von Kerzen beleuchtet die Wände, als Kieren dort sitzt und eine Stelle auf der Felswand anstarrt: „Ren+Rick 4ever“ steht dort geschrieben.

Kierens Mutter taucht auf der Suche nach ihm auf, sie habe sich große Sorgen um ihn gemacht. „I needed to be here, where ... where me and Rick used to ...“ Kieren weint, er kann den Satz nicht vollenden. „I know how it feels“, bezieht sich seine Mutter auf ihre Jugendliebschaft mit einem RAF-Piloten: „To lose someone.“ Damals wollte sie sich das Leben nehmen, habe in der Apotheke aber Kierens Vater kennengelernt. Mit ihm zu reden, habe ihr wieder Mut zum Leben gegeben. Und ebenso solle sich Kieren mit seinem Vater unterhalten, der ihn akzeptiere, wie er nun eben mal sei, und der zu Hause auf ihn warte: Denn er habe es einfach nicht über sich gebracht, die Höhle, den Ort, an dem er einst Kieren blutüberströmt und tot aufgefunden habe, wieder zu betreten. „This time, you live”, versichert ihm die Mutter in dieser eindringlich gespielten, mitreißenden Szene. „You want me to stay?”, fragt Kieren seine Mutter: „When I’m like this?“

Ob er sich in diesem Moment darauf bezieht, dass er von den Toten auferstanden oder schwul ist, wird nicht ausgeführt. Einerlei, die Antwort von Kierens Mutter ist, dass sie ihn immer lieben würde.

In dem furchtbaren Kampf der *X-Men* um Professor Xavier gegen jene, die sich um Magneto geschart haben, stürzt Angels Vater beinahe zu Tode. Doch sein Sohn kommt geflogen und fängt ihn auf. In seinen Armen bringt er ihn in Sicherheit. In den Armen seines Vaters findet auch Kieren am Ende Geborgenheit. Ob Superheld oder schwuler Zombie, in ihrer Sehnsucht nach Liebe sind diese Außenseiter alle gleich. Nur Herbert, dem Vampir, ist es wohl eher um fleischliche Genüsse gegangen.

In the Flesh (2013/2014, Fernsehserie)
Regie: Jonny Campbell
Darsteller: Kenneth Cranham, Luke Newberry, David Walmsley, Harriet Cains, Emily Bevan, Emmett J. Scanlan

Tanz der Vampire (1967, Filmparodie/Kultfilm)
Regie: Roman Polański
Darsteller: Roman Polański, Jack MacGowran, Sharon Tate, Ferdy Mayne, Alfie Bass, Iain Quarrier

X-Men: Der letzte Widerstand (2006, Fantasyfilm/Science-Fiction)
Regie: Brett Ratner
Darsteller: Hugh Jackman, Patrick Stewart, Halle Berry, Famke Janssen, Ian McKellen, Kelsey Grammer, Ben Foster

Der Filmerzähler

Der Kuss der Spinnenfrau (1985)

„Weil daheim das Geld zu Pferd unterwegs war und wir zu Fuß, kratzten wir, wenn in der Siedlung ein Film gezeigt wurde, den mein Vater (nur wegen des Hauptdarstellers oder der Hauptdarstellerin) für sehenswert hielt, unsere Münzen zusammen, bis es für eine Eintrittskarte reichte, und ich wurde hingeschickt, um den Film anzuschauen. Wenn ich dann aus dem Kino kam, musste ich ihn im Garniturzimmer der vollzählig versammelten Familie erzählen." So beginnt der Roman *Die Filmerzählerin* (2009) von Hernán Rivera Letelier, eine zauberhafte Liebeserklärung an das Kino, die uns in eine entlegene Minensiedlung in der chilenischen Atacama-Wüste führt. María Margarita, ein zehnjähriges Mädchen, ist die Titelfigur, deren Gabe die Menschen fasziniert: „Meines Wissens gab es niemand in der Siedlung, der es im Filmerzählen mit mir aufgenommen hätte. Und egal, was für welche: mit Cowboys, Horror, Krieg, Marsmenschen oder Liebe. Und natürlich die mexikanischen, die mein Papa, als echter Mann aus dem Süden, am liebsten mochte."

María ist eine Verwandte im Geiste von Molina aus *Der Kuss der Spinnenfrau* des argentinischen Autors Manuel Puigs. Molina, der in Héctor Babencos Filmadaption vom jungen William Hurt mit naiver Grazie verkörpert wird (er erhielt einen Oscar für die beste männliche Hauptrolle), blickt mit unschuldiger Gutherzigkeit in die Welt und kann angesichts von Militärdiktatur und Folter nicht fassen, was da abläuft. Die Flucht in die Glitzerwelt des Films ist für ihn und später auch für seinen Mitgefangenen Valentin (Raúl Juliá) der Anker, um an der Tristesse ihres Lebens in der Gefängniszelle nicht zu verzweifeln. Molina erzählt Kinoszenen nicht bloß nach, er schwelgt in ihnen, er zelebriert sie. Molina ist homosexuell und des Kindesmissbrauchs angeklagt, Valentin ein politischer Gefangener; es gibt diese Abmachung mit der Geheimpolizei, dass Molina Valentin ausspionieren soll. Valentin weiß mit Molinas femininer Art nichts anzufangen, doch als er krank wird, säubert ihn Molina, macht ihm Tee und kümmert sich um ihn wie um einen Freund.

„Once upon a time in a tropical island far away, there lived a strange woman ...", beginnt eine neue Erzählung von der Spinnenfrau, gefangen in einem Netz, das aus ihrem eigenen Körper wächst. Sie mag als Metapher für die beiden Männer und vielleicht auch das ganze System dienen, in dem dem Einzelnen die Entfaltung nach außen versagt ist und nur in der Flucht nach innen die Möglichkeit besteht, sich selbst treu zu bleiben. Zwischen Molina und Valentin entsteht Vertrauen, und es entwickelt sich gegenseitiger Respekt und mehr. Er solle ihn nicht an der Schulter berühren, wehrt Molina Valentin ab: „Because I've fallen in love with you."

Diese emotionale Nähe wird auch zur körperlichen. Ein In-die-Arme-Nehmen ist das, ein Zögern zuerst, dann ein Seufzen, ein Streicheln des Gesichts des anderen und seiner Narben. „Do what you want with me", bricht es aus Molina, „because that's what I want. If it doesn't disgust you." Doch Molinas Fürsorge und die Angst in der Kälte der Zelle haben Valentin längst zu seinem Freund gemacht. Er bläst die Kerze aus, bevor er zu ihm aufs Bett sinkt, und lang noch glimmt der Docht nach. Wir vernehmen Worte von zwei Menschen, die einander ganz nah sind.

Sigmund Freud schreibt in seinem literarischen Essay *Das Motiv der Kästchenwahl* (1913) um die Auseinandersetzung mit dem Tod und in diesem Zusammenhang vom Wissen um die Todesgöttin, die Shakespeares Lear, dem alten Mann am Ende seines Lebens, wie die Verkörperung des Begehrenswerten, wie eine Liebesgöttin erscheint. Sie wird ihn zuletzt in die Arme nehmen, sie ist, wie es Thomas Kramar formuliert, wohl auch in Leonard Cohens Song „The Darkness" gemeint, wenn eine geheimnisvolle Frau einen Becher reicht und gebietet, daraus die Dunkelheit zu trinken. „I got no future, I know my days are few", heißt es in Cohens Text parallel zu Freuds Konklusion: „Ewige Weisheit im Gewande des uralten Mythos rät dem alten Manne, der Liebe zu entsagen, den Tod zu wählen, sich mit der Notwendigkeit des Sterbens zu befreunden."

Molina und Valentin sind zwar noch keine alten Männer, doch die Umstände lassen auch sie auf das Ende ihres Lebens zusteuern. Dabei breitet die Todesgöttin, hier in der Form der Spinnenfrau, ihre Arme für sie aus. „Sooner or later you're certain to meet/In the bedroom, the parlor or even the street/There's no place on earth/You're likely to miss/Her kiss", heißt es in der großen dramatischen Szene in der Musicalversion des Stoffes von John Kander (Musik) und Fred Ebb (Text) aus dem Jahr 1992. Darin wird die Zwecklosigkeit jedes Fluchtversuches deutlich: „You can run/You can scream/You can hide/But you cannot escape."

Valentin küsst Molina auf den Mund, als dieser aus dem Gefängnis entlassen wird, da ist in ihm etwas vorgegangen, das er sich vor seiner Einlieferung wohl nicht einmal im Traum hätte vorstellen können. Es ist ein Kuss des endgültigen Abschieds. Molina wird von der Geheimpolizei beschattet und bei seinem Versuch, mit Valentins Mitverschwörern Kontakt aufzunehmen, von diesen als vermeintlicher Verräter niedergeschossen. Blutend sinkt er inmitten eines offenen Platzes auf die Knie, da zerrt ihn ein Polizist in einen Wagen. Er würde ihn nur dann ins Krankenhaus bringen, wenn er ihm die Telefonnummer der Revolutionäre verriete, versucht er ihn zu erpressen. Doch Molina gibt sich dem Unvermeidlichen hin, er schließt die Augen, sein Kopf sinkt zur Seite.

Auch Valentin nimmt den Schierlingsbecher der Todesgöttin dankbar an, hier in Form von Morphium, das ihm ein mitfühlender Arzt nach der Folter verabreicht, die seinen Körper furchtbar gezeichnet hat. In dem Traum, der nun auch für Valentin den Übergang zum Tode bedeutet, kommt Marta, seine Geliebte, zu ihm ans Krankenbett und führt ihn aus dem Gefängnis.

„What about Molina?", fragt Valentin. „Only he knows if he died happy or sad", ist die Antwort.

Dass Molinas Leichnam von den Polizisten auf einer Müllhalde abgeladen wird, spielt in dieser Fantasie keine Rolle mehr. Denn schon befindet sich Valentin auf einer nächtlichen Insel und geht mit Marta, seiner Göttin, Hand in Hand über den Strand, und Valentin sagt ihr, wie sehr er sie liebe: „That's the one thing I never said to you, because I was afraid of losing you forever." – „That can never happen now", versichert sie ihm. „This dream is short but this dream is happy." Und es ist Tag und sie fahren in einem Boot über das blaue Meer einem blauen Himmel entgegen, der Unendlichkeit, wie sie sich auch der begnadetste Filmerzähler nicht besser hätte ausdenken können.

Der Kuss der Spinnenfrau (1985, Drama)
Regie: Héctor Babenco
Darsteller: William Hurt, Raúl Juliá, Sônia Braga, José Lewgoy

Moon River

La Mala Educación – Schlechte Erziehung (2004)

„Moon River“ – ein Lied, zwei Szenen in zwei ganz unterschiedlichen Filmen und doch gemeinsame Themen. Für ein paar kurze Momente entwirft der spanische Regisseur Pedro Almodóvar die Idylle eines Sommertages.

In einem katholischen Internat, erfahren wir, werden die Schüler mit den besten Noten für ihre Leistung mit einem Tag auf dem Land belohnt. Im Schilf am Flussufer spielt ein Pater Gitarre, dazu singt ein Knabe, Ignacio, mit glockenheller Stimme das erwähnte Lied. Der Pater kann die Augen nicht von dem Jungen lassen, von seinen weichen, noch kindlichen Zügen und dem ernsthaften Ausdruck in den großen Augen, doch im Blick des Priesters liegen ein Begehren und eine Unruhe, die einen Kontrapunkt zu Ignacios Unschuld setzen. In Zeitlupe springen Jungen von einem Felsen ins Wasser und spritzen darin herum, andere schwimmen um die Wette, derweil singt Ignacio am Ufer von seiner Suche nach Gott und davon, dass er dabei dem Guten und dem Bösen begegnet. Dann schweift die Kamera über den Platz, wo der Pater und der Knabe gerade noch gesessen sind, dort befinden sich nur noch die Picknickkörbe und die Kleider der badenden Jungen. Die Gitarre spielt längst nicht mehr, auch der Gesang bricht jählings ab. „Nein!“, schreit das Kind und kommt aus dem Schilf gelaufen. Der Pater folgt ihm und knöpft sich noch die Soutane zu. Blut rinnt dem Jungen über die Stirn und teilt sein Gesicht in zwei Hälften.

„Ich spürte, dass mit meinem Leben das gleiche geschehen würde“, hören wir aus dem Off die Stimme des erwachsenen Ignacio.

Darum geht es in Almodóvars Film: wie ein Ereignis aus der Kindheit das ganze Leben bestimmen kann.

Die Geschichte läuft auf mehreren Zeitebenen ab und könnte verschachtelter nicht sein, Almodóvar löst sie aber auf virtuose Weise in ein sinnliches Spiel um Wahrheit und Lüge auf, indem im Stil eines Film noir Schönheit, Verführungskunst und das Schauspiel mit vertauschten Identitäten skrupellos zum Erreichen gesteckter Ziele eingesetzt werden. In eleganten Bildbögen voll melancholischen Schmerzes und zerbrochener Träume, zwischen Realität und Fiktion, erlebter und erzählter Wirklichkeit, wahren und erdachten Erinnerungen und Film-im-Film-Szenen ereignen sich kunstvoll miteinander verwobene Geschichten: die tragisch-herzzerreißende Liebe zweier Internatszöglinge, Erpressungsversuche, ein Mordkomplott und die Dreharbeiten zu einem Film darüber. Worum es dabei geht, sind die Zerrissenheit und die Einsamkeit der Charaktere und ihre Suche nach der eigenen Identität und nach etwas, das man Heimat nennen könnte.

Die Motivation von Pedro Almodóvars Charakteren, seinen Außenseitern und gesellschaftlichen Randfiguren, ist etwas Alltägliches wie die Sehnsucht nach menschlicher Nähe. Dieser Aspekt durchzieht seine Filme, darunter Meisterwerke wie *Alles über meine Mutter* (1999; an anderer Stelle ausführlich diskutiert), *Sprich mit ihr* (2002), *Volver* (2006) und *Die Haut, in der ich wohne* (2011). Wie alle anderen sogenannten „Normalen" auch, suchen die Figuren Sicherheit, Geborgenheit und Liebe. Dieser Wunsch ist ihnen gemein mit mehreren Figuren im Werk des amerikanischen Autors Truman Capote, Almodóvar ist auch ganz nah bei Holly Golightly, Capotes bekanntester literarischen Figur, und dem Frühstück, das sie frühmorgens vor den Schaufenstern des Juweliers Tiffany's auf der Fifth Avenue einnimmt. Wann immer Holly von ihren „mean reds" gequält wird, Depressionen, weil sie sich niemandem und nirgendwo zugehörig fühlt, sucht sie diesen Ort auf. In Blake Edwards' filmischer Adaption von *Frühstück bei Tiffany* (1961) ist es die zauberhafte Audrey Hepburn, unter deren geradezu elfenhafter Schönheit wir tiefe Melancholie und ein geheimes Sehnen nach nichts Geringerem als der wahren Liebe erahnen.

> *„Ich spürte, dass mit meinem Leben das gleiche geschehen würde."*
>
> *Ignacio in: La Mala Educación – Schlechte Erziehung*

Von dem Mondfluss als einem „dream maker" ist in dem Lied die Rede und von Menschen, die durch die Welt streifen und am Ende des Regenbogens echte Freundschaft zu finden hoffen. In *Frühstück bei Tiffany* wird dieser Wunsch schließlich bei einem Kuss im Regen eingelöst, in *La Mala Educación* scheitern die Charaktere an den Wunden ihrer eigenen Seele und an der Umwelt, die sie ihnen geschlagen hat.

La Mala Educación – Schlechte Erziehung (2004, Mystery-/Kriminalfilm)
Regie: Pedro Almodóvar
Darsteller: Francisco Boira, Fele Martinez, Gael Garcia Bernal, Daniel Gimenez Cacho, Lluís Homar

Nachtschattengewächse

Mandragora (1997)

In John Irvings Roman *In einer Person* (2012), der die Lebensgeschichte eines bisexuellen Mannes erzählt, lesen wir folgenden Satz: „Wenn Dickens und Hardy eines gemeinsam haben, dann den fatalistischen Glauben, dass gutherzige und rechtschaffene Menschen, besonders wenn sie noch jung und unschuldig sind, in dieser bedrohlichen Welt am meisten zu befürchten haben."

Diese Betrachtung, umgelegt auf das Setting des Prager Hauptbahnhofes nach der Öffnung des Eisernen Vorhangs, stößt uns direkt hinein in die traurige Geschichte der hilflosen Versuche eines Jungen, im Leben Fuß zu fassen, und seines tragischen Scheiterns. Die Parameter der Jugend und der Unschuld treffen zwar zu, doch die Initiationsprozesse, die in Wiktor Grodeckis Film *Mandragora* ablaufen, vergönnen dem fünfzehnjährigen Marek keine Möglichkeit der Katharsis, der Heilung, die der viktorianische Schriftsteller und auch Irving selbst trotz all der irritierenden Umstände für ihre Helden am Ende bereit halten.

Nach einem Streit mit seinem Vater reißt Marek, der moderne Oliver Twist, den Miroslav Čáslavka mit jener Authentizität verkörpert, die den ganzen Film kennzeichnet, von zu Hause aus. Kaum in der Hauptstadt angekommen, wird ein Zuhälter auf den hübschen Jungen aufmerksam und Marek, der sich anfangs noch wehrt, mit einem Schlafmittel für den ersten Job gefügig gemacht. Szenen mit diversen Freiern und immer häufigerem Drogenkonsum sind die Stationen auf Mareks Talfahrt in den Untergang.

Einen Schimmer an Hoffnung stellt für ihn David dar, die aufkeimende Liebe zu ihm führt zu ungeschütztem Sex bei einem Pornodreh. Das Vertrauen, auf das sich Marek ob seiner Gefühle eingelassen hat, wird sich alsbald bitter rächen: Als David für einen Diebstahl bei einem Freier festgenommen wird, stellt sich heraus, dass er HIV-positiv ist.

Der Titel des Films bezieht sich auf die Alraune, ein Nachtschattengewächs, in der Kulturgeschichte oftmals als Heil-

und Zauberpflanze gesehen. Ihre Früchte, saftige Beeren, strömen bei Reife einen angenehmen Geruch aus, der jedoch mit der Zeit schwer und unangenehm wird.

Marek genießt zuweilen seine Rolle als Prinz der Nacht, der bei der Kontaktaufnahme mit Freiern sein gutes Aussehen und seinen Charme gewinnbringend einzusetzen versteht. Doch dann geraten die wechselnden Bezugspersonen seiner Streifzüge mehr und mehr zu Fratzengesichtern, die ihn Stück für Stück seiner Identität und seiner Selbstachtung berauben.

Inzwischen reist Mareks Vater nach Prag und macht sich auf die Suche nach dem verlorenen Sohn.

Das Ende des Films scheint ihre Lebensfäden, die so sehr auseinandergelaufen sind, wieder zusammenzuführen, in einer Szene von großer Direktheit und herzzerreißender Intensität. Sie befinden sich beide in der Bahnhofstoilette, ohne voneinander zu wissen und ohne sich zu finden. Marek kauert in einer Kabine am schmutzigen Boden, und zitternd, hektisch, wie in Panik, setzt er sich einen Schuss. Im Wahn sieht er Würmer auf seinem Arm kriechen und fügt sich mit dem Messer tiefe Wunden zu. Ihn trennt nur eine dünne Wand von seinem Vater, der sich rauchend sogar für einen Moment dagegenlehnt, und doch ist die Grenze zwischen ihnen, zwischen den beiden so unterschiedlichen Welten, in denen sie leben, unüberbrückbar.

Der Vater tritt die Heimreise an, während sein Sohn in der dreckigen Kabine in seinem Blut liegt. Als der Zug aus dem Bahnhof fährt, gibt er den Blick auf einen anderen blonden Jungen frei, der gerade eingetroffen ist.

„Good night, you Princes of Maine, you Kings of New England", lautet der Satz, mit dem sich Michael Caine als Dr. Larch in Lasse Hallströms Adaption von John Irvings Roman *Gottes Werk & Teufels Beitrag* (1985) jeden Abend nach dem Vorlesen aus Dickens' *David Copperfield* (1849/50) von den ihm anvertrauten Waisenknaben verabschiedet. Homer (Tobey Maguire), Dr. Larchs Nachfolger, übernimmt dieses Ritual nach seinem Tod. „Thus I began my new life, in a new name, and with everything new about me [...]", liest er. „I felt [...] like one in a dream."

Marek, dessen Lebensumstände ungleich grausamer gezeichnet sind als Dickens' London und Irvings New Hampshire, sind kein neues Leben und keine Rettung vergönnt – er verblutet einsam in der Bahnhofstoilette. Die

Sehnsucht, zu den Prinzen und vielleicht einmal sogar zu den Königen zu gehören, wurde zu seinem Albtraum.

Mandragora (1997, Drama)
Regie: Wiktor Grodecki
Darsteller: Miroslav Čáslavka, David Svec, Pavel Skripal, Miroslav Breu, Karel Polisenský, Jirí Kodes

Nie geboren

El Mar – Das Meer (2000)

„Nie geboren zu sein, das ist/Weit das Beste – doch wenn man lebt,/Ist das Zweite, woher man kam,/Dorthin zu kehren, so schnell wie möglich." Die berühmten Worte des Chors aus *König Ödipus* von Sophokles (circa 429–425 v. Chr.) weisen uns den Weg durch einen Film, dessen Handlung an einem ganz anderen Ort und zu einer ganz anderen Zeit spielt.

Der spanische Regisseur Agustí Villaronga verspinnt in *El Mar* Themen wie die Sünden des Franco-Faschismus, den kranken Wahn übersteigerter Religiosität, zurückgewiesene Liebe und unterdrückte Homosexualität zu einem Netz aus tatsächlicher und vermeintlicher Schuld und der Gier nach Sühne, in dem sich seine Protagonisten gefangen sehen, sodass ihnen letztlich die Verse des griechischen Philosophen, sollten sie sie kennen, als einziger Weg zur Erlösung erscheinen würden.

Die bestürzende Ausgangsszene des Films ist im Jahr 1936 angesiedelt. Die Kinder Ramallo, Manuel, Francisca und ein weiterer Junge werden Zeugen der Erschießung einer Gruppe von Regimegegnern an der Friedhofsmauer ihres Heimatortes. Im Versuch, am Sohn eines der Faschisten Rache für die Hinrichtungen zu nehmen, kommt dieser zu Tode; wie in einer heiligen Handlung streicht ihm der Junge, der ihm ein Messer in den Hals gerammt hat, über die Stirn und die Wange, dann springt er auf und läuft selbst in den Tod. Die Momente, bevor sich dieser Junge in ein tiefes Felsloch stürzt, schält Villaronga mittels eines weiten Kameraschwenks aus dem Fluss der Zeit. Die eigentlichen Geschehnisse spielen sich außerhalb des sichtbaren Ausschnitts ab, indes zieht der Blick über die heiße, ausgedörrte Grasebene, die den Atem anzuhalten scheint und ebenso verbrannt ist wie die Gefühle der Väter, die das Land in den Bürgerkrieg getrieben haben, und der Kinder, die es nicht besser wissen, als ihre Sünden zu wiederholen.

Der Film spannt eine Brücke zu seiner finalen und ebenso tödlichen Klimax, wenn sich die Wege von Manuel, Ramallo und Francisca (Bruno Bergonzini, Roger Casamajor und Antónia Torrens) Jahre später in dem morbiden Setting eines Sanatoriums für Tuberkulosekranke wieder kreuzen. Francisca ist inzwischen Nonne und pflegt die Patienten, zu denen auch Manuel und Ramallo gehören.

„Ich will mir nicht meine Mutter vorstellen beim Packen von den Kleidern, die ich nicht mehr tragen werde", fasst Manuel seine Angst in Worte, wenn einer der Patienten eine Nacht nicht überlebt hat und die weißen Betttücher durch den Bluthusten befleckt und zu Leichentüchern geworden sind. Ramallo hingegen übt sich nach außen in Zweckoptimismus und gibt den Macho, um seine Vergangenheit als Stricher zu verheimlichen. Seine Aggressionen entladen sich nach einem Besuch seines Freiers, indem er vorerst eine Katze zu Tode tritt – später wird er den Freier mit einer Axt erschlagen.

Das Leben auf dem Zauberberg ist auch für Manuel zur Hölle auf Erden geworden. Er leidet unter dem Feuer in seinem Herzen und in seiner Seele. In seinem übersteigerten religiösen Wahn will er sich die Zuneigung, die er für Ramallo empfindet, nicht erlauben. Wie schon als Kinder spucken sich die beiden in die Hand und schwören einander im Händedruck ewige Freundschaft. Als er wieder allein ist, riecht Manuel an der Hand, die vorhin Ramallos berührt hat, in einer folgenden Szene wird er es mit Ramallos Shirt tun, als dieser unter der Dusche steht.

Nach dem Tod eines anderen Patienten hat sich Manuel zu dessen Mund gebeugt, um seinen letzten Atem einzuhauchen: „Ich will Gott in mir spüren." Seine größte Angst drückt er so aus: „Ich fürchte, ein schlechter Mensch zu werden, sodass Gott mich hasst." Er wendet sich dann an Ramallo: „Ich hasse dich." – „Du hasst mich nicht", ist dessen Antwort. „Dein Problem ist, du liebst mich wohl zu sehr."

Diese Liebe, die sich Manuel nicht erlaubt, gebiert schließlich das Verderben, die sexuelle Spannung entlädt sich in offener Gewalt. Manuel nagelt Ramallos Gewand in Form eines Kreuzes an die Wand, er zieht sich aus, presst nackt seinen Körper gegen die Kleider und klammert sich schluchzend daran. Blutend von den Wundmalen, die er sich selbst zugefügt hat, ist Manuel überzeugt: „Satan hat das ausgenutzt. Er machte aus Freundschaft eine unmögliche Liebe."

Mitten in der Nacht steht Ramallo

schließlich an seinem Bett. Er trägt den Anzug des ermordeten Freiers, er zieht sich vor Manuels Augen aus. „Willst du mich nicht umarmen, bevor ich gehe?" Er weiß um Manuels Wahn Bescheid: „Gleich geht's dir so gut, dass du ewig leiden wirst." Die Küsse und die verführerischen Worte der Liebe kippen in die Brutalität einer Vergewaltigung. In seinem Schmerz und seiner Verzweiflung greift Manuel nach einem Obstmesser und sticht zu.

Am Morgen zieht Francisca frische weiße Laken über die Körper der beiden Aufgebahrten, sie deckt das Leid und die offenen Wunden von zwei verpatzten Leben zu und küsst Ramallo, den sie schon als Kind verehrte, auf die Stirn. „Vielleicht bin ich eher hier, um geformt zu werden, als selbst zu formen", hat sie einmal von sich gesagt. Nun öffnet sie die Fenster zur Leichenhalle und nimmt ihre Nonnentracht ab. Nach dem Mord an seinem Freier hat Ramallo seinen Kopf in ein Aquarium getaucht; im Wasser hoffte er die Stille und den Frieden zu finden, die ihm in der Gewalttätigkeit, die sein Leben durchzog, nicht vergönnt waren. Manuel starb in eben dieser unerfüllten Sehnsucht mit aufgeschlitzten Pulsadern im Blutbad in der Badewanne. Die jungen Männer sind zurückgekehrt, woher sie kamen, allein Francisca wagt den Schritt nach draußen, in ein Leben, das für sie, man kann mit ihr zumindest hoffen, so etwas wie eine Zukunft in sich trägt.

El Mar – Das Meer (2000, Drama)
Regie: Agustí Villaronga
Darsteller: Roger Casamajor, Bruno Bergonzini, Antònia Torrens, Ángela Molina, Simón Andreu

Leben, um zu sterben

Die Zeit, die bleibt (2005)

Endlich einmal ein schwuler Film, der nicht das Schwulsein selbst in den Vordergrund stellt, sondern ein ganz konkretes und allgemein gültiges Thema behandelt – und dies eben anhand eines Protagonisten, der nun einmal homosexuell ist. „Nicht jeder hier versteht Menschen wie uns", ist einer der Leitsätze in John Irvings Roman *In One Person* (2012), und während Irving seine Worte auf die bisexuelle Lebensweise seiner Hauptfigur bezieht, möchte ich sie auf Romain in François Ozons *Le temps qui reste* und seine Art anwenden, mit seinem Sterben umzugehen.

„Why am I fighting to live if I'm just living to fight?", fragt der Bluesgitarrist und -sänger Jonny Lang in seinem Song „Dying to Live" angesichts eines Lebens voller Verwirrungen und Verzerrungen und Menschen, die sich nur um sich selbst und nicht um andere kümmern. „Why am I trying to see when there ain't nothing in sight?" Die Leere, die Sinnlosigkeit: „Why am I trying to give when no one gives me a try?" Und die abschließende Frage, in der auch so etwas wie Trotz liegt: „Why am I dying to live if I'm just living to die?"

Bloß leben, um zu sterben, und das, was dazwischenliegt, ist ohne Bedeutung: die reine Illusion, die Verfehlung des Eigentlichen einer rein hedonistischen Existenz mit einer gähnenden Leere im coolen Job und der schicken Wohnung.

So ähnlich mag es Romain vorkommen, einem gefragten Modefotografen mit hübschem Boyfriend und immer genügend Kokain, um die sexuelle Begierde zu ihm am Laufen zu halten. Romain ist erst dreißig Jahre alt, als er bei einem Shooting zusammenbricht und bald darauf im Krankenhaus erfahren muss, dass er an einem inoperablen Krebs leidet. Die Chancen eines Heilungserfolgs durch Bestrahlungen oder eine Chemotherapie gibt der Arzt mit nur fünf Prozent an. Romain beschließt, auf die Therapie zu verzichten und zieht sich in die selbst gewählte Einsamkeit zurück. Er gibt sich ganz und gar seiner Wut hin und scheint sich nicht mehr darum zu scheren, was andere von ihm denken und ob sie seine Handlungen auch nachvollziehen können. Er brüskiert die Mutter und die Schwester, spricht den Vater auf seine Affären an, unternimmt einen letzten Besuch in den Darkroom eines Schwulenclubs und würgt seinen Freund beim Sex, bevor er ihn aus der Wohnung wirft.

Weshalb er seinen Eltern nichts von seiner Krankheit erzählt habe, will die Großmutter, der er sich bei einem Besuch auf dem Lande als Einzige anvertraut, von ihm wissen. „Mama würde mich mit ihrer Liebe erdrücken, und Papa würde es nicht verkraften", meint Romain, und auf die Frage, warum er gerade ihr die Wahrheit gesagt habe: „Weil du so bist wie ich. Du stirbst auch bald."

Die Rührung dieser Szene, in der Melvil Poupaud als Romain in den Armen von Jeanne Moureau liegt und sie nachts sogar bittet, sich zu ihr ins Bett legen zu dürfen, ist gewaltig, es ist ein Abschied für immer, den wir hier miterleben.

In der sehr zurückhaltenden Inszenierung Ozons mit ihren Momenten großer Klarheit ist es Poupaud, der den Film trägt. Zu Beginn ist er der sexy Schnösel, am Ende fast nur noch Haut und Knochen. Dazwischen läuft ab, was ich als Weg vom Aufbegehren zur Akzeptanz des Unvermeidlichen bezeichnen möchte, das Loslassen vom Leben, dem ein Zustand folgt, den man Frieden nennen könnte – die Einsamkeit, das Kotzen, das Schwächerwerden, die Verzweiflung, wenn Romain mit dem Kopf gegen die Wand schlägt. Aber auch immer wieder, wie ein Blättern in einem Fotoalbum, in wunderschön gefilmten Rückblenden, Szenen aus Romains Kindheit: die Spiele im Waldhaus, die Unternehmungen mit dem Vater, die Bubenstreiche. Romain selbst macht Fotos mit einer kleinen Digitalkamera, Aufnahmen von Menschen, die er wohl nie wieder sehen wird, und von Situationen, die seine letzten sein könnten. Es ist, als wäre eine persönliche Katastrophe vonnöten gewesen, um Romains Bereitschaft zu wecken, sich wieder an das zu erinnern, was wichtig ist. So bittet er seine Schwester am Telefon um Entschuldigung und beobachtet sie dabei vom Schatten eines Baumes aus im Park. Er versöhnt sich auch mit seinem Ex-Freund und möchte ein letztes Mal mit ihm schlafen.

„Was bringt das?", wendet dieser ein. Das frage er sich ständig in letzter Zeit, meint Romain. Zumindest seine Hand wolle er halten, bittet er ihn. Er legt sie sich auf die Brust. „Spürst du mein Herz? Es schlägt noch."

In Jacques Brels Chanson „Jojo" geht es um die Trauer um einen verstorbenen Freund. Ihr steht die Einsicht gegenüber, dass die fortdauernde Freundschaft dem Toten eine Form von Unsterblichkeit verleiht. In diesem Sinne wird aus Romain im allmählichen Dahinscheiden aus der Welt jemand, der, wieder nach Jonny Lang, versucht, ihr etwas zurückzugeben, etwas zu hinterlassen: „You know I'm dying to live until I'm ready to die." Dies macht er in Form eines Kindes, eines Nachkommen, den Romain mit einer Frau zeugt, deren Mann unfruchtbar ist. Sie ist Bedienung in einer Autobahnraststätte und spricht ihn dort darauf an, er sei gut aussehend und offenbar nicht verheiratet, und ihr Mann wäre einverstanden. Völlig unsentimental und dabei ganz nah und direkt zeigt uns Ozon die Zeugung dieses neuen Menschen, dem Romain auch sein gesamtes Erbe vermachen wird. Die Frau, ihr Mann und Romain, wie sie zusammen auf dem Bett liegen, die Küsse, die Zartheit, die Gesichter in Großaufnahme, das Stöhnen beim Geschlechtsakt, schließlich die Hand des Ehemannes auf dem Bauch seiner Frau – und Romain, obgleich er danebenliegt, wieder allein.

Dann geht dieser Mann hin, um zu sterben. Die finale Sequenz des Films greift einem beim Zuschauen wahrlich an die Seele und treibt mir immer wieder die Tränen in die Augen: Romain hat sich seine Haare abrasiert und fährt mit dem Zug ans Meer. Er kauft sich ein Badetuch, eine Taucherbrille und ein Schokoladeneis, das er nach dem ersten Schlecken aber nicht mehr hinunterbringt. Er wirft sein Handy, als es klingelt, in einen Abfalleimer und wankt auf seinen dünnen Beinen über den Strand. Ein letztes Mal geht er noch schwimmen, dann setzt er sich zwischen spielenden Kindern und Familien auf sein Tuch – mit seinen schrundigen Lippen und der weißen Haut. Lächelnd macht Romain einige Fotos. Der Ball eines kleinen Jungen rollt heran, und als er ihn dem Kind zurückgibt, sieht er sich selbst, den Lockenkopf Romain am Anfang seines Lebens, das nun zu Ende geht. Romain legt sich hin, und Tränen rinnen ihm aus den Augen, bevor er sie schließt.

So liegt er auch noch, als sich der Strand zu leeren beginnt und die Sonne hinter der Silhouette seines Gesichts im Meer versinkt. In „Le Bon Dieu" singt Jacques Brel: „Aber du bist nicht der liebe Gott/Du bist viel besser/Du bist ein Mensch." Da ist Schmerz in den stillen

Bildern und dem Rauschen der Brandung, aber keine Schwermut. Die Zeit des Sterbens und die Zeit davor hat ein Mensch auf seine Weise genutzt, und nun ist sie abgelaufen. Nicht mehr und nicht weniger: das Leben.

Die Zeit, die bleibt (2005, Drama/LGBT)
Regie: François Ozon
Darsteller: Melvil Poupaud, Jeanne Moreau, Valeria Bruni Tedeschi, Daniel Duval, Marie Rivière

No turning back

In seiner Oscar-Dankesrede fand Dustin Lance Black, der Drehbuchautor von *Milk*, berührende Worte: „[...] if Harvey had not been taken from us thirty years ago“, meinte er, „I think he'd want me to say to all of the gay and lesbian kids out there tonight who have been told that they are ‚less than‘ by their churches or by the government or by their families, that you are beautiful, wonderful creatures of value and that no matter what anyone tells you God does love you, and that very soon, I promise you, you will have equal rights, federally, across this great nation of ours.“

Das ist einigen Filmen, deren schönste Momente ich in diesem Buch beschrieben habe, tatsächlich gelungen: Sie haben mitgeholfen, eine Veränderung in Richtung Akzeptanz herbeizuführen – natürlich nicht überall in der Welt und nicht in jedem sozialen Umfeld. Die englische Schriftstellerin George Eliot schrieb in *The Natural History of German Life* (1856), ihrem Essay über den deutschen Realismus: „Der größte Gewinn, den wir dem Künstler verdanken – ob Maler, Dichter oder Romanautor –, ist die Ausdehnung unserer Anteilnahme.“ Sie nennt als Begründung für ihre These, dass die Kunst dem Leben am nächsten stehe: „Sie bietet einen Weg, unsere Erfahrungen zu erweitern und den Kontakt mit unseren Mitmenschen über unsere persönlichen Grenzen hinweg auszudehnen.“ Ich denke, wir können annehmen, dass Eliot in ihre Liste der Künste, die den Motivationshorizont auszuweiten imstande sind, heutzutage den Film inkludiert hätte.

Der Kritiker und Historiker Vito Russo formuliert es so: Filme würden in der Weise, wie sie uns berühren, das Empfinden für unsere eigene Identität und unser Vermögen prägen, die Zukunft mitzugestalten und zu verändern.

Interessant dazu liest sich die Darstellung der Bedeutung schwuler Referenzen in der Kunst, die der amerikanische Literaturwissenschaftler F. O. Matthiessen in den 1920er-Jahren für sich und seinen Partner Russell Cheney ausarbeitete: „Of course this life of ours is entirely new – neither of us knows a parallel case. We stand in the middle of an uncharted, uninhabited country.“ Es sei, so Matthiessen weiter, offensichtlich, dass es Verbindungen wie seine zu Cheney immer schon gegeben habe: „[...] but we are unable to draw on their experience. We must create everything for ourselves.

And creation is never easy.“ Homosexualität als Grundlage von Konzepten des Lebens und des Liebens existierte und existiert vielerorts auch heute noch meist im Verborgenen – über die Konsequenzen reflektiert der irische Autor Colm Tóibín in seiner *Love in a Dark Time* (2001) betitelten Sammlung von Essays zu Leben und Werk homosexueller Literaten. Da es für schwules Leben keine Vorbilder gebe und der schwul Aufwachsende sich oftmals ganz allein, ja, isoliert glaube, stellt Tóibín den Vergleich mit anderen Minderheiten an, die im Laufe der Geschichte Unterdrückung erfahren hätten; er nennt Juden und Katholiken in Nordirland als Beispiele. Doch für sie gebe es von klein auf vielerlei Möglichkeiten der Aufarbeitung eben dieser Unterdrückung: „They hear the stories; they have the books around them.“ Schwule hingegen würden ganz allein aufwachsen: „[...] there is no history. There are no ballads about the wrongs of the past, the martyrs are all forgotten.“ Es würde sich wie im bekannten Satz der Feministin Adrienne Rich verhalten: „It is as though [...] you looked into the mirror and saw nothing.“

Dafür, dass beim Blick in den Spiegel dem heranwachsenden schwulen Jungen ebenso wie dem Mann, der erst an einem späteren Punkt des Lebens seine Homosexualität entdeckt oder akzeptieren kann, nicht die Fratze des leeren Glases entgegenstarrt, haben immer wieder auch Filme gesorgt. Was uns die Realität angesichts fehlender positiver Vorbilder versagt hat, wurde uns von Filmen und Fernsehserien geschenkt – eine Art von Heimat, wann immer wir uns allein und unverstanden, eben einfach „anders“, gefühlt haben. Wir haben uns in diesen Geschichten wiedergefunden, wir haben gespürt, dass manche dieser Charaktere sehr viel mit uns selbst zu tun haben, wir haben uns in ihnen angenommen und zu Hause gefühlt.

An Dorothys Hand haben wir auf der Straße des Regenbogens bereits ein ganz schönes Stück zurückgelegt, und die Schlussfolgerung der Filmprofessorin B. Ruby Rich klingt hoffnungsvoll: „While we may not yet have entered the promised land, whatever that may be, there’s no turning back.“ Filme mit schwulen Gänsehautmomenten, wie die in diesem Buch besprochenen, waren und sind uns dabei Freunde und Begleiter.

Register

T

W

2. Auflage

www.HOMOLittera.com
E-Mail: office@HOMOLittera.com

Printed in Germany

ISBN Print: 978-3-903238-02-2
ISBN PDF: 978-3-903238-03-9
ISBN EPUB: 978-3-903238-04-6
ISBN PRC: 978-3-903238-05-3

Weitere Werke von Paul Senftenberg

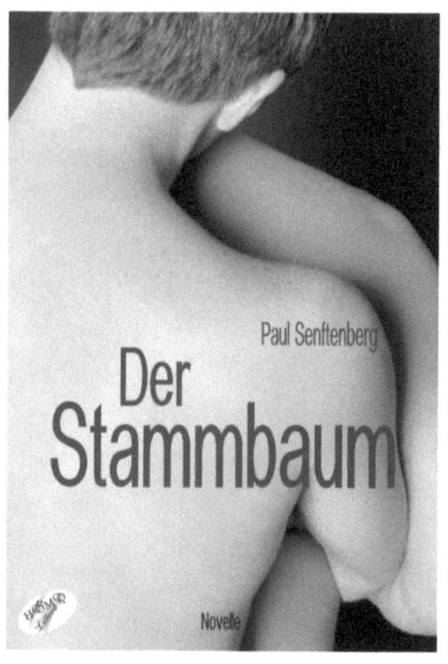

Der Stammbaum (Novelle)
ISBN Print: 978-3-902885-58-6

Paul und Stefan sind beide mit einer Frau verheiratet. Alle zwei Wochen treffen sie sich in Wien, um ihr Verlangen nach einem Mann zu stillen. Im Gegensatz zu Stefans Gattin ahnt Pauls Ehefrau Edith nichts davon. Als Edith bei einem Autounfall ums Leben kommt, bricht für Paul eine Welt zusammen. Vermehrt versucht er sich an Stefan zu klammern. Um Ediths Verlust zu verkraften, machen sich Paul und seine Kinder ans Säubern und Entrümpeln des Hauses. Pauls Sohn Philipp findet dabei im Keller einen Stammbaum aus Messing. Der unbenutzte Familienbaum lässt in Paul einen Plan keimen, der fatale Folgen hat.

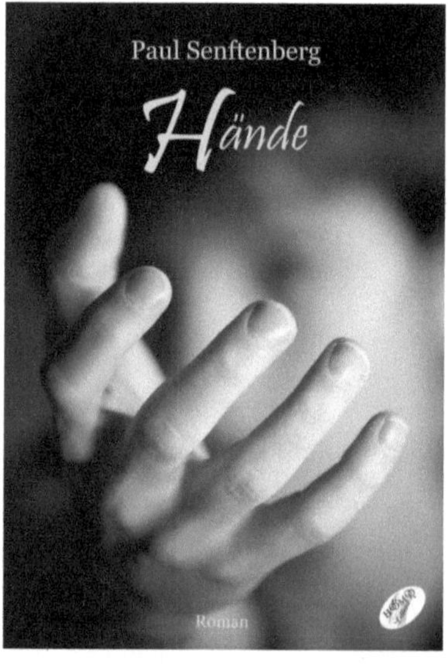

Hände (Roman)
ISBN Print: 978-3-902885-78-4

Schon als Kind erfährt Paul von seinem Vater nur Abneigung und Aggressivität. Deshalb empfindet er Männerhände als etwas Gefährliches. Einzig die Hände seiner Mutter spenden ihm Trost und Zärtlichkeit. Als der Vater eine Hand verliert, kann er ihn zwar nicht mehr schlagen, doch Zuneigung oder ein nettes Wort erhält Paul trotzdem nicht. So setzt der mittlerweile erwachsene Paul sein Augenmerk auf Männer, die eine Handprothese tragen. Er ist überzeugt, dass ihm eine Plastikhand mehr Liebe schenken kann als eine echte. Als Paul auf Alexander trifft, kommen seine Vorstellungen jedoch ins Wanken. Denn Alexander trägt keine Handprothese ...